安徽师范大学口述历史项目（061813）成果
安徽省高校档案协会重点研究项目（2018zd01）成果
安徽师大校史研究中心菁华助研基金项目（2020JHJJ01）研究成果

安徽师范大学“口述档案”丛书
编委会主任　胡朝荣　张庆亮

赭麓记忆

安徽师范大学口述实录

·第三辑·

主　编：陈孔祥
副主编：杜　勇　侯　彤

安徽师范大学出版社
·芜湖·

图书在版编目(CIP)数据

赭麓记忆:安徽师范大学口述实录.第三辑/陈孔祥主编.—芜湖:安徽师范大学出版社,2021.7

ISBN 978-7-5676-4984-2

Ⅰ.①赭… Ⅱ.①陈… Ⅲ.①安徽师范大学—校史—史料 Ⅳ.①G659.285.4

中国版本图书馆CIP数据核字(2021)第026200号

赭麓记忆:安徽师范大学口述实录.第三辑

陈孔祥◎主编

责任编辑:汪碧颖　　责任校对:何章艳

装帧设计:丁奕奕　　责任印刷:桑国磊

出版发行:安徽师范大学出版社

芜湖市北京东路1号安徽师范大学赭山校区

网　　址:http://www.ahnupress.com/

发 行 部:0553-3883578　5910327　5910310(传真)

印　　刷:江苏凤凰数码印务有限公司

版　　次:2021年7月第1版

印　　次:2021年7月第1次印刷

规　　格:700 mm × 1000 mm　1/16

印　　张:17.75

字　　数:310千字

书　　号:ISBN 978-7-5676-4984-2

定　　价:62.00元

安徽师范大学“口述档案”丛书
编委会

《赭麓记忆：安徽师范大学口述实录（第三辑）》
编委会

前　言

安徽师范大学自1928年创办迄今，历经安徽省立安徽大学（简称“省立安徽大学）、安徽省立安徽学院（简称“省立安徽学院”）、国立安徽大学、安徽大学、安徽师范学院（简称“安徽师院”）、皖南大学、安徽工农大学和安徽师范大学（简称“安徽师大”）八个时期。其间，合肥师范学院（简称“合肥师院”）部分专业和芜湖师范专科学校（简称“芜湖师专”）整体先后并入。

安徽师大是安徽省建校最早的高等学府，一向以名师云集为世人所知。刘文典、周建人、郁达夫、苏雪林、陈望道、朱湘、王星拱、杨亮功、程演生、陶因、张慰慈、丁绪贤、项南、许杰等一大批知名的专家学者、社会贤达曾在此著书立说、弘文励教。因此，安徽师大拥有丰富的口述资源。

2018年下半年，安徽师大启动了第三期口述校史项目，并将之与其他各项业务工作一同而置。调整安徽师范大学“口述档案”丛书部分编委会成员，成立《赭麓记忆：安徽师范大学口述实录（第三辑）》编委会、制订第三期口述校史工作实施方案等工作随即展开。

安徽师大第三期口述校史项目是由《赭麓记忆：安徽师范大学口述实录（第三辑）》编委会具体实施的。该编委会主要由档案馆工作人员、安徽师大第三期口述校史项目团队指导老师和成员组成，依靠相关部门和各单位，负责抽调研究生志愿者，聘请指导老师，组建口述校史采访组实施访谈；根据安徽师范大学“口述档案”丛书编委会的要求，按照拟定的条件，遴选21位年龄在68岁以上，在不同部门、单位且有一定社会声望，经历学校办学不同阶段，对学校的发展情况比较熟悉的受访人接受访谈；从事《赭麓记忆：安徽师范大学口述实录（第三辑）》一书的具体编纂事宜。

2020年，安徽师大第三期口述校史工作组汇编第三期21位受访人的口述实录，并收录陶富源先生应安徽师大档案馆约请撰写的3篇笔谈实录，形成了《赭麓记忆：安徽师范大学口述实录（第三辑）》。我们从中可以体会到，安徽师大之所以孜孜于学校的发展壮大，如今又致力于高水平大学建设之路的探索，是因为师大人始终秉承“厚重朴实、至善致远、追求卓越、自强不息”的精神，一直践行“厚德、重教、博学、笃行”的校训。

安徽师大第三期口述校史工作，严格按照安徽师大“口述档案”丛书编委会的统一部署，紧紧围绕第三期口述校史项目展开，通过提升口述访谈质量，深度挖掘口述资源，强化口述资料整理，采用现代数字技术，推动口述校史精品化，这些不仅增强了师生档案保护与抢救意识，促使口述校史工作进一步推进，而且还使这种保护与抢救意识转化为一种具有安徽师大特色的档案资源开发与利用实践。

目　录

安良发先生访谈录……1
陈璧辉先生访谈录……11
陈佐卿先生访谈录……21
程致中先生访谈录……29
丁万鼎先生访谈录……41
杜绍品先生访谈录……55
杜先智先生访谈录……63
杜蒸民先生访谈录……73
方宾先生访谈录……81
房列曙先生访谈录……95
郭德成先生访谈录……123
黄金余先生访谈录……133
米志峰先生访谈录……143
钱野泉先生访谈录……149
裘士京先生访谈录……159
邱仲良先生访谈录……173

王守恒先生访谈录……181
谢长根先生访谈录……193
杨钰芳先生访谈录……207
周商克先生访谈录……215
朱典淼先生访谈录……231

附　录

陶富源先生笔谈实录……245
后　记……273

安良发先生访谈录

采访时间： 2019年4月26日

采访地点： 安良发先生寓所

受 访 人： 安良发

采 访 人： 秦晓宇

整 理 人： 魏思兰

安良发，男，1943年9月生，安徽和县人。曾获安徽省首届徐悲鸿教育基金会美术三等奖，被安徽省人民政府授予优秀教师和老年教育系统先进个人称号。1965年至1970年在合肥师院艺术系学习，毕业后留校任教。长期从事写意花鸟画的教学和研究工作，出版专著六部，发表作品百余幅，作品多次参加国内外展览。其作品特别是葡萄画，被誉为“江南明珠”，具有很高的欣赏和收藏价值。

采访人：安老师，您好！很高兴您能接受我们的采访。首先请回顾一下您的求学经历。

安良发：我出生于1943年，生在旧社会，长在红旗下。中华人民共和国成立初期，我还处在懵懂期。当时农村人的生活很艰苦，小学毕业的人在那时的民众看来就是知识分子，很了不起。我的祖辈都是地地道道的农民，包括我的父母、我的祖父。他们虽然文化程度不高，但都有一个信念：“万般皆下品，唯有读书高。”我的母亲让我好好学习，并经常对我说，虽然家里穷，但就算乞讨过活也会让我读书。这是农村人对孩子未来的一个很朴实的想法，因为那个时候读书人特别少，读书是农村孩子的唯一出路。

我曾祖母说过，做人有志吃志，无志吃力。就是说，有志气的人就去学校念书，长大后凭本事吃饭，没有志气、没有本事的人只能靠力气生存。那个时候师范院校免学费并且管伙食，所以，1958年小学毕业后，我便报考了师范院校，向舅舅借了5元钱作路费到县城考试，这就让我和教师这一职业结下了不解之缘。我在和县师范学校上了三年，毕业后当了一年的小学教师。那个时候每月的工资只有19.5元，但那个时候钱很值钱，物价也很低。我们除了工资，另外还有25斤的粮食计划供应。我的工龄应该从1961年开始计算，到现在已经有50多年了。

1962年，经组织推荐，我进入黄麓师范学校学习。1965年毕业后，最重要的事情便是考大学。那个时候并非所有人都有资格考大学，师范毕业生考大学要受报考比例限制。我们1962年入学的这一届有两个班，一共有80多个学生，按照5%比例推荐，当年只能有4个学生考大学。经过学校一番比较后，我幸运地被选上了。

1965年，我考上了合肥师院。该校部分专业于1970年并入安徽工农大学，后改为安徽师大，这就是我在大学这几年的求学经历。相比而言，在黄麓师范学校的学习经历，为我日后从事教学工作打下了坚实的基础。处于那个时期的我们都很单纯，我在班级担任班长和团支部书记，除了学习之外，最重要的就是开展学生工作、参加学生活动。当时班里的活动较多，比如学雷锋做好事、组织同学下乡锻炼等。在黄麓师范学校，班会都是由同学们轮流组织的，这对同学们来说是很好的锻炼机会。我和同学相处的那几年，是我人生中很难忘记的一段时光，也是我个人成长比较快的一个阶段，充分地锻炼了我的工作能力。当时学校的很多事都是交给我们学生干部来做的，甚至像组织外调、整理学生档案等工作都由我们承担。学校还安排我们到低年级担任见习班主任，把我们当作后备干部来锻炼和培养。通过实践锻炼，我的工作能力得到了很大的提高，我逐渐地成熟起来。

我在1965年进入大学之后就开始接触绘画了，也是从那个时候起，我走进了艺术的殿堂，开始懂得什么叫艺术，艺术教育对我后来的发展和艺术修养、表现力、创作力的提升起着非常重要的作用。但就在我们入学不到一年的时间，“文革”发生了。那时，我们只想多学习、多读书，但是又没有更多的学习机会，只有“复课闹革命”的时候才会上课，老师才会画一点儿东西给我们看。作为美术系的学生，我们需要在实践中锻炼和学习。那时学校宣传“文革”的形式多样，如写标语、出黑板报等，参加这些活动，对我们这些学生来说就是实践锻炼和学习。但是这些是远远不够的，因为我们当时在学校里学的东西并不是很多，而且学到的知识也不是很扎实。

1970年，因为“文革”还没结束，毕业生的分配工作还不能正常进行，所以当年学校的毕业生和国内其他高校的毕业生一样，全部前往军垦农场接受锻炼，完全实行军事化管理。当时我们学校的毕业生全部分到白湖农场。白湖农场分为两个部分，一部分是军垦农场，另一部分是劳改农场，因为我们和劳改犯相貌上区别不大，所以外人都说我们像劳改犯。那时我们在农场还是比较辛苦的，刚开始没有工资，两个月之后才慢慢拿到工资。我们在军垦农场插秧、拔草、灌溉、收割，每天都在弯腰干活，也会适当进行一些军事训练，比如出操、射击、打靶等。这段经历也锻炼了我们。

采访人： 您大学毕业后留校任教，一直执教于美术学院，可以说见证了美术学院的成长变化，能和我们说说这些年美术学院的教育教学发展情况吗？

安良发： 1970年11月19日，我正式加入了中国共产党。在军垦农场接受锻炼时，大家都是20多岁，处在能干的年纪，都想要入党，我是第二批入党的。之后我就留校工作了。

1971年底，学校派人带着名单去部队调人，我在名单中。学校教师问我是否想留校，我当时从留校后与自己的老师在一起工作会不好意思这一角度考虑不愿留校，想分配到其他学校工作。但当时学校人才缺乏，老师极力要求我留校工作，由于我是共产党员，要服从组织分配，就这样留校工作了。

至此，我就留在安徽师大，和我的老师们一起工作。刚到学校工作，我担任的是辅导员这一职务，之后担任了美术系团总支书记一职，主要从事学生工作。那时候，美术系招生人数比较少，一届只招20个人，四届总共不到100人，办学规模很小。

我们系的学生虽然人数少，但比较难管。因为我们系的学生思想比较活跃，对于新鲜事物接受吸收得很快，而且有时尚感，总是赶新潮。让我印象最深的事情就是，那些学生穿喇叭裤、男生留长发。这些现象与学校规定不符，学校领导都有意见，我们这些从事学生工作的老师也倍感压力。我会就学生管理等问题请教分管校领导，多宽的裤腿才算喇叭裤？男生留多长的头发才算是长发？如果有这个尺寸标准，我们就有办法让学生改好。老师也不能一直揪着学生的仪容仪表不放，如此会引起学生对老师的反感，反而起到不好的效果。另外，就是学生谈恋爱问题。当时我们学校对大学生的管理比较严，国内其他高校也是如此，明确规定学生不准谈恋爱。但是当自己遇到此类问题时，却没有更好的解决办法，学校相关规定也没有提出具体可行的操作措施。在这一方面，我们能做的，主要是经常提醒学生，谈恋爱不要出格，要注意影响。就像那时我们对待男生留长发一样，如果学生被安排到中学实习，作为实习老师，就要为人师表，要发挥老师的模范和表率作用，那他们一定要把长发剪掉。我们每次召开实习动员大会，都会对同学们提出这些明确要求，所以同学们在实习期间都有良好的表现。以上就是我留校以后这一阶段工作的大致情况。

在这一阶段的工作中，我收获了很多，也有一些体会。我们系的学生虽然比较难管理，但是只要和他们交流，做他们的知心朋友，他们就会服从你的安排和管理。那些学生称“工农兵学员”，年龄都比我大，甚至级别都比我高，我只是一名普通的高校辅导员，而他们有的曾是连长、营长，若是用强制的方式去管理，谁会理你？但若是和他们做朋友、讲道理，他们都会向你表达自己的想法。

从事教学秘书工作以后，我对教学工作有了新的认识。上课时，我有时与学生一起画画，当然那个时候不能说我画得多好，和我现在的绘画水平是不能比的，但因为我是美术系毕业的，具有一定的专业知识和绘画技能，学生还是认可我的。

国画主要分三大块，即人物画、风景画和花鸟画。当时我们系缺少写意花鸟画这方面的教师，所以我就选择了从事这方面教学工作，也愿意在这方面下功夫。随后我去了西南师范大学进修，师从苏葆桢老师。苏老师是全国著名的花鸟画画家。这段进修经历对我帮助比较大，影响比较深。我现在主画葡萄，可以说是受到了苏老师的影响。苏老师的画作主要讲求画的立体感，他所画的每一颗葡萄都是立体呈现在欣赏者面前，并且画中还有光影的变化。现在，我作画的路数大致和苏老师相同，但我坚持走自己的路，我有一方印章“我写我意”，就是表达我的观点和思想。画画如果光靠模仿，就会阻碍我们的眼界，我们不能跟老师画得一模一样，因为艺术要有自己的东西，不能一直跟在别人后面走，否则是没有发展前景的。所以后期我就没有完全按照老师的要求来做，而是确定了自己的创作方向。但外人还是可以看出，这是苏葆桢老师的学生画的，因为基本的风格没有变化，但又不完全像苏老师的画。

我们美术系的老先生们，都是非常厉害的。例如，我们系有一位老先生，主要从事山水画创作，人民大会堂贵宾接待厅内挂的铁画——《迎客松》的画稿就是这位老先生起草的。我们系的老先生们有一个共同的特点，他们创作艺术不是为了名利，而是为了把学生教好，都兢兢业业地做好教学工作，培养了一批又一批优秀学生。现在安徽省美术界的很多领导和骨干力量，都是我们安徽师大培养出来的。

在我们系，上课从来没有喊过起立、坐下，也没有课前、课后点名习惯，因为系里学生人数少，老师站在讲台上看一眼便知道学生有没有来上课，根本不需要点名。后来专业课又分小班上课，其中学国画的小班一共就六七名学生。我们系的老先生们上课从不迟到，每一节课都亲自给学生做示范。老师们即使有几十年的经验，想要把每一节课都上成示范课，也有相当大的难度，就像我现在画好了一幅画，要讲解怎样下笔、怎样构图、怎样调色等，这些都是“只可意会不可言传”的，都是手头上的功夫，语言上是无法表达清楚的。所以，我们系里的课程可以说容易上，也可以说不容易上。说它容易，那是因为老师只需在课堂上指出学生哪里画得不对，哪个颜色没有调好，然后让学生自己去琢磨如何绘画，如何调色，如此上课自然轻松得很；说它不容易，那是因为诸如如何调色、如何着笔、行笔的坡度、水分的把控等，这些都要有示范才行。而且对于画好一幅图，如何进行构图、如何掌握重点、关键在哪里等问题，都要在示范的过程中向学生讲清楚。所以画好一幅画并不容易，所谓“台上一分钟，台下十年功”就是这个道理。在美术系的课堂教学中，示范显得非常重要。

每次上课的时候，我都会给学生做画画示范，这样也会迫使自己在平时多学习、多训练。我上课的时候，一般是让学生看着我作画，画中涉及的问题，如这个点怎么画、为什么要这么画，这个颜色怎么调、为什么要这么调等，我都会给学生一一讲解清楚。作为老师，我们不能以“这是一件很简单的事情，自己去琢磨”这样的借口去敷衍学生。这就是我上课的态度以及采用的教学方法。对于学生的课后作业，我要求学生必须按时保质保量完成。

在教学中，同样的教学方法，不同学生的学习状况会表现出差异。对于那些领悟能力强的学生，他们很快就能画出一幅像样的画，我会指出他们的缺点，让他们修改，并且告诉他们以后要注意的问题。学生能够考上大学，是一件不容易的事情，他们都希望能在课堂上学到有用的知识，如果老师连最基本的知识和技能都不教给学生，那是对学生不负责任。我们这种认真负责的上课态度，把学生感动了，他们体会到了老师的良苦用心。记得有一次上课的时候，班长喊“起立”，当时我有点意外。后来有学生告诉我，因为我上课认真负责，为了表达对我的感激之情，他们请班长在上课时喊“起立”。所以，之后我被评为安徽省优秀教师也是有原因的。

我觉得师德对一个教师来讲非常重要，特别是我们这个系。我校美术、音乐这两个专业都是特殊专业，所设艺术课程主要教学生怎么画、怎么唱，老师与学生之间不仅仅是师生关系，更是师徒关系。我在美术系工作期间，我们系还没有改名为美术学院，所以直至现在我创作的每一幅画作上的落款都是美术系，不是美术学院，这也说明我对美术系的深厚感情。

采访人：您在安徽师大从教多年，在此期间我们美术系获得过各种荣誉，也经历过艰难时刻，在美术系办学的困难时期，您做过或看到过哪些事，曾经给师生以鼓励和支持？

安良发：执教后期，我为我们系的建设做了很多工作，除了日常的教学工作以外，我还抓系里的创收工作。因为我们系主任当时身体不太好，所以我就负责我们系的创收工作。因为当时我家里事情不多，所以从一开始我就一心扑在了系里的工作上。

那个时候学校拨给系里的办学经费非常少，我们办学成本开支又比较大，以致有很多次学校拨给我们一年的经费，不到半年就用光了。我们没有其他办法，要么伸手找学校要钱，要么自己想办法搞创收。我们就从创收中拿出一部分收入来补足系里的办学经费。

但是如何进行创收却是一个大难题。一方面不能耽误系里的教学安排，另一方面要补充学校划拨经费的不足，于是我们就着手准备开办一个创收班。我和系主任商量，让系里作出规定，不准教师私自办班。若是允许教师私自办班，将会影响我们系创收班的生源。我们有时候还会去任课教师的家里例行抽查，若任课教师被查出私自办班，就扣课时费。

那时系里开展集中政治学习，到场的老师每次有5元钱的学习补贴。我们抓住政治学习的时间，和大家一起讨论系里的建设情况，老师们也会借机相互交流教学经验，这样做对系里的建设、发展是有好处的。

在开办创收班的同时，我们还开设了成人教学班，仅在马鞍山就办了三届，还在铜陵办了两届，在淮南办了一届，等等。我们在这些地方开设的成人教学班，都是统一排课。我们安排的课程并非分学期上，而是分阶段由不同的教师专门负责。虽然这对于教师来说任务比较重，但是为了美术系的建设大家都乐意干，大家团结一致，心往一处想，劲往一处使。

我们在创收方面花了很多时间。从签协议到教师的管理、教室的安排，这些都是我们要联系、考虑的。我在系里负责行政工作这段时间，投入了很多的精力。系里增加了可观的收入，改善了教学条件，这是一件值得高兴的事情。

此外，我们系当时还在赭山校区开办了一个美术公司，这是我们系为创收而采取的另一措施。为了保证教学工作持续有质量开展，我们采取了这些办法，结果无论是经济收入，还是社会效益，都非常可观。我为系里做的所有事情，花费的所有精力，都是值得的。系领导和老师都应该尽力为师生服务，做出自己的贡献。

行政工作中的一件重要事情就是招生。因为工作安排的需要，我上半年忙着招生的事，包括招生简章的起草、招生考试的组织以及阅卷、统分、录取等；下半年忙着迎接新生入学以及美术辅导班的开设，我就这样一年忙到头，几乎没有闲时。

我们美术专业的招生是比较特殊的，它与省里统考不同，当时执行单独招生政策，命题、考试、阅卷、录取都是我们自己组织。刚开始是各个经过批准的高校单独招生，后来变成了几所高校联合招生，最后变成了全省统考。每组织一次考试，都需要安排座位和保卫工作。关于试卷命题，需要考虑到命题的意图、思路，以及每一个考点的内容。全省统一招生使用的招生简章，就是我起草的。我们系当时在全省排名在前，和兄弟院校的关系比较融洽，大家一致推选我为组长，喊我“安头”。

采访人：您从我们师大毕业后，就留任学校，成为一名教师。在几十年的职业生涯中，您一直秉持认真负责的态度爱岗敬业，是师生的好榜样。现在您的退休生活怎么样？未来您的退休生活又会怎么安排呢？

安良发：我是1998年从行政岗位上请辞的。我在从事教学工作的同时也做行政工作，属于“双肩挑”老师。请辞的理由主要有三条：一是我年纪大了，身体不好，应该休息了；二是按照学校干部管理的相关规定，干部任期一届三年，而我已干了12年，也到了换届的时候，我退下来，让有能力的年轻老师接班；三是我长期从事行政工作，耽误了我许多艺术创作的时间，想留多一点时间给自己进行艺术创作。学校组织部派人找我谈话的时候，我也是这么和他们说的。我在师大工作了20多年，应该从行政岗位上退下来，让年轻人受到更多的历练，他们认可了我的说法。学校党委经研究决定，对我系行政领导班子进行了换届。2004年退休之前，我还在系里上了几年课。

作为“双肩挑”老师，我不仅要从事教学工作，还要进行艺术创作。到现在为止，我出版了5本书，其中第一本书10万字。那个时候，我每天下班回家吃完饭洗漱后就坐在桌前写作，不仅仅是写作，还需要修改稿件，第一次改稿、第二次改稿，这些虽然都需要时间，但能保证书稿的质量，我出版的第一本书已经再版了3次。我写书的目的就是为了能够与读者分享我的一些教学经验及绘画技巧。这些经验与技巧实际上都是我绘画实践的经验总结，是在平常的教学活动中一点一点积累的。

我退休以后没有感到失落，反而觉得非常轻松，终于有大量的时间来画画，进行艺术创作了。回顾退休后生活的这十几年，是我一生中最快乐、最幸福的时光。我前段时间还去了黄山、阜阳等地风景区写生。我退休之后，既不求名，也不求利，所谓“平生不贪名和利，只求笔墨生我情”。画画这一行当具有很强的独立性，不需要其他人的参与，完全是自由自在的，想怎么画就怎么画。每当画出一幅满意的作品时我就非常高兴，不由自主地哼着小调，这就叫自娱自乐，修身养性，感觉就是神仙也没有我幸福！

退休十几年来，我主要做了两件事：一是每天锻炼身体。身体健康是本钱，身体健康最重要。生活要有质量，没有质量的生活毫无意思，那叫受罪。二是每天坚持绘画，从不间断。这是我对绘画的兴趣使然，专业不能丢，这不仅能很好地打发时间，而且能让自己每天都感觉生活很充实，所以我退休以后从来不感到寂寞。数年来，我创作了数千幅作品，这些作品一部分送给了亲戚朋友，一部分作为收益用于补贴、改善生活，剩下的都留给子孙们。我现在接近80岁了，目前身体状况还好，精神状态不错，希望今后的日子过得越来越好。所有这一切都是党给我的，应该感谢党的领导，感谢我们现行的社会制度。

我最近在写一本回忆录，名字都想好了，叫《我的艺术人生》，主要是讲述自己的人生和心境，介绍一下自己的生平和成就。我没有打算公开出版这本回忆录，只想留下给我的三个孩子作为纪念。

我虽然退休了，但对安徽师大依然关注，想听到更多关于我们安徽师大的好消息。对于我们系的建设情况，我也是比较关心的，若是系里需要我出谋划策，我也会积极配合。还是那句话，老师要有“师德”，要“德艺双馨”。

陈璧辉先生访谈录

采访时间： 2019年11月12日
采访地点： 陈璧辉先生寓所
受 访 人： 陈璧辉
采 访 人： 郝绵永
整 理 人： 陈佳佳

陈璧辉，男，1931年11月生，福建平和人，中共党员，教授。1954年毕业于厦门大学生物系，分配到安徽师院任教。曾入东北师范大学研究生班学习两年。曾任安徽省动物学会第二届理事会副理事长，野生动物保护协会第一届理事会副会长，世界自然保护联盟濒危物种委员会鳄类专家组成员。长期从事脊椎动物学教学和安徽省鱼类资料与兽类资源研究，其中对扬子鳄的研究尤为深入系统。专著《珍稀动物扬子鳄》《扬子鳄》分获林业部科技进步二等奖和国家自然科学四等奖。被评为国家有突出贡献专家、全国教育系统劳模并获人民教师奖章。2014年获安徽师大首届终身成就奖。

采访人：在安徽师大任教期间，您一直从事脊椎动物学方面的研究，其中对扬子鳄研究最为突出，请问您是如何与扬子鳄结缘的？

陈璧辉：关于扬子鳄，我很了解它。我在大学读书的时候，有两门课程都提到它，一个是“脊椎动物学”，一个是“解剖学”。但当时上课后我对扬子鳄的了解仍然非常模糊，比如说，一般爬行动物的心脏只有2个不完全心室，鸟类才有2个完全心室，但是扬子鳄很特殊，它的心室中间出现了一层隔膜，形成了2个完全心室，而这层隔膜是在进化的过程中形成的，当时我只知道这一点。1954年，我从厦门大学毕业后，被分配到安徽师院任教。安徽师大就是曾经的安徽师院，后改名为安徽师大。安徽师院坐落在镜湖边，镜湖是芜湖的一张名片，由大小两部分组成，老芜湖人喜欢称它为陶塘。有一天，我去陶塘玩，那时陶塘里有一只扬子鳄，两个陶塘中间的埂上都是泥巴，这只扬子鳄试图爬过陶塘土埂到陶塘另一边去，一辆汽车刚好在这个时候从埂上开过去，就把扬子鳄轧死了。芜湖本地人把扬子鳄称为“土龙”，很多人都在说有一辆车轧死了一条“土龙”。我很好奇，结果一看却是一条扬子鳄。这是我第一次真正接触到扬子鳄，我就把它拖回家里做成了标本。

过了没多久，中国科学院的一个研究员想要研究扬子鳄，就来到了芜湖。当时芜湖只有安徽师大对扬子鳄有所了解，所以他就来到了安徽师大，研究起了扬子鳄，他曾发表了几篇文章，就没有再深入研究。一直到20世纪70年代，我去参加长江六省一市的水产资源调查活动，主要解决长江的鱼为什么很少的问题。当时安徽省相关部门希望通过现实有效的调查来解决这些问题，于是他们就找到了我。后来六省一市相关部门召开碰头会，我参加了那次会议，说明扬子鳄，我说："我知道啊，我知道扬子鳄。"过了没多久，省里派人来找我，问我能否研究扬子鳄，我当时就同意了，我就这样开始了扬子鳄的研究之旅。

采访人：您在研究扬子鳄的过程中，曾经遇到什么困难？又是怎么攻克难关的？

陈壁辉：我先去上海动物园作调研，因为上海动物园是最早加入保护扬子鳄行动的单位之一，我想他们的经验肯定丰富。但是他们给我的回复是，对于如何养殖扬子鳄、如何人工繁殖扬子鳄等问题，他们也不清楚。给我印象最深的是，上海动物园的一位饲养员告诉我："扬子鳄冬眠的时候，我们采取的一个办法是挖一个洞，在扬子鳄的皮肤上面涂一些油，这样扬子鳄就不会死亡，如果只挖一个洞，不涂油，扬子鳄就会死亡。"通过对上海动物园的调研，我了解到扬子鳄人工繁殖是不行的，因为待解决的难题即使上海动物园也没人能解决，于是我想，我应该来研究，试试看别的方法的可行性。在研究扬子鳄的过程中，我们要解决的问题是，怎么样才能让扬子鳄下蛋。在解决这个问题时，我们遇到了一些难题，因为一般动物产卵的时候，需要很多激素的调节，而且激素要有序分泌，一旦紊乱，卵就不会孵化。激素的分泌受外界环境影响很大，所以我们遇到的第一个问题是，扬子鳄自己繁殖得很好，为什么在人工养殖的时候就不会繁殖呢？我首先想到的是到野外去了解情况，接着从激素分泌和环境因素的关系这个角度展开调查。然而激素分泌和环境因素的关系非常复杂，整个环境中，究竟哪一个因素最重要呢？弄清楚这个问题对继续研究很重要。我分析了一下芜湖的情况，了解到扬子鳄繁殖的时间在高温高湿季节。

我们遇到的第二个问题是，扬子鳄要冬眠，如果冬眠不好就会死亡，如何才能解决扬子鳄冬眠问题？为了弄清楚这个问题，我特地解剖了扬子鳄，发现扬子鳄卵的发育是在冬眠时期，所以冬眠很重要。如果扬子鳄的冬眠问题能解决的话，它可能就会繁殖。于是，我就开始研究如何解决扬子鳄冬眠这个问题。首先我着手研究野外扬子鳄的洞穴环境，包括洞穴的温度、湿度、二氧化碳含量。我发现，洞穴内二氧化碳的含量特别高，由此我想到，是不是二氧化碳的含量高能够帮助扬子鳄冬眠，因为二氧化碳含量高会导致它昏迷，冬眠的效果是不是就会好？接着我开始研究扬子鳄的人工洞穴的设计。野外扬子鳄的洞穴构造非常复杂，进入洞穴的路是蜿蜒曲折的，而且还有忽上忽下的坡路。这样在洞穴外气温下降的时候，冷空气是进不了洞穴的，即使洞穴外下再大的雪、刮再大的风，洞穴里面还是很暖和的，一直不低于10摄氏度。扬子鳄喜欢在洞穴内坡度最高的地方休息，旁边是洞穴内坡度最低的地方，而且还会有一滩水，扬子鳄在冬眠醒了之后可以直接在洞穴内喝水。扬子鳄在冬眠时可以没有食物，但是不能没有水。

经过研究，我终于知道扬子鳄在冬眠时需要的一些条件，第一是二氧化碳含量高，第二是洞穴温度不能低于10摄氏度，第三是必须要有水。我就按照野外扬子鳄的洞穴环境设计了一个人工洞穴，但是第一次做的洞穴扬子鳄根本不进去。所以，我就想让扬子鳄自己来做洞穴。在扬子鳄养殖研究中心，我先将很多泥土堆成一个岛，然后让扬子鳄自己去钻洞，它自己会做台，也会挖水洞。这样一来，扬子鳄就下蛋了，但是下了蛋之后该怎么孵化出来呢？这是我们遇到的第三个问题。因为上海动物园的饲养员从野外收集了很多扬子鳄的蛋，放在孵蛋的孵化机上，但是发现扬子鳄的蛋是孵不出来的。于是，我们把扬子鳄的蛋解剖后发现，扬子鳄的蛋和鸟蛋不同，鸟蛋的蛋黄两边是有系带的，而扬子鳄的蛋黄两边是没有系带的，但是它的蛋白随着时间的推移越来越稠，像胶水一样很黏。因为扬子鳄的蛋和鸟蛋的结构不同，所以用相同的方法去孵蛋是肯定不行的。鸟蛋孵化的时候，为什么要在孵化机上不停地翻动鸟蛋呢？因为鸟蛋在孵化机上转动的时候温度很均匀，对孵蛋是有利的。但是扬子鳄刚下的蛋，蛋内的水分还没有蒸发，蛋壳外面有很多小孔，时间越久，水分蒸发得越多，蛋白就越黏稠，即使放在孵化机上转动，里面的蛋白也是无法转动的，如果蛋黄在上面，胚胎在下面，胚胎就被蛋黄压住了，加之地心引力的作用蛋黄会始终把胚胎压住，细胞分裂就会变得很困难，从而无法孵化出来。

通过研究，我们明白了这个道理，在收集扬子鳄蛋的时候，按照自然位置摆放，不能翻动，如果蛋的位置上下颠倒，会使蛋黄上下变位，导致无法孵出。我们把这个结果告诉了上海动物园的饲养员，他们按照这个过程操作，扬子鳄的蛋就孵化出来了。但是孵化出来以后还有很多问题，比如孵化出来的很多小扬子鳄大肚皮，蛋黄无法消化，导致小扬子鳄胀死。按常理来说，蛋黄是营养物质，为什么在人工养殖时，蛋黄反而会导致扬子鳄之死呢？个中原因又在哪里？针对这个问题，我想到，是不是因为在孵化的过程中，蛋黄变得很硬而无法孵化呢？那么原因一定在于温度不够。因为我了解到野外扬子鳄孵蛋一般是在六月份，天气很热，加之周围草地的温度，温度就很高。而室内孵化的温度肯定是不够的，达不到扬子鳄自然孵化的温度。所以，蛋黄没有达到较高的温度，无法孵化，若把扬子鳄孵化过程的温度提高，就能解决这个问题。

采访人：您从大学毕业之后，就一直在安徽师大任教，一直到退休，几十年培养出了很多优秀学生。您培养学生的经验和诀窍是什么？

陈壁辉：我认为培养学生方法很重要，培养学生要做好两件事：

第一，要关心学生，要关心学生的一切。我对我的每个研究生都很关心，对待他们就像对待自己的子女一样。学生会犯错误，如果是小错误的话，批评教育之后就不予追究，不能因为犯了一点错误就抓住不放，但必要的教育是不可缺少的。我会批评教育他们，他们知错之后，就往事不记，后事不提。如果扩大学生所犯的错误，会伤害他们的自尊心。当然，如果学生做得好，要表扬他们。比如有一次，一个名叫潘红春的学生主动来找我，他说他发现扬子鳄的壳膜是两层而不是一层的，用电子显微镜看扬子鳄的壳膜时，正反面有两种不同的花纹。他说完之后，我就想到鳄类的壳膜结构透射电子显微镜的表征问题。我曾看过国外的一篇文章说，扬子鳄的壳膜是一层的，而且花纹不能说明什么问题，而潘红春说他看到的是两层，我猜测会不会他是搞错了。不过我还是表扬了他，因为他发现了问题，并且非常高兴地来告诉我，所以我也非常高兴和同学一起分享乐趣，学生对研究的兴趣是不能被浇灭的，否则，学生的自信心会受到伤害。后来我就告诉他，可以从切面来看，切过以后再在电子显微镜下看，如果是两层壳膜，电子显微镜下是可以看出来的。他照我说的去做，确实看见壳膜是两层的，一层比较厚，一层比较薄，并且这两层贴得特别紧。我的学生发现了这个问题，我也很高兴。所以说，对待学生就要像对待自己的子女一样，要考虑他们的感受、鼓励他们，他们做出了成绩，要给予表扬。

第二，学生总是在学习中成长，最重要的是教给他们方法。我为什么讲这个问题呢？我以前帮别人修改期刊论文时发现了这个问题的重要性。当时我收到很多杂志社寄来的文稿，审读中我发现有一些作者根本就不懂科研，因为他们研究的内容是别人早就做过的，我会告诉杂志社不能发表这样的文章。但是有一些研究确实是自己做的，就是不太会写文章，在这种情况下，我会花很多时间指导他们调整文章的结构，这样的文章经过修改后是可以发表的。福建师范大学的一个学生发表的很多文章都是我帮他修改的。他的第一篇论文就写得一塌糊涂，有些人觉得这样的文章不能发表，我从来不这样认为。我觉得，确实是在做研究的年轻人，能够扶持的就尽量扶持。在改稿的过程中，我得到很多启发，其中重要的就是研究方法和写作方法，所以我指导研究生时，首先会教给他们正确的研究方法和写作方法。

一是论文选题确定以后，就必须了解这个选题在国内外的研究达到了什么程度，还存在什么问题。那么，应该怎样了解这些问题呢？我告诉学生，学校图书馆有一些汇集了全球几百种优秀的、有代表性的生物学或化学杂志汇编，它们收集了各种研究课题、研究结论等。学生还可以查看这些杂志的过刊，以了解选题曾经是否有人研究过，已达到什么程度。这个方法很重要，研究之前必须了解国内外的研究情况，如果不了解国内外研究情况，做完研究之后和别人的研究成果重复了，或者说还不如别人，那就等于白做了。

二是任何科学研究都是从研究问题开始的，即要确定选题研究的内容。所以，要明确拟解决的问题，即国际上还没有解决、国内也没有解决的问题。论文选题不要太大，太大是无法完成的，只研究一个问题就可以了，并且要根据我们的实际情况做研究。因为我们生物系的设备有限，如果研究中需要一些生物系没有的设备就无法完成这个研究。

三是要想办法解决科研过程中的实际问题。学生在做科研的过程中会遇到很多的实际问题，其中，经费是最主要的一个问题。过去我当导师的时候，科研经费申请是非常困难的，但是做科研必须要有经费，比如，需要经费购买药品、胶卷、照片冲洗等，没有经费，只能自己解决。当时我想了很多办法，其中有两个有效办法，一个是从自己可支配的科研经费中拿出部分经费资助学生科研，另一个是帮别人做事，收到的报酬用于改善学生科研。我经常帮助安徽省水务局、林业厅、科技厅等部门做些研究、编辑内部刊物，他们会资助科研经费给我们。这样，我们的经费就有了。这些实际问题得以解决，学生做科研也就有保障了。

四是教育学生平时要注意观察自然界中的很多现象。比如，有一个医生出差，忘记了他培养的细菌，回来以后发现细菌没有了，培养皿上面却长出了一些细毛，细毛的外面有一种透明物质，后来发现这个细毛就是青霉，青霉分泌出来的一种物质，杀死了细菌，这样就发现了青霉素。所以，很多事情看起来很普通，却也有神奇之处。

我写了一本书叫《两栖爬行动物》，这本书就是在我的有心之下写成的。

过去我们带学生到野外实习，大部分情况下，教师带着学生根据教学大纲看一看植物标本、动物标本就可以回学校了，算是完成任务了。但是我就多了个心眼，除了做这些之外，我还会增加观察的内容，比如下雨天，我会让学生把动物解剖来看看它们吃什么，肾腺、生殖腺情况怎么样，等等，我会仔细观看学生的实际操作过程，并且认真检查学生上交的作业。实际上这些作业能很好地帮助我收集野外动物的生活习性，是我了解野外动物的第一手材料。我的《两栖爬行动物》实际上就是几十年来我带学生在野外实习时，学生解剖野生动物的结果。应该说，这本书有很多学生的功劳，只是我多了个心眼，把学生的作业留下来了，以备我写书时参考。记得有一次，我和打猎的人一起到野外去调研，我看到有一堆草有被吃过的痕迹，猎人说是梅花鹿吃的。我就下意识地记录下梅花鹿吃的这些草，把不认识的草采回来，带到学校以后咨询我们系的植物学老师。就这样一点一点地积累，最后我用英文写了一篇《皖南梅花鹿的生态研究》，在国外发表了。日本学者看了之后很感兴趣，问我是怎么做到这么细致的。实际上，随时留心留意，时刻记录别人所说的重点和要点，累积的多了，就变成了一篇很有用的文章。一些日本学生看到我的这篇文章后都说这对他们分析日本的野生动物很有帮助。所以，我会告诉我的学生平时要多留意、多观察，要对自然现象多想、多思。

为什么日本学者要关注我的《皖南梅花鹿的生态研究》这篇文章呢？因为日本以前也有梅花鹿，但是日本自从亚欧板块分离之后就没有梅花鹿了，所以这篇文章对于日本研究梅花鹿有很大的参考价值。这让我想到了扬子鳄，关于扬子鳄，国际上有一个著名的鳄类专家曾经写过一篇关于扬子鳄在地球上起源的文章，他研究的主线是水，认为扬子鳄起源于北美，祖先是汤氏鳄，扬子鳄出现之后，汤氏鳄就死掉了。后来，我们中国科学院发表了一篇文章，同意这个外国专家的看法，扬子鳄在我们国家是上新世时才有，而美国扬子鳄的出现是在中新世，出现得更早，所以他们同意中国的扬子鳄是从美国那边爬过来的看法。但是我始终认为，扬子鳄不应该是从美国爬过来的。我的一个日本朋友第一次给我写信说，他最近在日本北海道发现了一片扬子鳄的头骨化石和一片下颚骨化石。他第二次又给我写信说，他又发现了扬子鳄的腿骨、胸骨、股骨化石，经过鉴定毫无疑问确定是扬子鳄的。我听了以后非常开心。后来，我就写了一篇文章，反对国际上大家认可的扬子鳄起源于北美，祖先是汤氏鳄的观点。扬子鳄的发源地应该在北美和欧亚大陆相连时候的某一个地方，后来北美和欧亚大陆分离开了。现在国际上认为，美国的密河鳄和扬子鳄是兄弟。因为根据所有鳄的眼睛骨骼组成的眼眶来看，扬子鳄和密河鳄这里的骨骼是相似的，其他鳄类就不相似，各种证据都证明了这一点。后来我写了一篇文章，反对这个观点，我支持另外一个外国专家的观点，他没有写扬子鳄的发源地，写的是很多小型鳄类的发源地在北美和欧亚大陆相连时候的某一个地点。那么，在日本发现扬子鳄，后来没有了，就是因为原来日本和中国大陆板块相连的时候，扬子鳄是存在的，后来日本和中国大陆分离后，扬子鳄是不可能爬过去的，所以日本就没有扬子鳄了。根据动物分布来看，大概是因为日本那边的一些限制性因素，限制了扬子鳄的生长，所以扬子鳄灭绝了，就形成了化石。日本有扬子鳄的化石，就证实了原来中国就是有扬子鳄的。那么反过来说，汤氏鳄和扬子鳄出生的年代在同一个时代，所以汤氏鳄不可能是扬子鳄的祖先。那么，为什么扬子鳄与密河鳄在外表上有很多相似之处呢？我认为主要是美国的密河鳄在大西洋的岸边，中国的扬子鳄在太平洋的岸边，它们的地理环境和气候条件比较相似，所以扬子鳄和密河鳄的相似完全是趋同现象。

采访人：您把一生最好的时光都献给了教学和科研，激发和指引着我们这些后辈青年学子，不断砥砺前行、开拓进取。借此机会，请您给师大青年学子提几点希望。

陈壁辉：我希望我校的学生更加努力，有更大的成绩、更上一层楼。如果学生不超过老师，那么历史就停止了。只有一代比一代强，历史才会永远前进。

陈佐卿先生访谈录

采访时间： 2018年11月1日

采访地点： 赭山校区离退休教师活动中心

受 访 人： 陈佐卿

采 访 人： 秦晓宇

整 理 人： 魏思兰

陈佐卿，男，1935年9月生，四川成都人。1956年自西南俄文专科学校（今四川外国语学院前身）毕业后分配至北京原核工业部任翻译。1962年调至皖南大学（今安徽师大前身）外语系任教。曾任安徽师大外语教学部主任。主编或主审《当代大学英语泛读教程》（第二册）、《大学英语词汇测试》、《大学英语精读教程阅读文章译文》（1—6册）等书。作为第一主持人，获1990年省级优秀教学成果奖。享受国务院政府特殊津贴。

采访人：陈老师，您好！很高兴您能接受我们的采访。作为新旧社会交替的亲历者，您的生活经历对我们而言就是一本教科书。首先请您简要回顾一下早年的求学、工作经历。

陈佐卿：年纪大一点，知道的就多一点。我今年84岁，确实经历了很多。我是1956年大学毕业的，由于学习成绩好，加上平时表现优秀，毕业后就被分配到北京的第二机械工业部，也就是核工业部，该部门主要负责“两弹一星”工作。我主要从事苏联专家对话和作品的口译或笔译工作，直至1960年苏联专家撤离，1962年底我才调任至安徽师大，也就是当时的皖南大学。我永远不会忘记在北京的这段经历，不会忘记这段激情燃烧的岁月、这段艰苦奋斗的岁月。到军部的时候，因为是绝密单位，我们都要进行宣誓——保密宣誓，一辈子上不告父母，下不告妻儿，他们都不知道我的具体工作是什么。我老伴是四川大学1957届的毕业生，早已是老党员。我们结婚时，她也接受了审查。

原子能利用研制工程是党中央在1955年做出的战略性安排，我于1956年毕业之后就参加了这项工作，是当时最早的一批。我刚到北京就随苏联专家前往新疆的大沙漠地区。制造原子弹时，首先要从勘察、开采铀矿开始，开采之后要提炼“浓缩铀”，提炼之后才能制造原子弹的原料。此外，我们还要设计原子弹的图形和模型，那个工程很大，开始的时候是很艰辛的。不知道各位有没有看过一部电影——《五星红旗迎风飘扬》，我每次看这个电影的时候都是非常激动的，里面所有的情节我都是经历过的。当时有第一机械工业部、第二机械工业部……一直到第八机械工业部，所有的工业部都叫机械工业部，目的是为了保密，这是从苏联学来的。我当时去的就是二机部。像煤炭工业部、纺织工业部、农业部、交通部、粮食部、国防部等都是可以对外公开的，而二机部就是需要对外保密的，就连其他部门对我们部门也是不了解的。当时要求我们不能向外透露我们部长的姓名，不然大家会猜到我们部门是干什么的了，特别是我们的副部长钱三强，他是“三钱”之一，是“原子弹之父”，他父亲就是北京大学的反清积极分子钱玄同。钱三强是留法归来的学生，他的夫人何泽慧是居里夫人的学生。这个部门还有很多同事，都是了不起的人物，比如安徽的邓稼先，这些人带给我们的感触都非常大，他们都是中国人，在外留学归来回报祖国，他们是非常了不起的。又比如郭永怀，他是康奈尔大学毕业的留学生，放弃了外国优渥的条件归来报效祖国。二机部的第一任部长是宋任穷，他是刘邓大军的政委，威信很高。这段激情燃烧的岁月对我的激励很大，是一个难得的锻炼机会，我为“两弹一星”的实现，为中华民族的伟大复兴做出了一点点贡献。

我的工作主要是为苏联专家做翻译，1960年，苏联方面撕毁了合同，撤走了专家，这对我们来说是极大的损失，撤离工作在一个月内结束。苏联撕毁合同、撤走专家之后，原子弹的图纸没有了，原子弹的模型也没有了，这些事情在前面说的那个电影里面都有。虽然苏联给我们提供了很多帮助，但关键还是靠那些从西方留学归来的一批留学生，如邓稼先、郭永怀等。郭永怀非常了不起，他不仅是力学等方面的专家，也是原子弹方面的人才。1968年，郭永怀乘坐的飞机失事，他和警卫员两人死死地抱着装有重要数据的工作包。郭永怀是烈士，为了中华民族的伟大复兴，在沙漠中工作，却不幸在飞机失事中牺牲。现在，中国科学院力学研究所立有郭永怀的塑像，他的夫人是李佩，被称为“中国语言学之母”，他们是爱国的两口子。

采访人：您参与了我国“两弹一星”工作，是相当了不起的，一定做出了重要贡献。那么，在您的这一经历中，最难忘的事是什么？

陈佐卿：我们当时被分配到北京之后，飞机把我们运送到了新疆的乌鲁木齐。当时条件不好，北京不能直飞乌鲁木齐，需要到兰州转机。我们的待遇和普通的士兵不同，毕竟是陪同苏联专家一起，身边都有一个保卫员，住宿条件也是很不错的，乌鲁木齐那个时候已经发展很好了，有一片高大的房子。我们就在那里做翻译。我的主要工作就是和苏联专家一起勘察“铀”，寻找原子弹的燃料铀矿。因为它是放射性物质，我们利用仪器进行勘测，要是地下有铀矿，那个仪器就会发出声响。当时有多种勘察方式：一种是人带着仪器和专家一起跑，以当时的中国技术水平，我们完全不知道如何去找铀矿，只能跟着苏联专家一起跑；另一种是开着装有仪器的汽车，绕着大沙漠跑；还有一种方法是把仪器放在飞机上勘察。这个工作是非常危险的，因为找到铀矿之后还需要开采。铀矿的坐标和储量都是绝密的，不能被外国人知道。铀矿石含量达0.05%就可以被开采。与铁、煤等物质不同，它是相当稀缺的物质。那时候的条件是很艰苦的。开采之后不能直接投入使用，还需要提炼。1956年的时候，我们所有的设备和仪器都是苏联方面提供的，而且由苏联专家教会我们操作，教会之后我们再去寻找那些矿物。比起寻找铀矿，更重要的是开采以后要拿出来测试，那时候开采出来的矿石的铀含量已经很高了。我们驻扎在沙漠里，一个连水都没有的地方，居住的棉帐篷和油罐车都是苏联运过来的。我们和苏联专家住的棉帐篷很厚实，里面可以烧煤，很暖和。但就算是这样厚实的帐篷，把矿石从几百米的地下开采出来以后放在床底下也是不行的，太危险了，因为铀矿有辐射，那个辐射危害人的健康。铀矿提纯之后就变成了“铀235”，这个就是含量很高的铀了，可以立即投入使用，作为制造原子弹的燃料。提炼完铀以后，我们把矿渣埋在沙漠里。这些矿渣有一个半衰期，这些铀衰变之后就没有放射性危险了。但是埋藏矿渣的地方都被围起来，并由解放军轮值，以防附近的牧民误入。邓稼先就是因为辐射患癌症去世的，他专门负责原子弹的设计工作，当初原子弹爆炸以后，邓稼先不顾危险去采样，那个时候的辐射是非常大的，大家都劝他不能去，但他一定要采样回来进行研究，他也因此受到更为严重的辐射伤害。苏联专家撤走后，原子弹的设计工作都是我们中国人自己完成的。苏联专家撤走时，撕毁了合同、带走了图纸、模型等，这些不仅对我们的军事方面影响很大，对我们的经济建设影响也非常大，因为文艺、国防教育、医学等各个方面的苏联专家都是要求一个月之内撤完。尽管如此，我们还是欢送苏联专家的撤离，维持了两国人民之间的友好关系。苏联专家撤走之后，所有的翻译人员都集中在北京西郊的友谊宾馆，和外事办一起进行整风教育。这些就是过往历史的一些情况。

采访人： 苏联专家撤走之后，由于工作调动，您进入安徽师大从事外语教学工作，一做就是几十年，能否谈一下您的这段经历和相关感悟？

陈佐卿： 1962年以后我就到这里来了。我们在核工业部工作了七年年头，做出了一点点贡献。1970年左右，芜湖郊区就驻扎了一支我们的部队，现在已经转成了其他兵种。我1962年就在这边工作，当时住在凤凰山，到1970年将近10年，有人好奇为什么总是有军车去我家，但过往的这些事情不能跟同事说。

1962年，我刚来安徽师大的时候，外语系的规模比较小，学英语的学生比较少，因为苏联的原因，大家都选择学俄语，我那时主要教俄语。我教的专业课是文译课。在1977级、1978级之前，我还教了几届工农兵学员。浙江大学世界文学与比较文学研究所的所长、博士生导师吴笛，就是我当时的工农兵学生。他学习好，很认真，英语、俄语都行，现在是全国的大专家。当时的工农兵学员不是考上来的，而是由基层单位逐级推荐上来的，1977年恢复高考，工农兵学员随之停招。学校恢复招生时，我是外语系副主任，那时英语专业开始招生，但招收的学生是很少的，不像现在我们外国语学院已经有4个专业了，包括英语专业、俄语专业、法语专业和日语专业，此外还有1个研究所，学生多了，老师也多了，这些都是慢慢发展起来的。1977级、1978级学生现在也逐渐退休了，他们曾经都是各行各业的骨干力量，都是很优秀的。像我们的李克强总理就是1978级的北京大学学生，他是安徽人。1977级、1978级的学生都很了不起，在国家最需要人才的时候考进了学校，这两届的学生很多后来都当了领导干部，而且是非常努力的。他们那一批学生，当过农民，做过工人，素质都比较好。

我今天带了当时翻译的几本书。1973年邓小平恢复工作后，对科教文化等领域进行了整顿。为了完成国务院下达的翻译任务，我们就用俄语翻译了《喀麦隆》《赤道几内亚》。这些书都是我主持、并和两个老师一起翻译的，这是国家交办的任务。国家需要了解外面的世界，工业要整顿，农业要整顿，国防要整顿，国家不开放，不了解外面的世界，就无法与其他国家合作。为了翻译这些书，我还到了中国科学院和南开大学了解了一些情况，从公安部第一研究所搜集了一些材料。

我还当过外语系教研室主任，我们自己制定教学大纲、教学计划和教学安排。1978级学生进校以后，我们外语系俄语专业就没有再招生了，我就从事英语教学的工作。改革开放以后，俄语方面的需求比较少，俄语专业也就不再招生。

采访人：您既要教学研究，又要负责行政工作，而且很好地兼顾了两者，能否回忆一下在这一过程中您所经历的对人才培养有较大帮助的关键性事件或活动？

陈佐卿：从1988年开始，为了适应改革开放的需要，也为了适应教学的需要，经过我省主管部门的批准，我们学校成立了大学外语教学部，它属独立二级系部，与外语系平级。该部承接的教学科目主要以英语为主，还有俄语。我当时是大学外语教学部主任，也就是和系主任一样。那个时候我也教书，在此之前，我早就教英语了。当时大学外语教学部的工作顺风顺水，既轰轰烈烈，又扎扎实实，引起了全校师生的注意。到2000年，学校将外语系与大学外语教学部合并，成立了外国语学院。随后英语系、俄语系、日语系、法语系也相继成立。那时候华东区六省一市，包括山东、安徽、江苏、浙江、江西、福建、上海，成立外语院校协作组，我们就成立了大学英语协作组。该协作组成员单位均为省级以上重点师范院校。那个时候全国大学英语四、六级考试已经开始，各个大学都在组织学生参加四、六级考试，其目的是对大学生的实际英语能力进行客观、准确的检测，为大学英语教学提供测评服务，大学英语四、六级的通过情况，是一项很重要的衡量标准。为此，我们单位领导班子高度重视，积极行动，抓紧此事。当时的主要工作由我在做。我校大学英语四、六级考试的组织，规范有序，成绩卓著。当时我校英语四、六级成绩在华东六省一市一直名列前茅，南京师范大学、上海师范大学都比不上我们。这个通过率是参加全国同一考试获得的，成绩名次在全国也是居前的，这样的情况持续了多年，最终大学外语教学部成为安徽省的先进集体。我校大学外语教学部是一个教学单位，不是一个系，也不是一个研究所、研究单位，取得如此成绩，真的很不容易。

采访人：您为安徽师大做出了这么多突出的贡献，现在您想对未来的师大及其师生说些什么？

陈佐卿：这就要谈到教学改革的问题。比如，今年（2018年）教师节当天召开的全国教育大会，习近平总书记在大会上发表了重要讲话，随后教育部在四川成都召开了新时代全国高等学校本科教育工作会议。这些说明本科教育是很重要的，但我们现在的本科教育是存在一些问题的，如忽视了优质的本科教育。以这两个会议精神为遵循，高校要以人才培养为本，而本科教育是根，这就决定了我们的教育要适应新时代的需要，要把培养德、智、体、美、劳全面发展的人才作为根本任务。所以，要有优质的本科教育，必须要有优秀的教师、有经验丰富的教师，像我曾被评为省部级优秀教师，享受国务院政府特殊津贴。高校要以人才培养为本，正如习近平总书记所说，教育是国之大计，是党之大计。

现在的职称评审导向也或多或少存在一些问题。高校职称评审应以教学为导向，引导教师把主要精力投入到教学工作中。唯资历、唯学历、唯论文进行职称评审，这样是不行的。教师职称评审条件要转变成注重品德、能力和绩效。我以前是学校职称评委会委员，还是国务院政府特殊津贴的评委，我就坚持这个原则。高校要重视教师教学能力的培育，否则就无法提高教师的教学能力和课堂教学质量。

作为一名党员，要有正确的荣誉观和名利观，在取得荣誉和名利之后要淡然处之，要坦然处之，同时要敢于担当，还要接受党和人民群众的监督。要初心不改，保持自己获得的荣誉不变色，继续做新时代的楷模。人生分为五个阶段，20年为一个阶段，尽管我已经80多岁了，已经到了耄耋之年，处于人生的最末阶段了，我也绝不会让自己的那些荣誉褪色。有一句话，君已近黄昏，初心不改夕照明。“老而弥坚”讲的就是那种年纪越老越能坚持自己的理念和信仰，这样的人才是最可贵的。

采访人：退休后您虽然不再从事系里的教学工作，但始终不改初心，牢记自己肩负的责任，积极参加了学校、学院许多活动，老有所为作贡献。能否谈谈在退休后参加的活动中，您印象较深的都有哪些人物和事件？

陈佐卿：我是1996年退休的，本来应该1995年退休，正式退休之前，被学校返聘了。退休以后我一直在干活。我们学院关工委开展了很多关心下一代的活动。我是院关工委委员，经常被邀请到学院为研究生们作报告，还做了学院党支部的一些工作，支部委员当了很久，支部书记也当过，一直做到现在。我的子女都在美国，我第一次到美国是1992年，1996年以后我就再也没有去过美国，我是可以直接申请移民美国的，但毕竟家乡的这方沃土养育了我们这一代人，这里的一草一木、一山一水都凝聚着我们深厚的感情，我舍不得离开这里去美国。为此，子女和孙子们就经常回来看我。最近，学院开展重阳节活动，外国语学院来了三个女生看望我，有两个是安徽人，一个是厦门人，正好遇上我的女儿在家，她们聊了很多。此外，我还参加了一些毕业生毕业纪念活动，做了一些毕业寄语。

程致中先生访谈录

采访时间： 2018年11月6日

采访地点： 安徽师大档案馆会议室

受 访 人： 程致中

采 访 人： 秦晓宇

整 理 人： 魏思兰

程致中，男，1941年6月生，江苏泰州人，教授。1963年毕业于南京师范学院（今南京师范大学前身）中文系。曾任中国鲁迅研究会理事、学术委员，中国比较文学学会会员。一直从事中国现当代文学教学和研究工作，发表鲁迅研究、比较文学、作家作品评论百余篇，著有《寻找精神家园——思想者鲁迅论》《穿越时空的对话：鲁迅的当代意义》《现代文学风景谭》等。

采访人：程老师，您好！很高兴您能接受我们的采访。您作为新旧社会化交替的亲历者，见证了新中国教育的变迁和发展，能和我们聊聊您早年的求学经历吗？

程致中：是的，我亲历了新旧中国两重天，亲历了毛泽东时代和改革开放、新时代的社会转型，见证了新中国教育将近七十年的历史。我是第一批少先队员，生在旧社会，长在红旗下，星星火炬对我的影响是一生的。我出生在一个读书人家庭，家道中落，父亲多病。中华人民共和国成立初期，家里困难，共产党解救了我们一家，所以我从小就有一个志向：要把自己的一生回报给生我养我的土地。

早年，我就读于南京师范学院中文系。20世纪50年代，高等教育受到各种社会思潮影响，极“左”的历史教训是我们的前车之鉴。但是回顾当时南京师范学院的教育教学模式，主导方面还是贯彻了党的教育方针。为人民服务，为社会主义服务，教育与生产劳动相结合，对我们这一代知识分子产生了积极的影响。我于1959年入学，正值三年困难时期，但国家给我们的粮食是保证定量的，每人每月32斤，这是很了不起的！刚进校时没有宿舍、食堂，全体新生一律打稻草地铺。我们边上课边参加学生宿舍楼和食堂的建筑工地劳动。扛水泥包，去雨花台运砂石，顶风冒雨地给建筑工人做下手，和工人们一起把宿舍楼和食堂建起来。大学四年，每学期都有两周集体生产劳动，“十月农场”劳动，修挖秦淮河，夏季麦收，冬季积肥……集体劳动不仅提高了学生独立生活能力，增强了体质，而且广泛地接触社会，养成了我们这批人热爱劳动、尊重劳动者的品质，这对人一生的影响是很大的。

南京师范学院的校训是“正德、厚生、笃学、敏行”，这是百年南京师范学院传统的校风。我们的授课老师多为大师级的中文教育专家，唐圭璋、徐复、孙望、朱彤、吴调公等诸位先生，他们渊博的学识、厚生重德的人品以及扎实的学风，对南师学子产生了长远影响。本科教学注重“合格”中学语文教师的培养，重视基本理论、基本知识、基本技能的训练，注重提高学生的语文素质和教学能力，课内与课外结合、校内与校外结合。

1963年，也就是我们毕业那年，三年困难时期刚刚过去，周恩来总理对北京1963届的毕业生作了讲话，我们在南京工学院的操场上听了录音报告。周恩来总理讲了三个观点：第一是劳动的观点，第二是革命的观点，第三是集体主义的观点。此外还讲到我们毕业生要有“过五关”的思想准备，即政治关、社会关、生活关、劳动关和亲属关，以及毕业之后我们要向社会学习，向书本学习，要学社会科学和自然科学。今天回想周恩来总理这些话，觉得非常正确，很有指导意义，对我影响很大。

采访人：您在校成绩优异，毕业后几经辗转才到安徽师大执教，能和我们说说您的这一经历吗？是什么原因让您选择了我们师大呢？

程致中：大学毕业最初19年的经历，太富于戏剧性了，你们听了，可能以为我是在讲故事。1963年被分配到教育部，当时教育部有三个直属单位：北京语言学院、北京函授学院、人民教育出版社。因为我想要当教师，所以，我分在了北京函授学院中文系，这所学校“文革”后期撤销了。在北京函授学院待了六七年之后，于1969年下放到教育部“五七干校”，我是作为先遣队下放的，在一无所有的情况下跟着一百多人的部“先遣连”到了安徽凤阳砌房子、烧石灰、运石头，大家一起建造了自己的“五七干校”，我在这里待了三年。我刚来的时候是不会插秧的，插秧速度慢，经常被当地人包在中间，也经常被当地的小姑娘笑话。那时我下决心学会农活，付出了很大的努力。每年插秧一个月，后来成了插秧突击队的主力队员。三年后，“五七干校”被撤了，全体人员向边、老、贫、困地区分配，我于1972年分配到安徽劳动大学。安徽劳动大学位于距宣城30多里的一个山沟里，条件很艰苦，水质不干净。山上有时会喷洒农药导致池塘的水也被污染，洗出的毛巾都是红色的。我们一家三口经常提着水桶，去较远的地方挖水坑，舀取地下水，然后撒点明矾净化水质。我们在那里待了十年，刚开始的时候水质还可以，后来就不行了。在安徽劳动大学，我教过历届工农兵学员，据当年的辅导员说，1977级一个班56人，后来有30多位是省和副厅级以上干部。安徽劳动大学培养了政、农、文、教等各个方面的人才，但最后是因为水质和交通等原因撤并了。

我是1982年到安徽师大的，那时谁也不了解我，从头干起。我的科研工作实际上是从40岁开始的，在过去那样的环境下要想写点东西是很难的，只能尽力把自己的本职工作做好，应付一下生活，所以我形容自己那19年是一种“辗转漂泊”的生活，就像老舍笔下的骆驼祥子，“三起三落”。这些都是现在的年轻人难以想象的。今天正处于一个黄金时代，无论学习还是工作都是一个最好的时代。这是我人生的一个经历，留下了许多经验教训，也是一种历练，磨练了自己的意志。

安徽劳动大学撤并前，我奉调回京不成，安徽省工作组负责人陈韧同志找我谈话，希望我留下来，可以在安徽大学、安徽师大、安庆师范学院三校选一，我选择了安徽师大。安徽师大前身是省里安徽大学，享誉全国，。这所学校的学风校风好，师资力量强，是安徽省的教育“母机”。另外，由于芜湖和我家乡（泰州）同属水乡地区，生活习俗很相近，我尤其喜欢水，所以我来到这里看见一片镜湖就很喜欢。1978年在黄山召开的鲁迅学术会议上，安徽师大现代文学教研室主任顾家炽先生表达了安徽师大需要人才的意向，后来他写信代表中文系表示欢迎，再加上我爱人是芜湖人，多方面的原因促成我选择了安徽师大。在安徽师大一待就是36年，安徽师大是我的安身立命之所，安徽是我的第二故乡。

采访人：您初来安徽师大时，从事的是什么工作呢？在您的这段工作经历中，哪些事令您印象深刻？能否举例说明？

程致中：36年过去了，经历的事情太多了，还是拣几个主要的谈谈。当年安徽劳动大学撤并时，安徽师大党委书记杨新生同志亲莅安徽劳动大学看望调迁安徽师大的教职员。杨书记亲切热情、平易近人，给我留下很好的印象，也让我看到了安徽师大的诚意和领导班子的良好作风。1982年二月初二“龙抬头”那天，安徽师大派专车到安徽劳动大学帮我们调遣到安徽师大的老师搬家。刚来安徽师大的时候，教工宿舍比较紧张，安排我们在男生宿舍5号楼，住了两年，后来的住房安置得到杨书记的关照，我有了漂泊多年找到新家的感觉。

进入安徽师大后，我担任中文系现代文学专业教师，指导过1979级、1980级、1981级、1987级、1991级教育实习和每一届学生的毕业论文。从

1983年开始，我担任“中国现代文学”和“鲁迅思想研究”两门课的教学工作，兼任过1984级胜利油田班的学习导师，我带油田班30多个学员去青阳县实习一个月左右。1985年至1993年，我为中文系和马鞍山的自学考试辅导班授课。后来学院有了硕士点，我担任现当代文学和学科语文教育硕士生导师，一直到退休，主要讲授“鲁迅与外国文学（文化）”等课程。

在安徽师大，我得到了历任领导和老师们的信任和关怀。我在1985年10月入党。1958年，我就申请入党，辗转20多年在安徽师大实现了这个愿望，。20世纪90年代，正高级职称评审有严格的标准和名额限制，由于系领导、评委老师及校领导的关心支持，我在1994年晋升教授。1998年至2001年，我担任文学院学术委员会委员及校、院教学指导委员会委员。安徽师大在各个方面对我都是有恩情的。《安徽师范大学学报》为我提供了发表论文的平台，文学院资助出版了《现代文学风景谭》，文学院学术文库收录了我的《鲁迅研究论集》，即将出版。文学院对我的著作的出版给予了支持，我很感谢。

我和安徽师大历届学生都结下了深厚的情谊。刚上讲台不久，就有一位班长在课前给我递了一张纸条：“程老师，我们欢迎您上课！”这对我的鼓舞非常大。有的学生仅仅指导过一篇毕业论文，师生之间却有几十年的缘分。潜山县委组织部副部长芮立祥、宿松县第二中学特级教师吴忌都是写散文的，经常收到两位的佳作。我还为吴忌的散文集《稀薄的秋凉》写过书评。好几位研究生的婚礼都邀请我做证婚人，去参加他们的喜宴或者孩子满月酒。古大勇（博士、教授）、高兴（博士、教授）的新著和各位青年才俊的杰出成就令我欣慰。在我毫不知情的情况下，高兴写下长篇评论《平民教育知识分子的岗位意识与学术人格——以程致中的鲁迅研究为中心的考察》，发表在《广西社会科学》杂志上。来自日本大阪的留学生柱竹也美慧渴望学习鲁迅，我就专门给她开课讲鲁迅小说（十次），临别时，她在合影照背面写道：“程老师，您是我人生道路上的导师。我决心回国以后好好做人，您给我讲的话，永远会留在我的心里。”我对她说，中日两国人民应该世世代代友好下去，不能允许那些军国主义分子再制造过去的大悲剧，她说回国后要为中日友好做一些工作。

这些都是我在教育教学过程中感受到的年轻学子对我的大力支持和鼓励，也是我能坚持到今天的一个巨大的精神动力。在安徽师大的故事有很多，只能挑这些来叙述。

采访人： 您在安徽师大从教多年，其间我们师大在办学规模、校园环境、办学条件、师资力量等方面都发生了翻天覆地的变化，对于这些变化，您最深的感触是什么？能不能说说其中的原因呢？

程致中： 刚来安徽师大时，学校纵横几条泥土砂石路，像样的水泥路不多，只有行政楼、教学楼、图书馆、生化楼几栋大楼。如今，校园发展到三个校区，学校的硬件设施和环境发生了翻天覆地的变化，这些是有目共睹的，无须赘言。

我感触最深的是，学校从单纯师范性院校，发展成为学科齐全，院系众多，既有师范专业也有非师范专业的综合型、研究型大学。在办学实践中，特别感觉到新人辈出，如日中天。喜看长江后浪推前浪，新老交替平稳有序，我们这辈人已经完全退下来了，工农兵学员那一批也都退休了，但教学依旧蒸蒸日上。

学校的教学和科研也取得了丰硕成果，多个院系建立了一级学科、博士点和博士后流动站，这在过去是一个梦想，我们过去只有专科和本科。现在我们和外界的交流更多了。我们师大校友在文、教、政、商各界涌现出一大批杰出人才，通过这次校庆（安徽师大90周年校庆），我知道中科院和工程院院士有六名都是我们安徽师大毕业的，这在师范院校甚至某些部属重点院校中也罕见。

采访人： 您为安徽师大奉献了几十年，见证了安徽师大的发展，对于安徽师大这些年取得的成就，您是如何看待的？

程致中： 我想这有五个方面的原因。第一，坚持党的领导，历届校党委都做了大量的工作，对学校的发展把握精准，特别是在引进人才以及教学科研方面都抓得比较好，每一次评估我们的成绩都很好。第二，安徽师大的发展与改革开放40年同步，国家的政策和形势对学校的影响是很大的。第三，与几代安徽师大人前赴后继的努力，特别是与每一代老师的勤奋努力分不开。一个学校要办好，没有好的师资是不行的。安徽师大所取得的成就与学校的师资力量以及狠抓教学科研工作是有很大关系的。第四，我们的学风比较好，“厚德、重教、博学、笃行”的优良校训体现了我们90年的校风。我有一个教育部的老领导后来调任安徽师大副校长，她讲过一句话：安徽师大之所以能发展到今天，跟我们的校风有关系，那是一股强大的凝聚力。第五，杰出校友对母校的大力支持，是师大发展前行的动力。他们在外界做出的努力，提升了安徽师大的知名度。这就是我所理解的安徽师大能这么快发展的原因。

采访人：您的文学造诣颇深，在科研和教学方面做了很多工作，斩获多项荣誉，广受师生好评，能和我们分享一下您的科研和教学心得吗？

程致中：我从教将近半个世纪，目标比较平凡，就是要做一名“合格的人民教师”，这也是当年南京师范学院的人才培养目标。经过几十年的历练，我想，一名好的教育工作者在教学和科研工作中应该具备一些基本品德。

第一，一个好的教师应该爱岗敬业，厚生重教，要甘于做人梯，这也是一些前辈、先贤教给我们的。我们要尊重学生的首创精神，向教育对象学习；我们要吸收新的血液、新的信息，向青年人学习，让自己保持青春气息，与时俱进。我常常说，我是过去的人，要往前走的话，就必须从社会、从学生身上吸取精神力量。教师应该自觉地为学生服务，而不是让学生为自己服务，教师仅仅发挥着传道、授业、解惑的作用。

第二，在教学实践中，无论是学生还是青年教师，都要勤学苦练基本功。对文科学生来说，要博学广识，不要太局限一域。对教师来说，教学工作可以促进科研，扎扎实实地写好讲稿，为科研打好基础。所以，要以教学促进科研，以科研提升教学。无论是教学还是科研，都是很辛苦的。我亲耳听到有人说过，上课很容易，跟学生吹吹就行了。我很不赞成这种说法。我每次上课时都是很认真的，上课前都会费一番脑筋做好准备工作。郑板桥给一幅竹石画题过一首诗：“咬定青山不放松，立根原在破岩中。千磨万击还坚劲，任尔东西南北风。”我们在教学和科研过程中也应该这样。我刚开始的时候就选定了鲁迅这个研究方向，然后再慢慢地扩展，我坐冷板凳坐了几十年。

第三，在市场经济背景下，教师要摈弃金钱和权力诱惑，尤其要坚守做人的底线。做老师有何求呢？和同学们在一起就是最大的快乐，同学们能够在几十年后记得你，和你一起讨论问题，那是何乐而不为的事情呢？前段时间，文学院请南京大学胡星亮教授来作讲座，他是安徽劳动大学1977级毕业生，后来留校任教，几十年一直互通音讯。前不久，安徽劳动大学1972级十几位学生邀请我重返叶家湾（安徽劳动大学旧址），去宣城、郎溪观光两天。学生和老师就应该是这样的关系。文学院的历届领导在公开场合都讲过这样的话：“程老师的课能得到每一届学生的好评是不容易的。”在教学上能得到学生的支持，拥有好口碑，我感到非常自足。我就是一个普普通通的老师。我在学生时代，抄录过《教师之歌》，那是当年华东师范大学学生集体创作的长篇朗诵诗，以单纯、热情、青涩的诗句，唱出一代青年对于教师这个职业的朴素理解，唱出即将走上教师岗位的决心和豪情。回想起来，它对我的影响是深刻而持久的。我记下了这么几句："我们的岗位永不调换，我们的足迹却遍布四方；我们的两鬓会有一天斑白，我们的青春却千百倍地延长。""太阳下面，再没有比这更美的职业；我多么想一直工作三百年，如果我有五倍的生命！"这些温暖、真诚的诗句，唱出我此刻的心情。人是不可能有五倍的生命，但是当他满头白发的时候回忆起从教的经历，应该是幸福的。

采访人：退休后您参加了哪些学校活动或者社会活动？学校、学院有没有为退休教师举办相关的关怀活动？能和我们分享一下您退休后的生活吗？

程致中：退休以后，学校和文学院对离退休的老师是很关心的。文学院每年都会举办离退休教工的春游和重阳敬老活动，每年如此，老师们都是带着愉悦的心情参加，每年都有一两次的机会聚在一起说说话、聊聊天。大家见见面、说说话，了解一下文学院的情况，让自己还有一种向前走的欲望。2015年，我经历了一场大病手术，文学院领导、同事、青年朋友频频看望我，给我送来温暖，激励我反抗绝望，战胜疾病。我这几年生活得很好，有信心战胜疾病。学校还开办了老年大学，有歌咏、舞蹈、书法等各种课程，我老伴李老师参加了。此外，学校还举办了教师节座谈会和慰问活动、重阳节登山、春节慰问高龄老师等活动，让退休教职工感到温暖，学校在这方面做了很多的工作。

我在退休以后，给家乡做了一点工作，应泰州市政府邀请，在泰州师范高等专科学校人文系兼任特聘教授，他们想提升自己的办学规格，想办大学，就启动了"银发工程"，邀请了一些退休的老先生支教，帮助他们促进泰州教育事业的发展。我在那里工作了六年，六年间，对系科专业建设、导师制、教学改革、省级学科建设，以及青年教师培养和教研室建设，提出了一些意见和建议，这些对他们学校有很好的帮助。我在泰州师范高等专科学校人文系开设一门选修课，在他们校、系做了40次讲座，共计37个专题。我还参与他们学校2006年和2007年的"迎评"工作，即教育部"人才培养工作水平评估"，从材料的准备和审查到与教育部专家的交流，都由我负责。另外，我还帮助青年教师修改论文，并指导学生硕士学位论文开题、初稿写作等，与老师和同学相处得很愉快。2013年，泰州师范高等专科学校升格为泰州学院，其汉语言文学专业成为省重点专业。在花甲之年能为家乡教育事业的发展奉献余热，圆了几十年的梦，我感到非常高兴。

退休十年，我发表了《鲁迅与沈从文：文学观念和审美取向比较论》《鲁迅：关于文艺民族形式的理论与实践》《1930年代左翼文学的资源性意义》《“带实写风”的浪漫抒情——郁达夫小说的风格特征》《张爱玲的辩白和李安的迷失——〈色·戒〉：从小说到电影》《〈雷雨〉的戏剧冲突和结构艺术》等20多篇论文，2013年，由文学院资助出版了30万字的著作《现代文学风景谭》。

退休以后，我有较多的时间从事短文、散文、小诗写作，一本20万字的散文随笔集待出版。另有一部16万字的关于五七干校和安徽劳动大学的长篇回忆录，见证我在五七干校三年和安徽劳动大学的十年，那是一个三部曲，但因为涉及“文革”，一时难以付梓。这些年，我在新浪开了博客，发表数百篇博文，开设“三言两语”专栏，写些诗文评论，弘扬正能量，尽一点帮助文学爱好者阅读写作的社会责任。学习社会，回馈大众，义务劳动，奉献余热，我觉得这是一个教师应该做的。

我的健康状况一向不佳，深切体会到疾病和灾难带来的痛苦。在汶川、玉树地震之后，我在安徽师大和芜湖师专两校都捐款了，也曾给芜湖师专人文系捐赠助学款，给一些患脑瘤的学生和个别特困生提供帮助。网上获悉巢湖有个白血病儿童丁某需要捐资，后来我和爱人一起给这个记者也就是募捐人汇了一笔款。我在给记者的短信中写道：“我也经历过大病的痛苦和折磨，唯愿小朋友能在大家的帮扶下获救。”能力有限，捐助不多，只是一个老教师的心意罢了。

我是一个不肯放弃梦想的人，一辈子痴心不改，积极努力，多做好事不做坏事，希望做一个脱离低级趣味、有益于大众的人。

采访人：学校从1928年创建至今，已经走过了90年。在安徽师大九十华诞之际，对于青年教师和在校大学生，您有什么建议和期望？

程致中：我们同庆安徽师大九十华诞！在安徽师大这样一所历史悠久、教育资源丰富、人文气息浓厚、花园一样葱茏美丽的学校读书、执教，我感到很幸福。无论是就读还是从教，我们的每一份工作都是为人民服务，为社会效力。有些人认为我们读书就是为了找一个好工作，我们要改变这种观念。作为学生，要为国家效力。生命的意义就是有一分热，发一分光，无论是年轻还是年老。

我们应该自觉坚守党的十九大提出的道路自信、理论自信、制度自信、文化自信，教育工作者尤其要有文化自信，封闭和僵化是没有出路的，全盘西化也是没有前途的，要听从鲁迅先生的“拿来主义”，要吸收优秀的文化来发展中国21世纪的文化。

我们应该自信，不要因为清贫而自卑，也不要因为出身平凡而自惭形秽，平凡的人生、自然的生命是最美的歌谣。我觉得自信比金钱和权力更重要，年轻人应该有这种自信，每个人都有自己的长处。梁启超在100多年前说过：“今日之责任，不在他人，而全在我少年。少年智则国智，少年富则国富，少年强则国强……少年胜于欧洲则国胜于欧洲，少年雄于地球则国雄于地球。”这句话是很响亮的，我们青少年应该有这样的一种志气。少年强，强在健全的体魄、独立的人格、崇高的信仰、渊博的知识。

我对年轻人有这样一种期待：多想一点国家，多想一点社会，我们既要做大众的一员，又要张扬个性，但这个个性应该在大众的环境下张扬，而不是与集体主义相对立。我们崇尚科学，热爱劳动，和劳动者同呼吸、共命运，时刻准备为国效力，时刻准备迎接挑战。

当我年迈的时候，尤其怀念青春。青春是美丽的！安徽师大这个人民教师的摇篮给我们提供了丰厚的教育资源和大展宏图的机会。年轻的朋友们，你们一定不负众望，你们前程似锦，你们的人生理想一定能够实现。

丁万鼎先生访谈录

采访时间： 2018年12月24日

采访地点： 丁万鼎先生寓所

受 访 人： 丁万鼎

采 访 人： 秦晓宇

整 理 人： 魏思兰

丁万鼎，男，1940年7月生，安徽阜阳人，中共党员，教授。1962年毕业于皖南大学数学系。毕业后留校任教，长期从事概率论的教学和科研工作，取得多项科研成果，其中“有限随机场的一个随机动力模型”获安徽省1979—1980年科技成果四等奖，“反应扩散过程的遍历性和随机环境中的马氏过程”获安徽省1991年科技进步二等奖。1994年被安徽省政府授予“有突出贡献的中青年专家”称号，享受国务院政府特殊津贴。曾任安徽师大校长、党委书记。

采访人：丁老师，您好！很高兴您能接受我们的采访。首先请您跟我们分享一下您的求学经历，特别是您在我们学校的学习、生活情况。

丁万鼎：其实，我的生活可以侧面反映我们师大的变迁和发展。我的祖籍地是原阜阳县（现为阜阳市颍州区）西部的一个名为丁营的村落。1948年秋，我的父母被当地的一伙土匪枪杀，所以我童年时代的生活过得很艰苦。我的小学教育是在本村的丁营小学完成的。我一直认为我的这一生是幸运的。如果不是本村有个小学，我的小学教育是无法完成的。实际上，小学教育也遇到波折，当时的小学分为初级和高级两个阶段，一、二、三年级为初级阶段，四、五、六年级为高级阶段。当读完三年级时，学校不办高级班，我便失学一年，幸运的是时隔一年，丁营小学又恢复了高级班，我插班五年级续读，于1952年小学毕业。在小学期间，我参加了马寨区举办的一次演讲比赛，并获得了第一名。这在当时的影响还挺轰动的，举办方给我发了一支钢笔作为纪念品，还给学校发了一面锦旗。这件事对年幼的我也产生了一些负面影响。我在拿到这个奖之后，在学校里表现出骄傲自满的情绪，变成一个调皮的孩子。为此，我的祖母除了教训我一番，还狠狠地打了我一顿。祖母这次严厉的惩戒让我铭记至今。

小学毕业之后，我去阜阳县城考初中，其实我最想上的学校是阜阳的一所农校，因为当时那所学校伙食免费，可解决吃饱肚子的问题。但结果是我没有考上，当时非常失望。我只考取了一所初中——阜阳第一初级中学，也就是现在的阜阳市第三中学。是上初中好，还是上农校好呢？当时我要是上农校，就走上另一条发展之路，是否比现在的路更适合自己，无法想象。

当时我哥哥在亳县专卖公司工作，为便于得到哥哥的照顾，1953年，我从阜阳第一初级中学转学到亳县中学学习，也就是现在的亳州市第一中学，在那里读了五年半，1958年高中毕业并参加当年大学的入学考试，被新建的合肥师院录取。

在亳县中学读书期间，我玩性未变，甚至更加贪玩。其中令我印象最深的一次是，学校在饭厅里面开大会，我在下面用大蒜子摆龙门阵，被窗外巡视的校长赵志刚发现，他悄悄地走到我身边，拎着我的耳朵将我赶出了饭厅。这是我青少年时期受到的最严厉和最屈辱的惩罚。直到1955年，初中毕业要考高中时，我还处在“恐慌”之中。那年要考高中的初中毕业生除亳县中学的八个毕业班外，还有其他学校的初中毕业生，但是只有亳县中学招收两个高中班。考高中的竞争十分激烈。当时我心里想，自己曾经被校长从大会上赶出去，学校肯定不会录取我，上高中的希望渺茫。但我幸运地考上了高中。后来才理解，校长的严厉不只是惩罚，更是关心我教育我。多年后，我回母校看望老校长，得悉他的很多关心和爱护师生的故事，更是感人至深。

我在高中阶段有很多有趣的事。在反右派斗争期间，高中学生按照规定是不参加的，可是当时的团委书记突发奇想，提出要在高中部学生中开展“挖毒素运动”。按照他的设计，每个学生都要在小组会上谈自己头脑中不正确的想法，即所谓“毒素”。当时青年学生都比较单纯，没有什么思想政治观念。报纸上经常刊登一些右派的言论，其中一篇文章提到，苏联军队还继续驻军我国的旅大市，我当时就随口一说，这都解放很多年了，旅大还没有回归祖国吗？这成为我的“思想毒素”，那个学期期末成绩单的操行栏上，我被评为“丙”等，这在当时是一个严重的问题。一般情况下，学生的操行多是“甲”或“乙”，除非有较重大过失，才会评为“丙”等，这让我非常紧张，担心会影响我即将面临的大学录取。但我说过，我这一辈子都是很幸运的，1958年我还是顺利地考上了合肥师院。

1958年，芜湖的安徽师院正打算搬迁至合肥，在1958年之前已在合肥选定校址，由时任副院长担任总指挥在合肥建校舍，新校舍基本建好，准备搬迁。后来，省政府决定另建一个新的大学，就把我们建好的校址给了他们，这个新建的大学就是合肥大学。

合肥师院是由原来的合肥师专升格建设起来的，我是这个学院的第一届本科生。合肥师院为了把专科的数学科办成本科的数学系，从华东师范大学请了五个老师：一位教授雷垣，两位讲师陆慧英、李伯凡和两位助教。加上原合肥师专的一批副教授、讲师和助教，一个数学系架构基本形成，名副其实。

我在合肥待了一年，1959年，省政府调整高校的专业设置，合肥师院办文科，安徽师院办理科。按照这个原则，合肥师院的数学系整体搬迁到芜湖并入安徽师院数学系。1960年，安徽师院更名为皖南大学。1968年，皖南大学更名为安徽工农大学。1970年，中国科学技术大学从北京迁到合肥，为给它们腾出校舍，合肥师院的师生连同图书和设备一起转到芜湖，并入安徽工农大学。

1958年，“大跃进”运动进入高潮，受之影响，合肥师院的学生一直到年底都没有上文化课。我们班级当时的任务是去火车站把淮南泥运回学校，然后烘干，粉碎成细粉末，再和成泥，做成坩埚，装入铁矿石和焦炭等，用以炼钢铁。夜晚站在高处看，可以看到学院周边到处都是火光。

当时，校园内食堂门前的路上放着装有大米饭的木桶等，随处有饭可用。但1958年底，大米饭桶变成了稀饭桶，但还是可以随便取用，只是取用馒头的数量有所限制，之后稀饭越来越稀了。1959年7月，我和同学们从合肥搬到芜湖。走的前一天吃晚饭时，大家想测试一下每人一餐到底喝了多少稀饭，于是动手以水代稀饭做了试验，结果令人吃惊，每人大约都喝了大半脸盆稀饭。

我们到芜湖那天，中餐比较丰盛，还有些荤菜，令人印象深刻。放下行李后，过了几天就赶去当涂县的农村支农了。那时候我们每人每天有八两米的定量口粮，但我们还是积极响应国家号召，每天节约二两，所以每天只能吃六两米的主食。我们的任务是在稻田里拔草，这样的工作强度和缺粮少菜的伙食使得一般年轻人干一两天还行，时间久了，就只能跪在稻田里爬着前进拔草，这对膝盖的伤害非常大。入秋后，我们便撤回学校了。

进入1960年，我们的生活更加艰苦，有些同学因为难以忍受饥饿，就没有继续上学，直接回家了。我没家可回，便坚持了下来。在当时的环境下，开展运动的时间少了，读书的时间反而多了。

到了1961年，情况稍微好转，市场上偶尔会有可食用的农产品出售。印象最深的就是，安徽师大校门口不远处的市中心就有农民挑着胡萝卜来售卖。有些家里经济情况好一些的同学，会收到家中寄来的粮票和钱，偶尔去大街上找粮票收得少、价钱便宜的饭馆加餐。那个年代认为读专业书就是只专不红的表现，所以读书是要偷偷摸摸地进行的。1961年，陈毅副总理对知识分子做了一个比较客观的评价，认为知识分子对国家建设是有帮助的，后来周总理也对知识分子在国家建设中的作用给予了肯定的评价。有人称这段时间为知识分子短暂的春天。

采访人：据我们了解，您从皖南大学（今安徽师大）毕业后就留校任教，您执教于皖南大学有什么样的契机？可以跟我们讲述您早期的教学经历吗？

丁万鼎：我从中学到大学都在努力争取加入共青团，但因为我的家庭成分是地主，父母被当地的一伙土匪枪杀，所以直到大学毕业，我仍然未能加入共青团，像我这样的学生一般情况下不可能留校任教的。1962年，那个特殊的历史环境给了我一个机会，因为当时比较注重学生的专业成绩和任课教师的建议，所以数学系党组织决定将我留校任教。这是我这一生中许多幸运中最令人惊叹的一次。

新留校的青年教师会有一年的试用期，一年后转为正式教师，担任助教工作。1963年后，我在皖南大学夜大学担任过主讲老师，后来成为芜湖市市长助理的曹某和曾任芜湖市第十一中学校长的姚某都是那个时期我教过的夜大学学员。助教需要跟随主讲老师随堂听课，同时负责批改学生的作业和上辅导课解答学生的问题。我先后做过实变函数论、概率论与数理统计等课程的辅导工作，这些工作对提高青年教师的业务水平十分有益，也为我后来的发展打下了基础。到了1964年，数学系的青年教师除我之外已经全是共青团员，我成了唯一的可发展对象，终于实现了我多年的梦想，这一年我被批准加入共青团。

留校任教后，即从事教学工作不久，1965年下半年开始的“四清”运动中断了我的教学工作。我被派到定远县的芝麻公社，参加那里的“四清”工作队，我们在那里待了近一年的时间。1966年5月，“文革”开始了，作为青年教师，我能做的最合适的工作就是帮别人抄大字报，这就是“文革”中我做的主要事情。那时的学生都不上课，学生们也分成两派，相互争斗起来。这段时间为躲避“武斗”，我两次短期离开芜湖。

1969年秋，学校教师被集体下放到泾县黄田公社的山区接受贫下中农再教育。那里房屋很多，村民较少，所以我们很容易就找到了暂住的房子。在那里，我们自起炉灶造饭，睡在铺着稻草的大通铺上。山沟里突然来了我们这么多人，作为燃料的木头很快就短缺了，为了生活需要，我们要去山上砍柴，附近的山上已无树木可砍。记忆深刻的就是那次在下雪天，早上出发，到很远的山上砍柴，拖着木柴回到驻地已是夜晚了。

1969年底，我被调到芜湖近郊的校横埂农场劳动。学校教职工在山里待了近一年的时间。1970年，首批工农兵学员进校，学校开始了“复课闹革命”。我未能参加校内的教学工作，而是被派到芜湖市第十二中学支援数学教学。当时的芜湖市第十二中学由三个校区组成，我在中江桥附近的校区教了一年多的中学课程。

1972年，学校第二批工农兵学员进校，需要更多的老师参加教学活动，我才开始从事校内的教学活动。1972年5月至11月，我担任体育系工农兵学员的教学工作。这批学员的文化知识起点不高，所以教学从基础数学和简单的力学知识开始，他们毕业后有的成长为体育系的骨干教师和系领导班子成员。1975年，第二届工农兵学员（1972年入学）进入第三年学习，概率统计是必修课，我担任这门课程的主讲老师，此时我才开始回到数学系的教学活动中。

1978年的时候，有一次通过英语考试获得出国学习的机会。为此，学校组织了一批中青年教师学习英语，还请了来自美国等英语国家的外教参与教学，我也参加了这个英语学习班。后来快临近考试的时候，我再次因为家庭背景不符合条件，未能参加英语考试。我们的英语水平都不是很好，结果去参加考试的人一个都未能入选。虽然没有去国外学习的机会，但是我争取到1978年秋季到北京师范大学数学系进修两年的机会。这次学习对我以后的业务发展是非常重要的，也是我真正意义上从事科学研究的起点。我最早取得的一些科研成果和与外界的交流机会，使得我有机会和条件于1987年作为公派的访问学者去美国康奈尔大学数学系学习一年。这是学校最早一批出国学习的教师。

采访人：担任我校数学系副主任、主任期间，您在专业建设、人才培养、社会服务等方面做了很多工作，能否谈谈关于这些工作的具体情况？

丁万鼎：1988年7月初，我从美国康奈尔大学回校后的第二天，数学系主任王慕三教授来访，他是我的大学老师，老师来访让我诚惶诚恐。王老师希望我能协助他的工作，担任数学系副主任。老师的盛情难以推辞，于是我从1988年秋开始担任数学系副主任，一直到1992年。1992年5月，王老师因超龄不再担任系主任。通过选举，学校领导任命我为数学系主任。在任系主任期间，我主要做了三件事：

第一件事是设置计算机专业。此前我们数学系没有计算机专业，为适应社会对计算机人才的需求，数学系的学生到三年级时分流部分学生学习计算机，但只能获得数学专业的文凭。因此，我要做的第一件事情就是建立计算机专业。为此一是需要政府有关部门对社会需求的评估证明，二是系内计算机专业教师及设备条件能够满足计算机专业的教学需要。因为我们数学系开展计算机专业培训已有多年，师资力量和设备已基本达到专业的要求。在得到芜湖市相关部门的支持和上级主管部门同意后，我们当年就获得计算机专业的招生资格。

第二件事是获得基础数学专业硕士学位授予权。当时，数学系的各个专业都没有硕士点，这对数学学科的建设和发展影响重大。历届数学系领导班子都非常重视，也积极努力争取过，但当时的形势对地方性大学不利，甚至有些全国性重点大学的专家们认为地方性师范大学没有必要建立数学专业的硕士点，可以将教师送到重点学校去培养，以提高师资力量。所以，我们不仅要提升自己的专业水平，还要争取有关评审专家并获得认可。经过近两年的努力，通过走出去向有关大学、科研院所介绍本系的办学及科研情况，请有关专家到校讲学，考察本系的专业建设和科研成果，终于在1993年秋获得基础数学专业硕士学位授予权。

第三件事是为系里带来更多的创收。在当时的条件下，教职工的工资待遇比较低，校内每个系都将创收工作列为教学之外的重点。由于专业特点，数学系的创收条件是比较差的。创收成果有限，就难以保证数学系的稳定发展，特别是师资力量不稳定，会影响学科的建设和发展。为解决数学系创收手段不足的问题，结合专业特点，系领导班子决定开办迅达计算机有限公司，以较低廉的价格售卖组装计算机，并提供计算机使用和维修的售后服务，一时很受计算机用户的欢迎，带来一定的创收。在全校范围内，数学系的创收给教职工带来的福利不算特别差。

多年之后，我在权衡我们开办公司的利弊时认为，虽说公司对改善当时教职工的福利上发挥了重要作用，也锻炼了一批教职工的实践动手能力，但出现了一些意想不到的负面影响，当时并非所有人都能正确对待办公司赚钱是权宜之计的想法，切实地把教学和科研放在第一位。当时，确实有极个别教师利用计算机忙于赚钱，而忽视了自身知识水平的提高，致使多年后作为教师的职称没有提升！我常常反思：当年办公司到底是利大于弊还是弊大于利？

采访人：您在校工作期间，正是学校走向新的发展时期。这个时期的学校发生了哪些变化？您对我们师大有什么特殊的印象？

丁万鼎：赭山校区从1946年开始创建，当时是芜湖市的近郊区。1946年，安徽学院迁到这里办学。1949年10月，中共华东局及南京军管会高教局决定将位于安庆的国立安徽大学与位于芜湖的省立安徽学院两校合并，成立新安徽大学，校址设在芜湖赭山。随着城市扩展与建设，这里不久就成为芜湖市城市的中心，前面临湖，后面踞山，是一个令人神往的好地方。

在赭山校区的建设过程中，学校历任校领导都付出了极大的努力，甚至是代价。1954年前后，教育向苏联学习，把大学改为学院，当时的国立安徽大学分别组建为师范学院和农学院。此前，学校已经在合肥建好了校址，拟整体搬迁到合肥。1954年，师范学院和农学院分开建院，将农学院迁到合肥新建的校区，独立建院，即安徽农学院。师范学院独立建院，即安徽师院，仍留在芜湖原址。

从1954年到1958年，学院迁往合肥的工作一直在进行，在合肥建设校区的工作也一直没有停止。意想不到的是，遇上1958年的“大跃进”，省里决定新办一所合肥大学，学校已基本建成的校舍，成为合肥大学的校园。多次建校舍花费了学校大部分基建费用，严重影响了芜湖赭山校区的基本建设。几次迁校合肥都没有成功后，1958年以后学校不再有迁校的提议。

在迁校合肥不确定的情况下，当时的校领导对我们师大赭山校区的建设并未放松。校园布局颇具匠心，总体布局非常合理。虽然后期多有变动，但大致的轮廓基本未变。校园总体布局是，东操场东边是五栋青砖墙、青瓦顶、古典式的二层男生宿舍楼，西边是三栋同类型结构的二层女生宿舍楼。女生宿舍楼北侧是一个体操房，再北面是一个文娱馆，是学生会举办活动的地方。从男生宿舍楼向北行走不到二百米是学生食堂，再向左转前进不足一百米就是教学大楼。教学大楼是1956年建成的，学生宿舍楼是1954年到1957年建成的，文娱馆是1957年建成的。女生宿舍楼和男生宿舍楼之间有一个大操场做天然的分隔。我们读书的时候，宿舍楼前面都是空旷的，不像现在有栅栏阻隔。这样一来从寝室走到教室只需花费十分钟，从寝室走到食堂也只需花费十分钟。中间还有个荷花塘作为观赏区。校园整体设计非常合理，规模不大，但可容纳两千余学生，堪称“袖珍校园”。随着学校规模扩大，校园内建筑密度不断加大，当年的校园风貌不复存在。我很想请一位画家将老校区当年的美景画一幅油画作为校史见证。1959年到1960年，正值三年困难时期，这期间最重要的建筑是1959年9月开工、1960年12月竣工的生化楼，其他校舍建设基本停滞。

20世纪80年代，为落实知识分子政策，学校兴建了多栋教工宿舍楼，后续又有一批教学用房和教工宿舍建成投入使用。

采访人：您曾经担任我们师大的党委副书记、副校长（主持学校行政工作）、校长、党委书记。在任期间，您做过的最让自己骄傲的事情是什么？

丁万鼎：1995年7月，我被任命为副校长，作为学校的法人，主持学校的行政工作，兼任校党委副书记。1996年秋，被任命为校长。1999年，学校召开党员代表大会，经选举并报省委批准，我担任校党委书记，继续兼任校长直到2003年7月。

学校的工作千头万绪，当时我认为最重要的一件事就是教学秩序的维护与建设。由于当时的特殊原因，存在一个约定成俗的“潜规则”，上午第三、四节课中间不休息，提前到十一点半下课，因为食堂十一点半就开饭。我认为，教学工作是学校的中心工作，有规章制度不依是绝对不能容忍的。学校立即采取措施，首先，要求食堂每天不得十一点半开饭，最多只能提前十分钟开饭，还要保证按时下课的师生也能吃到“好菜”。其次，老师一定要遵守教学纪律，准时上下课。1996年下半年，学校召开了第一届教学工作会议，进一步健全、完善各项教学工作规章制度。

第二件事就是开源节流，缓解学校经费紧张问题。当时学校经费极度困难。1995年，学校年度决算显示，当年学校全年总收入只有3400多万元。那时候学校经费困难到什么程度呢？举个例子，当时按国家政策，学校每个月要给每个职工发午餐补贴80元，因为学校没有工资以外的经费发放这项补贴，只能等到有可用的机动经费时才补发。为解决学校经费困难问题，学校采取了一系列的勤俭节约和改革措施。比如，当时学校有一个电话总机，优点是校内通话不用付费，但是拨打外线除了要付费，还会产生人情管理的弊端。经过调查研究，学校决定取消电话总机，并与邮电局联系，由邮电局设1000部电话的师大专柜，校内各单位都是直通邮电局的外线，经费从各单位经费中划拨。这项改革使得办公话费大幅下降。此外，后勤工作是学校正常运转的重要保障，常年都有小工程外包或雇用临时工，校内也有一支人数不少的后勤队伍，如何发挥校内后勤队伍的积极性，学校在后勤管理方面采取了一系列改革举措，取得显著成效。到1998年底，学校的经济状况明显好转，不仅还清了外债，财务收支还首次有了结余。

在我任职期间，正好赶上教育大发展时期。1995年国家提出了科教兴国战略。1998年，教育部提出了21世纪振兴教育计划。学校面临许多事关学校发展全局性的难得的发展机遇。在经费方面，学校按照上级规定适当收费。

怎样才可以推动学校教育大发展呢？这样可以使没钱发展教育的窘境得到缓解。收取适当的学费，一定程度上增加了学校收入的总量，也鼓励了学校多招生，扩大办学规模。

1997年到2001年，为扩大学校招生规模，改善教学科研条件，我们重新修缮赭山校区的建筑，最大限度地发挥其功能。其中，教学大楼加盖了一层，生化楼加盖了一层，新建一批学生宿舍楼，学生食堂东侧的九号楼和十号楼是1999年完工的。1997年，学生宿舍基本处于饱和状态，已经没有发展空间，唯一可行的方案是拆旧房、盖新房，新建的学生宿舍楼都是六层到七层，教工宿舍楼也是如此。东操场西侧原女生宿舍楼所在地，原本是一片小山坡，为使东操场与原中操场联通，重新按规划将山坡挖平，将学生宿舍楼一层设计为架空层，即现在的11号楼至14号楼和体育综合楼。

有一幢重要的建筑，即田家炳楼，需要特别地叙述一下。香港著名实业家田家炳先生关注国家的教育事业，特别是高等师范教育事业，捐助数以亿计资金支持教育事业发展。1998年夏，得知田家炳先生将到南京参加他赞助的南京大学一幢建筑的竣工仪式，我和部分同事赶往南京，拜访了田家炳先生并介绍了学校的情况。因为1997年亚洲金融危机，田家炳先生说当时有些困难，建议我们和他的基金会有关人员联系，以后会派基金会的同仁来校考察。回校后，我们开始为争取早日获得田家炳教育基金会的支持，做了一些准备工作。特别值得一提的是，学校党委宣传部组编了一期宣传田家炳教育基金会支持内地高等教育事业发展的专题画刊，面向全校师生介绍田家炳先生支援教育的事迹，并将画刊分发到全国同类高等师范院校，也将画刊送给田家炳先生审看。他看了之后非常高兴，不久之后，他将支援我们学校的计划提前，要我校尽快提供拟建教学楼的选址和设计方案。结合我校校园总体建设规划，确定拟建的田家炳楼选址在将改造的东大门至生化楼的大道中轴线上，面临镜湖，背靠赭山，在学校的中心位置。规划和设计基本完成后，1999年5月，我在参加山东师范大学的由田家炳教育基金会资助的田家炳教育书院落成典礼时，向参会的田家炳先生介绍了我校的设计方案，并正式提出申请田家炳教育基金会的资助。1999年6月，学校收到田家炳先生签署的田家炳教育基金会的函件，决定资助500万元用于田家炳楼建设。作为省内首个得到境外资助的教育项目，省政府作为配套资金拨款700万元。由于这个项目的特殊性，建设规划和选址得到芜湖市政府和相关部门的大力支持。工程于2000年7月2日奠基，2001年9月30日竣工，2001年10月11日举行盛大的竣工典礼，田家炳先生及其基金会主要成员莅临，省市相关领导也出席了盛会。

同期建设的还有坐落在半山腰的新艺术楼，建筑面积7105平方米，2000年4月8日动工，2001年3月6日竣工。2001年，学生宿舍13号楼、14号楼竣工后，学校里再也没有土地资源可建设新楼了。这是高等教育发展中高校面临的共同问题，为此，政府提出高校后勤社会化方案，提倡学校与社会共建学生公寓。

在2000年学校开始寻求向外发展时，获悉位于九华山路的宣城军区的一个招待所，已被省外贸集团用合肥的一块地置换为集团的商业用地，但受到地方法规的限制不能进行房地产开发，为尽快开发这块闲置土地，省外贸集团有意和我们合作建造学生公寓。集团负责建学生宿舍，学校提供生源入住。集团收取学生的住宿费，一直到集团收回成本，当然也含利润回报，其后房产归学校所有。根据估算，集团需要收费18～20年。现实情况是，在18～20年的时间里，形势变化及合作方领导人变动不可预期，风险比较大。集团领导也有同感，于是经双方商定，学校支付集团现金1400万元，购买土地所有权。对方利润及时兑现，自然顺利成交。这就是稍后建成的九华公寓的土地来源。当时考虑到为学校以后发展提供可能，确定公寓的设计按照住宿的要求设计的，单门单户，配置厨房和卫生间。在学校建设新校区之后，九华公寓成为青年教师临时宿舍。拥有学生食堂等生活设施的7栋学生用房于2002年暑期前竣工并投入使用，确保了学校当年扩招顺利实施。

校内实行自筹资金发放津贴是高等教育发展过程中出现的一件特殊事件。在21世纪之初，高等教育迅速发展，但教职工收入增长相对比较缓慢。为改善这个不平衡状况，很多高校都实施了法定工资之外的校内津贴，这对改善教职工的生活条件，提高其工作积极性，稳定师资队伍都有积极作用，但各校发展不平衡，这项措施的实施是一个不小的难题。我在任职期间曾设想过，让学校教授年收入能够达到五万，为了实现这个目标，犹豫了一阵，最后还是决定启动这项校内最艰巨的工作。历经近一年时间，经过多次讨论、修改、完善，形成了一个校内津贴分配实施方案，该方案从2002年初开始施行。

在老土地资源得到充分利用之后，建立新校区成为学校发展的唯一途径。早在2001年，学校为了寻求土地资源，在建设银湖南路教师公寓时，与芜湖市有关部门产生分歧，后经省委领导协调得到解决。在2001年2月14日，校领导与芜湖市委领导会见时，芜湖市领导表示："为支持安徽师大扩大规模、做大做强，芜湖市将在城南新区规划中为安徽师大进一步发展预留新校区，并将以土地行政划拨的形式解决新校区的用地问题。"（见芜湖市人民政府办公厅《会议纪要》第16号）这次重要的会见开启了我校新校区建设的历程。学校迅速行动，多措并举，一方面报告省教育主管部门，另一方面积极与芜湖市的相关部门落实新校区位置的选定，并完成规划建设的相关手续。学校于2002年9月2日收到芜湖市发展计划委员会的批复，同意我校新校区征地规模为2200亩，建筑总面积577500平方米；2002年10月14日收到省教育厅的批复，同意我校在芜湖市城南高教园区征地2400亩。建设资金由拍卖学校现有的科教设备厂198亩土地获得，不足部分可申请贴息贷款和自行贷款解决。经过前期的充分准备，我校于2002年8月28日召开新校区总体规划方案设计招标会，确定2002年10月29日为开标时间。投标单位有华南理工大学、同济大学和东南大学，经专家组评审推荐，领导组研究决定，最后华南理工大学方案中标，并要求中标单位参照其他方案进行修改直至我校满意为止。由于受到各种制约和干扰因素的影响，直到2003年3月10日，芜湖市规划局才划定新校区规划红线，同时办理了建设选址意见书，新校区建设进入实施阶段。一期工程包括15幢学生宿舍楼、一座学生食堂和教学大楼的南楼和东楼，总建筑面积145489平方米。经过建设工程勘测、设计、论证、招投标等各项准备，学校于2003年5月28日隆重举行新校区一期建设开工典礼暨奠基仪式。

采访人：在您任职期间，我们学校的博士单位和博士点建设取得了突破性的进展，这方面的情况，您能具体谈谈吗？

丁万鼎：我校博士单位及博士点建设取得突破，根基在于我们师大多年来形成的优良教学传统，这要感谢几代科研人员为了实现这一突破而进行的科研成果积累。我校一些院系的科研水平在国内外都有一定的影响，加上当时学校大力引进和挽留优秀的教学和科研人才，形成老、中、青的教学科研团队，具备了获得博士授予权的实力。学校为争取博士单位和博士点的授予权，对重点院系和专业在设备购置和科研经费的安排上给予重点支持。作为申报博士单位的支撑，我校申报的博士点有基础数学、中国古代文学、中国古代史、有机化学和生态学。2003年9月8日，国务院学位委员会发文增列我校为博士学位授予单位，并批准我校中国古代文学、中国古代史、有机化学和生态学为博士学位授予点。从此，我校的科学研究和研究生教育达到了一个新高度。

杜绍品先生访谈录

采访时间：2019年1月10日
采访地点：杜绍品先生寓所
受 访 人：杜绍品
采 访 人：秦晓宇
整 理 人：魏思兰

杜绍品，男，1944年9月生，安徽合肥人。1973年至1976年在安徽师大政教系学习，毕业后留校工作。历任安徽师大政教系教师兼政治辅导员、外语系团总支书记、安徽师大落实政策办公室秘书、纪委监察处副处级纪检员、正处级纪检员等职。曾在省委党校参加由省纪委举办的纪检监察干部业务培训班学习。先后被评为校“五讲四美”积极分子、省教育系统先进工作者。

采访人：杜老师，您好！很高兴能有机会采访您。首先请您回忆一下您早年的求学经历，特别是您在安徽师大的学习、生活情况。

杜绍品：我是1973年作为调干生来到安徽师大的，一进学校就担任了安徽师大学生会主席。当时安徽师大的学生很少，只有1000多人，校园内的很多建筑和场景都历历在目，如赭山校区原校医院一带拆了之后盖了田家炳楼，学生食堂附近的三栋小平房以前都是芜湖市政府工作人员和少数教师的住处，拆了之后盖了7号楼、8号楼，靠物理楼这边还有很多建筑如一大楼等现在已经拆了。

学生时代，我印象中有两次最难忘的经历。第一次最难忘的经历就是周总理逝世。周总理去世的时候，我们都能体会到全校师生对周总理的爱戴、崇敬、怀念之情。我们学生会成员全身心投入到组织周总理逝世悼念活动中。我们从1976年1月13日和14日开始筹备活动，活动迅速得到全校学生的响应，1月15日在学校大礼堂召开了周总理追悼大会。为了准备这次追悼大会，有的学生两天三夜没睡觉。学校的大礼堂内挤满了自发前来吊唁的学生，大礼堂内外人山人海，学生们送来的花圈和挽联摆满灵堂。追悼大会是我主持并致悼词的。在我们的努力下，这次追悼会开得非常成功，全场鸦雀无声。后来，校内许多老教授都题诗赞扬我们学生会举办的这次活动，从中可以看出，此次活动深得民心。

另一次最难忘的经历就是1976年9月9日毛主席逝世。毛主席逝世的时候，我们在校内举办吊唁活动，此次活动也是我负责组织的。我始终坚持在设于大礼堂的吊唁厅内接待前来参加吊唁活动的老师和同学。其间，一批又一批老师和同学前来大礼堂参加吊唁活动，我作为活动的组织者，带领一批又一批的老师和同学，缓步进入吊唁厅，环绕着吊唁厅默哀和悼念，并且对毛主席像三鞠躬。这次活动的时间长达半个月。

采访人：毕业后留校任教期间，您在教学，尤其是在辅导员、团总支岗位上做了很多工作，让一批又一批学生受益。有什么具体的事情能与我们分享吗？

杜绍品：我从1976年毕业开始在政教系从教，担任党史教育老师，兼任辅导员一职，带着一帮学生前往宣城峄山农场劳动学习。当时前往宣城峄山农场劳动学习的学生来自两个系，一个是中文系，另一个是政教系。那个农场不仅有田，还有梨园。此时的峄山农场冰天雪地，但我们每天早上都要早起跑步，就像部队晨练一样。学生起不来，我就亲自督促，还会通过领操带动、鼓励学生，以此来保证学生学习和生活秩序的稳定。

我从1979年5月4日开始担任外语系团总支书记，从事共青团工作。那个时候，学校思想政治工作没有受到应有的重视，我所在的外语系也是如此，思想政治工作很重要，却没有多少人愿意做。当时全系有四个年级，我除了担任团总支书记以外，还兼任了1977级、1978级和1980级三个年级的辅导员。我曾组织这三个年级的学生去学农、插秧和割稻，这些都是我亲自带领他们去做的，并且拍摄了大量学生学农、插秧和割稻的照片，照片很是珍贵。

我在外语系工作期间，外语系的学生男子足球队和男子排球队在校级足球赛和排球赛中纷纷获得冠军，力压当时的劲敌中文系。作为辅导员，我对学生的要求非常严格，学生的公共课，如教育学、心理学、党史等，我一般都会随班听课。每周三的党团组织活动，我都会认真组织和参加，能做到几乎每个星期都与学生一起参与这些活动。除了学习以外，我还要求他们早起锻炼身体。记得1977级外语系有一个班，班里来自城市干部家庭的学生多，女学生也多，我就组织学生学跳交谊舞。由于那个时代人们的思想都比较保守，这个班的学生还被其他专业的学生嘲笑：我们不能“跳舞”去“跳六”。我不害怕被别人嘲笑，觉得这个活动非常好，对学生有益，所以大力支持并积极组织学生参与这样的活动。外语系的毕业生中有许多优秀的学生，有一批考取清华大学、北京外交学院、中国人民大学、同济大学等名校的研究生毕业后成为各自专业的教授、学术带头人，还有一批毕业生到国外发展，成为国家、省级机关的高级翻译，驻部分国家领事馆总领事。他们回忆起过去的大学生活，对于我的严格约束和要求，表示非常感谢。我对他们的要求确实很多、很严，除了学习和生活上的，还有思想品德上的正确引导，这些都对他们的人生产生了非常积极正面的影响。

以上就是1976年至1984年我在政教系、外语系做过的令我记忆深刻的几件事。

采访人：1984年以后，您从外语系调至校党委落实政策办公室工作，能给我们介绍当时校党委落实政策办公室的简单情况及其工作职责吗？您在其中做了哪些工作？扮演了什么角色？

杜绍品：1984年以后，我调到校党委落实政策办公室，主要负责纠正由于一系列历史原因产生的错误信息。例如，我负责的一个老干部，抗日战争时期就参加了革命，但由于历史原因，把他参加革命的时间登记为解放战争时期，后来通过我们的调查、取证，纠正了这一错误信息。根据中组部当时下发的有关文件，我们的工作重点是整理"文革"中因思想政治原因受到错误处理和对待的人的相关材料后上报，由学校相关部门对本人及其家属的工作进行安排，或者由学校出面对这些人及其家属的工作进行适当调整、再安排。当时这个工作的过程十分复杂，要先到省委干部处报批，再到省劳动局申请指标，最后到其所在地落实政策。那些享受到这些政策的人在接到通知的一瞬间都被感动得热泪盈眶，纷纷表示感谢学校给予他们的人文关怀和温暖对待。我们始终奋战在工作的第一线，其间处理于"文革"中形成的这些老案有一千多起。在我接手帮助调查、安置的这些人中，有些是安徽师大的老领导、老教授，有些是芜湖市的领导。我在这个岗位上做好了自己应做的工作，让我感觉到非常充实和快乐。

我在纪委工作的时间最长，也经办了不少案件。我在纪委主要负责招投标工作。其间，纪委的工作秩序井然，没有出现过大的责任事件。学校的招投标工作，是一个敏感问题，也是俗称的"肥差"，从事这项工作的人员要有高度的自觉性和党性，才能抵制外界的各种诱惑。我在纪委负责招投标工作期间，是我们学校建设的黄金时期，学校新建了大量的楼房、校舍。我在工作中始终坚持原则，保持理性思考不犯错误，严抓严打，绝不让人走后门。在学校分房过程中，校内有一些同志为了能分到房子甚至不惜谎报材料、弄虚作假。例如，学校以前有一位老同志，为了能够多分一套房子，竟把自己母亲的户口迁到了学校里。后来我在一次检查过程中发现了这个问题，及时纠正了这个错误。我们在履行监督责任、做好分房保障工作中，除了纠错，还要保证公平公正又公开，让那些没有分到房子的同志们能够有房住，从监督上保证他们的合理权益。

采访人： 您参与过我们学校校舍建设工程招投标工作，此项工作在我们学校始终沿着正常的轨道顺利进行，背后也有您的功劳。请您给我们具体介绍一下我们学校是如何取得这样的成就的？在您的这一经历中，有什么故事与我们分享呢？

杜绍品： 学校的校舍建设是从招投标开始的，按照招投标流程，先选择十多个单位参与投标，参与投标的单位须在规定的时间内上交标书。对于参加投标的这些单位，我们会查验他们的投标资格，看是否有行业相关的获奖经历，如鲁班奖等，并且派遣相关人员前往这些单位所完成的项目现场实地考察了解，看有无弄虚作假行为，考察结束之后还要将考察情况汇总、汇报。学校当时成立了招标领导小组，参加招标领导小组的成员有学校分管领导以及其他部门相关领导，届时组织召开评标会议，通过汇报、研讨，先在参与投标的单位中筛选出三家投标单位，然后在这三家投标单位中投票，选出中标单位，最后再到芜湖市招标办依规进行开标，工程建设在项目开标后进行。

在校舍工程建设中，我们一边建设，一边监督，因为工程款的给付不是一步到位的，而是验收合格一部分后再将该部分的工程款支付给建设方。在工程建设过程中，有人试图通过行贿等方式想要蒙混过关，但次次都被我们严词拒绝，并及时上报给学校相关部门，取消这些人所在单位的以后投标资格。通过这样严苛的审核评选，使建成的校舍、住房工程质量都达到了优良工程标准，整个建设过程中没有出现玩忽职守、推卸责任、贪污腐败等作风不良问题。

学校当时的分房工作是由我们纪委负责监督的。当时的分房标准是依据家庭的人口数量以及职工的职级、工龄等制定的，综合考虑的因素还有独生子女、老人等情况。但在分房过程中出现了一些弄虚作假的行为，如虚报自己的工龄信息等。还有少数职工在教职工大会上，公开质疑我校人事处工龄计算结果的权威性，当时我挺身而出，公开叫板这些人质疑人事处的管理权威竟不顾事实，从而保证了人事处有关工作的如期、有序进行。另外，教职工对学校分房工作提出的异议，我们都会逐一进行反复核实、反复校对，确保了我校分房结果公平、合理、有效。

当时我们是福利性分房，执行福利分房政策，而在这个过程中会产生很多矛盾，有些职工想多分、多占，收到的群众举报信络绎不绝。面对这些棘手的问题，我没有退缩，而是踏实细致地认真调查，反复核实，分类汇总，一一落实，逐一协调解决问题。事无巨细、任劳任怨的付出，保证了我校与职工福利有关的各项工作顺利开展。

采访人：在纪委工作期间，除了参与校舍项目招投标、执行福利分房政策，还有哪些工作让您印象深刻？

杜绍品：当时纪委还负责艺考、体考等监考工作，我每次都参加监考工作。我们在每次考试之前都会召开动员大会，明确分工，细化任务，责任到人。在考试过程中，纪委成员会不断地到考场巡查。在监考过程中，遇到过考生作弊的情况，作弊的考生一看到我就很害怕，因为我是出了名的铁面无私。有一年体考，在考试的过程中发现有一名外地考生找人替考，校纪委部门通过与当地纪委部门的协作核查，找到了这名找人替考的考生，并且让他受到了应有的惩罚。体考是高考的一部分，是我们学校承担的任务，在我们的努力下，相关制度得到了最有效的贯彻、执行。

采访人：您在纪委工作时有没有遇到困难和棘手的事情，能否谈谈这方面的情况？借着这方面的情况，您想对学校说些什么？

杜绍品：纪委工作事多事杂，但这是一个很有意义的工作。纪委就应该是一个“清水衙门”，纪委办公室的报纸都是本部门出钱订阅的，更不要说以纪委的名义出去吃喝。校纪委不像公检法机关有强制的执行权去做一些事情，所以有些工作开展起来有相当大的难度，我们更要坚持原则，顶住压力办案，不怕得罪人，说实话、办实事。比如，学校有一名老干部将学校的防空洞租赁给小商贩存放货物，并且收取租金，这件事引起了学校其他老干部的不满，于是学校组织纪委进行了第一次勘察，处理结果却不了了之。我组织了第二次勘察，并带领纪委办领导班子查清了这件事，后来那位老干部的这项非法收入都由财务处从其工资中一一扣回。他为了这件事还多次与我个人起争执、起争端，曾跑到我的家里骂人、摔饭碗，尽管如此，我依旧坚持原则，无怨无悔。

我在纪委任职十多年，因为工作的原因得罪了很多人，但我所在的纪委被评为安徽省先进基层党组织。我在1996年被评为纪委先进工作者，获得的证书被校史馆收藏，并在那里展出。我觉得干纪委工作要注意以下几点：第一，纪委干部要正直清廉。作为监督者，首先要做好自己的工作，自己份内的工作没有做好，去监督别人就不会有很好的效果。第二，纪委干部要加强学习。第三，纪委干部要不怕得罪人，敢于说真话。如果总害怕得罪人，就不能干好纪委这份工作。第四，纪委干部不能“跑风漏气”，要做好保密工作，不能向任何人随意泄露工作内容。这是我作为老一代师大人对新一代师大人的期望，希望他们能继续坚持我们老一代师大人的老传统、老精神，严于律己，发愤图强，带领师大取得更多的成绩。

杜先智先生访谈录

采访时间： 2018年11月1日

采访地点： 赭山校区离退休教师活动中心

受 访 人： 杜先智

采 访 人： 秦晓宇

整 理 人： 魏思兰

杜先智，男，1939年6月生，安徽当涂人，教授。1961年毕业于皖南大学（今安徽师大前身）物理系。毕业后留校任教，长期从事物理基础理论教学和环境物理、非晶材料的研究，出版学术专著8部。在国内外公开发表学术论文数十篇，其中铝合金薄膜、铁基非晶稀土合金研究达国内先进水平，部分论文被美国《工程索引》及日本《科学技术导报》收录。曾任中国物理学会、光学学会、太阳能学会会员。

采访人：杜老师，非常感谢您能接受我们的采访。您在我们师大从教47年，深受学生爱戴和尊敬，一定有很多心得体会，能和我们分享一下吗？

杜先智：我是一名普通老师，从教时间比较长，在讲台上站了47年。1961年从皖南大学毕业后，我就被分配到这里工作。我的工作经历很简单，履历表也很简单，从大学到工作，都在安徽师大，见证了这所大学的发展历程。20世纪60年代初，我在这里工作时，学校规模不大，只有六个系，教师几百人，学生两三千人。我们学校的发展历程比较丰富，校名也更换了几次。我主要从事教学工作，做的是一个普通教师该做的事情，都是一些平凡的事。

做个好教师不容易。无论是工作能力还是业务能力，都需要付出努力。作为教师，就是要教好学生，这是教师这一职业的首要任务。要上好课，要让学生有所收获，教师首先要吃透教材，然后形成自己的知识体系，以讲义或者备课笔记的形式呈现。上课所讲的知识、原理、公式来源于教材，其他内容都需要自己准备，这就需要备课的时候多下功夫。

就拿“电磁学”这门课来打比方。教材《电磁学》第一章为静电学，主要讲的是静电现象，比如用笔杆在头发上摩擦一下就可以吸起桌上的小纸条、冬天脱毛衣的时候会伴有“乒乒乓乓”的声响等，这些都是静电现象。初中、高中是讲授这样的内容，大学还是讲授这样的内容，但大学课程的讲授还继续像初中、高中一样，学生就不感兴趣了。这时候要把课讲好，就需要凭借老师的备课功夫了。我在上这门课的时候并不讲这些常见的静电现象。

那么，我讲的静电现象是什么呢？我告诉他们，在中国西部的敦煌鸣沙山下的月牙泉有个特别现象，风和日丽的时候，天空中会飘着悦耳的音乐声，但是周围并没有乐队演奏，那音乐声是从哪里来的呢？周边的人也不知原因。于是就有了很多传说。有人说，以前这个地方是一个寺庙，寺庙里有成百上千的僧侣，他们每天都要做佛事活动，做佛事活动时需要演奏各式各样的乐器。有一天做佛事活动时刮起一场沙尘暴，那座寺庙瞬时就被埋没了，但寺庙里的僧侣都没有死，我们现在听到的音乐声就是那些僧侣在地下演奏的。还有人说，文成公主在进藏的时候路过了这个地方，有一天天色已晚，大队人马都在这座山上安营扎寨，突然刮了一场沙尘暴把帐篷都埋没了，包括文成公主。后来经过一番抢救，文成公主和随行的大部分人员被救出来，只有她身边的一个侍女没有找到。那个侍女特别有才华，能歌善舞。第二天，文成公主的大队人马重新上路，而这个侍女被永远地留下来，现在大家听到的音乐声就是那个侍女在用她甜美的歌喉抒发对文成公主的怀念。然而这些都只是传说。

近些年，有一个科学考察队考察了这里，科学考察队里有物理学家，这些物理学家经过考察以后认为这是一种静电现象。鸣沙山是一座山，风一吹沙子就在山上滚动，滚动以后就会噼噼啪啪地发出静电的声音，山下的月牙泉在阳光的照射下会产生水蒸气，这些水蒸气上升之后在空中形成一片水幕，水幕和山之间的距离正好符合共振条件。所以，这个“噼噼啪啪”的声音经过与水幕的共振被放大到了空中就形成了音乐声。静电摩擦的时候，因为山形大小不一，所以频率也不同，微风吹拂就变成了人们所听到的悦耳的音乐声。经过这个故事的讲解，大家就饶有兴趣地进入后面的课程学习。

教师通过课程传授知识，需要结合生动的例子，学生才有兴趣学习这门课，这是教学的艺术。教师要提高这种艺术，搞好课堂教学。

采访人：执教安徽师大期间，您一直十分重视课堂教学，积极探索教材改革，为提高课堂教学质量，做出了开拓性的努力，能否谈谈您在这方面的体会？

杜先智：对于教师来说，首先要有广阔的知识面。而广阔的知识面主要来源于两个方面：一个是学习，另一个是积累。电视、广播、杂志等都是我们获取知识的途径，教师要做的就是把从这些途径获取的知识及时糅合到教学中，使它们成为教材的一部分。所以我主张教师要有自己的教学内容，要有自己的讲义或者备课笔记，这样才可以更好地提高教学质量，学生才能在课堂上学到知识。

其次，教师要爱护学生，要把学生当作朋友。教师是知识传授者，学生是知识接受者，但在人格方面大家都是平等的。教书47年，我教了很多学生，我和很多学生成了朋友，有许多学生都来过我家做客，很多学生与我一直保持联系。

但与学生作朋友并不是没有原则的，学生若是犯错误、有缺点，老师必须批评指正。有一次我上课的时候，有两个同学在后面说说笑笑，我用眼神警告了多次，她俩都没有注意到，我不得不停下来，告诉她们课堂是个严肃之处，姑且不谈尊重老师，首先应该尊重自己。第二天，其中一个女生找到我，痛哭流涕，并表示会一辈子记住我所说的话。那年的中秋节，她和同学一起来拜访我，之后我们一直保持联系。这表明批评是老师对学生的爱护，但要注意采用让学生能够接受的方式。

我上了47年的课，最后的那堂课，我们书记去听了。利用这堂课的最后15分钟，我作了总结，说："世界上谁最富有，有人说是美国的比尔·盖茨、中国的李嘉诚，可我觉得都不是，我认为世界上最富有的是我。我虽然没有他们那么有钱，但是我有你们的爱戴，在我心中，你们的爱戴比任何金山银山都更值钱，更有价值，所以我最富有。"当时全场所有学生都起立致敬，认为我这个总结说到他们心坎里去了。学生尊敬老师，这就是老师最大的财富、最大的收获，我有这样深切的体会。

采访人： 您在我们师大物理系执教期间，担任芜湖市政协委员、常委，除了做好本职工作，还要从事社会工作，您是如何兼顾两者的呢？

杜先智： 我当了20年的芜湖市政协委员、常委，我并不仅仅把这项工作看成是一项荣誉，更觉得它是一份责任。在其位，谋其政。每次常务委员会召开会议，我都会在会上发言。作为一个政协委员、常委，我要把群众反映的问题带到领导层，这就是我在大会上发言的内容。有一次市政协会议上，有3000人参会，我作大会发言，当时脱稿讲了15分钟，获得了11次掌声。这说明我所讲的内容都是大家愿意听的，都是大家的心里话。我们在开会之前要做好调查研究、准备材料等一系列工作。既然在这个位置，就要尽责任，尽管没有任何报酬。这就需要有正确的态度来处理本职工作和社会工作的关系，这是一种社会责任感，对社会负责，对自己负责。

采访人： 您在讲台上一站就是47年，让我们感受到了您对教师这一行业的热爱和追求，能否具体说说您从教47年的感悟？

杜先智： 我23岁大学毕业，随后进校当老师，因为之后担任政协委员一职，根据国务院的相关规定，省辖市的人大代表和政协常委在任职期间不得退休，由于这个机遇，我做了47年的教师，工龄比一般教师都长。正因为这样，所以有一些感悟。

我们过去的工作环境和现在是不能相比的，那时候条件比较差，教学设备简单，实验室的设备老旧，科研工作很难进行。

高校的首要任务是提高教学质量。工作这么多年，我能够感受到高校学生对待学习的热情，但是，有些学生满足于得到毕业的学分，没有创新精神，这是亟待改善的问题，这样的情况是一定要改变的。国外高等教育方面的一些良好经验，值得我们借鉴。

此外，学校的教学工作要和科研工作相结合。每所高等院校都有科研目标，且每个学校的科研工作都有不同的侧重点。科研工作和教学工作相结合，教学工作才会取得成就。教师除了教学工作以外，还应带领学生做一些科学研究，这样才能在实践中培养学生的创造能力。

我们那个时代，科研设备老旧得很。现在的科研设备都很齐全，而且很多老师都有课题和研究经费，但仅有这些是不够的。对于做研究来说，最重要的就是人才，所以学校要重视人才队伍培养，这是非常重要的事。

采访人：学校要提供人才培养的良好环境，这其中既有来自学校层面的因素，也有来自学生层面的因素。那么从学生的角度去看问题，学生应该给自己设定哪些目标？然后又该怎么样去做？请老师指教一下。

杜先智：作为学生来说，主要还是看学校的安排，以及各专业所安排的课程。若是跟着导师做课题，导师会指导研究方向，也会提相应的要求。另外，学校要尽可能地为学生创造良好的学习环境。

我们师大的学习氛围还是很好的。我每天早起散步的时候，经常看到校园内晨读的学生。平时作业相互参考抄袭，临近考试的时候，任课老师发一份考试提纲，让学生照着提纲去备考，然后取得一份不错的成绩单，这样的学习有什么用呢？我一直认为，学校的学习氛围是非常重要的，而这个学习氛围的营造和学生生源关系密切。再进一步说，招生又与学校的教学安排有关系。学校继续发展，应该是扩大发展范围，或是创造更好的条件，而不是一味地扩招而不讲生源质量。此外，学习氛围的营造还与老师的教育以及辅导员的管理有着密切的关系，老师和辅导员要加强管理以弥补学生自觉性方面的不足。总之，学校要创造环境，营造氛围，让学生有条件去好好学习。

采访人：当下的我们有一个困惑，也是年轻学子的困惑，就像老师刚才讲的那样，在校学生总喜欢一窝蜂地做一件事情，无论是报考行业资格证还是考研，都是别人干什么自己也干什么，没有找到适合自己的学习方向和道路。对于这个现象，您有什么看法？

杜先智：这个问题事出有因，主要还是在于学校和老师的引导。若平时能够正确引导学生树立正确的人生观和价值观，学生自然会根据自己的所需而作出最好的选择。考研并不是坏事，这是一个好现象，也是应该引导的一个方面。大家都愿意去考研，证明大家愿意努力学习。至于一股脑地去考各种各样的证书，可能和社会风气有关。作为学生来说，考各种各样的证书是想让自己发展得更好一些，更想表现自己积极向上的一面，这也是一种追求。没有任何追求反而不是一件好事，但还是离不开老师正确的引导，不能一窝蜂地涌上去。虽然有些工作待遇不高且比较辛苦，但是这份工作是可以为国家和社会做出贡献的，那就应该去做。

对于当代大学生来说，树立正确的人生观和价值观是很有必要的，学校应该加强这方面的教育，不能仅停留在课堂教学，学生也不能只满足于考个好成绩。此外，学生在社会实践中能够学到很多东西，这也是学生必不可少的一项学习内容。

采访人：正确的价值观具体有哪些？大学生怎么才能树立正确的价值观？可否说说您的看法？

杜先智：这个并不只是政治课上回答的问题，关键是要让学生在具体的实践中树立正确的价值观。比如，学校可以经常开设讲座或是召开研讨会，让学生参加，以开阔学生的视野；动员学生多参加一些社会实践，像这样的采访就是一个很好的实践活动，这也是提高自己、锻炼自己的好办法。读书虽然很重要，但不能整天关起门来读书。有人说做社会工作会影响学习，我认为做社会工作反而对学习有促进作用，做完社会工作，学习会变得更加有效。奉献是一个不断积累的过程，也是一个不断学习的过程。而这个积累的过程将是一个漫长的过程。人生观、价值观的树立是一个缓慢的过程，不是一蹴而就的，需要通过不断学习、不断提高、不断积累，最后才会慢慢地成形。冰冻三尺，非一日之寒。无论是学校教育，还是社会教育，或是家庭教育，都是正确“三观”树立过程中不可缺少的环节。

采访人：您长期从事物理基础理论教学和环境物理、非晶材料的研究，出版著作多部（含合著），发表论文数十篇。能否谈谈关于电磁学、热学的研究情况？

杜先智：电磁学、热学都是基础科学的内容。我的教学方向是近代物理，近代物理的主要内容是非静态物理。比如说现在比较热门的晶体、晶片、半导体等都是近代物理的内容。现在，学界有一个说法，即非晶体有一种特殊性能，如果发挥出这种特殊性能就有可能超过晶体。这是近期研究的一个热点。我以前就做过相关的研究，但由于当时条件的限制以及经费的不足，我就没有更加深入地进行研究。对于我们这辈人来说，最遗憾的事情就是在我们精力最旺盛的时期、最能够出成果的年代，不具备成果实现所需要的条件和设备。因此，当时我们主要是和南京大学、中国科学技术大学、华东师范大学等学校合作开展一些研究，这些学校的科研条件相对于我校还是良好的。所以我很羡慕现在的年轻教师，学校给他们提供了优良的科研环境，只要他们自己努力，在科研道路上是可以做出很多优秀成果的。我们的青春时代已经过去，最能够出成果的年代也没有做出更多的成果，而且受到社会环境的影响，我们上大学的时候，是我们最有激情的时候，但当时政治运动比较多，因此花费了许多的精力，在科研方面就有点力不从心。

采访人：从老师那个时代到现在，我们师大的变化很大，无论是硬件条件方面，还是软件条件方面。能跟我们分享一下您所看到的师大变化吗？

杜先智：随着时代的变化，学校的硬件更新换代非常快，在硬件方面有了非常大的变化。那时我们学校只有六个系，一个系里只有一个专业，不像现在每个学院都有多个专业，每个专业还分了不同的方向。在人才培养方面也有较大的变化，以前我们主要是培养教师人才，现在是各方面的人才都培养。在硬件方面，我不了解其他专业的情况，但我看到我们物理系发生了翻天覆地的变化。以前我们的实验室仅仅是基础实验室，相比中学的基础实验室只是规模扩大了一点，而现在学校拥有各种研究室，并且研究设备大多是非常精密的进口设备。目前，我们学院的老师很多都是博士，部分老师还有海外学习经历。我们以前有许多科研工作都不能正常进行，但现在学院已经有条件开展各式各样的研究工作，而且教师若有科研能力还可以申请经费，用于购买一些先进的设备，学校、学院为教师从事科研工作提供了非常好的条件。

宿舍的变化更不用说了，我们上学的时候是八个人一间宿舍，大家吃饭都是一张桌子一盆菜，到时间就开饭。现在不同于过去，大家吃饭的时间都是自由选择，随时进入食堂都可以吃上可口的饭菜。

体育设施方面也有很大的不同，以前我们基本都是开展跑步、跳绳等简单的活动，现在的校园体育活动则比较丰富，如打篮球、踢足球、打羽毛球等，都是非常有趣且有益的活动。

采访人：退休之后，您每天的生活是怎样的？您理想的退休生活是什么样的呢？能具体谈谈吗？

杜先智：对于退休生活，每一位退休老师都有自己不同的选择，有的人退休生活很丰富，有的人退休生活则比较单一。我兴趣比较多，经常参加一些社会活动，另外，市政协的一些工作也一直参与着。我的朋友比较多，平时都会在一起散步聊天。

现在的信息来源多，除了书本之外，还可以通过广播、电视、网络等渠道获取，我视力还好，不影响阅读。我认为，千万不能把自己的生活固化了，完全可以让自己的老年生活更加丰富，倘若完全依靠学校来组织活动，那是不现实的，学校更加注重教学和科研，也不能投入更多的精力放在退休老师的活动安排中。

与此同时，我经常会去看看学校的相关实验室和研究机构，和那些专心科研的年轻老师一起聊聊天，谈谈我对科研的理解和体会，提出自己的一些意见和建议。我身体还好，还有精力去干这些事情，就是想着能多做一些。我喜欢写作，先后出版了13本书（含合著），有部分著作还形成了一定的社会影响力。所出版的图书涉及的第一个方面是环境，比如早在1982年的时候，我就提出“环境物理”这个概念，还为此写了一本书。在那个年代，研究环境的人不是很多，环境问题也没有得到很好的重视。这里我讲的是物理环境，它主要包括热环境、光环境、辐射环境等，这些环境与我们的日常生活密切相关。第二个方面是建筑电气，这是我们在日常生活中接触比较多的东西。第三个方面就是关于奥林匹克竞赛，比如，《物理奥林匹克题典》由南京大学出版社出版，这是一本非常厚的书，在全国也出现了很多盗版。但换个角度来说，是因为大众的需要，市面上出现供不应求的情况，才会出现盗版现象。我主要撰写了这三个方面的著作。

采访人：近几十年来，您与我们师大一路相伴，见证了我们师大成长的历程，对于她取得的成就，您怎么看？您对未来的师大及其师生有什么期望和建议？

杜先智：这个问题包括两个方面：一个是学生方面，另一个是学校和教师方面。作为学生，进了大学以后，要有正确的努力方向，除了按时完成自己的学习任务之外，还要确定自己的奋斗目标，之后朝着这个方向去努力。除了学习必要的课本知识，还要参加各种实践活动，把课本知识和实践活动结合起来，这样才能让自己更好地吸收知识。作为学校和教师，一方面学校要创造这样一个环境条件，这个环境不仅限于硬件设施方面，还要拓宽知识来源的渠道；另一方面教师要起引导作用，为学生明确自己的努力方向提供一些可行性建议，毕竟从教多年，其知识面无论是宽度，还是广度，都会比学生更宽广。

我接触过很多青年教师，现在学校科研条件越来越好，对于他们而言，当前最主要的就是明确科研目标，积极思考，大胆创新，选准科研方向，刻苦钻研问题，不能白白浪费这个时代给我们的大好机会。就目前我所了解的情况来看，大部分青年教师还是非常不错的，但是仍有一小部分教师受到家庭或者其他因素的拖累而影响科研工作，这是非常可惜的。作为高校青年教师，就应该对自己有更高的要求。比如，在我们物电学院，每个青年教师基本都有课题，有了课题就有了研究方向，但这还远远不够，在确定方向之后还得花费足够的心思才能在这一方面做出成就，不能仅满足于论文的发表，要脚踏实地做科研工作，要对学校有所贡献。

杜蒸民先生访谈录

采访时间：2018年10月11日

采访地点：杜蒸民先生寓所

受 访 人：杜蒸民

采 访 人：梅　建

整 理 人：田　影

杜蒸民，男，1933年4月生，浙江东阳人，中共党员，教授。1956年至1961年在南京大学历史系学习，毕业后分配到蚌埠师范专科学校任教。曾在滁县地区中教班、安徽教育学院、安徽劳动大学任教。1982年起在安徽师大历史系任教，享受国务院政府特殊津贴。参编的《中国史学发展史》一书获1991年光明杯优秀哲学社会科学著作特别奖。发表学术论文百余篇，其中《李大钊哲学思想发展初探》一文被评为1981—1991年优秀党史论文全国二等奖。

采访人：杜老师，您好！非常感谢您接受我们的采访。首先请回顾一下您早期从事革命工作的经历和后来考入南京大学的求学经历。

杜蒸民：我是先参加工作，工作了七年之后才考入南京大学的。我从1949年10月参加浙江省东阳县革命干部培训班之后，就正式参加了中国共产党领导的革命工作。当时我年纪很小，十六七岁，大约在1949年10月下旬或11月上旬，我在东阳县革命干部学校培训结束之后，就奉派与一部分同学到东阳县西部边缘靠近义乌与金华县的一个新区——画水区去参加建设人民政权、实现新民主主义农村的各项改革工作。领导这个区的干部，如中共区委书记、区长等，都是南下的山东人。我们这些年轻的新干部，就在他们的领导下，上午在区政府设于一个地主家里的学习班学习上级发下的各种文件及《浙江日报》等，下午就分工到区政府所在地（一个有五个行政村的大自然村——共1500多农户，5000多人）各村去访贫问苦，了解敌我情况，发现和培养农民积极分子，晚上则召开各种大小会议，宣传党的方针政策，有时也连夜外出剿匪等。

参加工作之后的几年我虽然没有加入共产党，但是我始终担任共青团县委宣传部部长这个职务，工作了近七年。其间，我到过东阳县的很多地方。东阳县一共10个区，我当过自己所在区的乡长，也当过人口土地改革工作队的队长。那时候的工作有六大任务，即剿匪、反霸、征粮、征购、减租、减息。

由于我工作表现比较好，区里就把我送到金华参加省生产干部的学习，在那里，我是团支部的宣传委员，书记则是个党员。

1956年5月，为了培养社会主义建设人才，国务院要求全国各级政府动员在职干部中的青年知识分子报考或以同等学力报考各类高等学校，以弥补应届考生的不足，而这个任务恰好又落到县教育局和青年团县委的身上。当时，我被任命为动员在职干部报考大学的办公室副主任（主任是县教育局局长），这就进一步激发了我学习的动力。

由于我只有初中毕业的文化程度，高级中学的门都没有进过，所以，开始时我虽有向往，却没有信心，生怕考不上，后果不堪设想。但在团委一些同事的鼓励下（他们认为我的文科水平，不仅达到而且已超过一般应届高中毕业生的水平），我便鼓足了勇气，向县委组织部提出了报考的请求。

在入学志愿的选择上，我先是报考中国人民大学的新闻系，想在毕业后当一名记者。这是根据我自己的工作经历做出的选择。后来在全国统考时，原想报考北京大学的哲学系，但因要加试数学，所以只好放弃，改考文史科的专业。在地点的选择上，因为北京和南京都是我国历史悠久的古城，所以我选择了这两个地方，这是我当时报考的出发点。最后的结果是，我收到了南京大学历史系的录取通知书。除我之外，东阳的在职干部中，还有另一名原在县政府工商科工作的女干部，考取了哈尔滨外国语学院的俄语专业。

我是1956年8月28日到达南京大学的，从下关到南京大学的中山路上，我看到了宽广的街道和两旁一株株遮天蔽日的法国梧桐，这些给我留下了美好的第一印象。到了南京大学历史系报到之后，与我一起进入历史系一年级的同学有78人，其中女同学13人，大多是曾参加过工作，享受调干生待遇的，应届高中毕业生考上的仅10多人。刚入学时，党组织不仅在政治上信任我，同时在生活上对我表示了足够的关心，这突出表现在，我除了享受按原级别应该有的每月24元调干金外，每月还另外增加生活补贴10元。因此，我除了支付自己生活、学习的必要费用外，还能给二弟、小妹一些支援，这样我就无后顾之忧地投入到学习中去了。

在学习中，我不但每堂课都聚精会神地听讲、做笔记，课后努力消化老师课上所讲的内容，还经常向老师请教问题，把每天的学习内容安排得满满的，即使在周末、节假日，除了抽出必要时间，用来洗衣服和购买必要生活用品外，我把所有时间都用在学习上。寒假期间，许多同学纷纷回家过年，我则与少数同学留在学校，在图书馆中度过春节。

采访人：从南京大学毕业后，您的去向是哪里？从毕业到工作，您有哪些深刻的记忆或遇到过哪些有趣的故事？

杜蒸民：1961年7月，我完成了南京大学五年的大学生活，8月底，经过一段时间的毕业分配学习，终于宣布毕业分配方案。

一开始准备分配我和另外两名同学到中国社会科学院去做副博士研究生，可就在准备赴北京的时候，又传来了中共中央宣传部的一份电报，要我们暂缓赴京报到。因此，我们三人就被留在学校等候通知。大约在9月底，南京大学历史系党总支负责人找我们谈话，说原来南京大学党委已经决定让我们留校工作，但近日中共中央宣传部又传来指示，说南京大学是老学校，师资力量已经很强了，而安徽是教育较落后的地区，急切需要教师，所以要把我们三人派往安徽，想征求我们的意见。鉴于当时的党组织已经作了决定，又闻当时安徽生活极端困难，而我们自己又表示服从组织分配，所以，我们没有任何意见，就来到了安徽。

我们三人是国庆节前夕到安徽省人事局报到的。报到之后，我发现，我们的粮食定量从28斤减到25斤，而且并不如来之前系总支所转告的那样，安徽急切需要教师。开始时并没有把我们往各高等学校分配，而是要我们先帮助教育厅的高教局，在合肥市内调查安徽医学院、安徽工学院以及合肥师院的图书馆情况，据说这是为该厅要召开一个全省高等学校的图书馆馆长会议作准备。从调查中，我们深深地感到当时安徽高校的条件确实是很差的，尤其是图书馆的资源太少。我们的调查工作大约进行了一个月，然后由我起草了一份调查报告，并向该厅分管高教局的副厅长作了口头汇报。这位副厅长听了我的口头汇报及书面报告后，对我们的调查很满意，但在谈到我们的工作去向时，他表示现在安徽的机构正处于大幅度缩减的状态，高等学校的人员也在纷纷下放，而且从北京的中国科学院等下放来安徽的光文科就有400多人。所以，我们既不能留在高等学校，也不能留在教育厅工作。在这种情况下，虽然经过一番争取，安徽大学历史系党总支曾向教育厅指名要我们，但仍无结果。最后，我被分配到蚌埠市师范专科学校，担任一名政治理论老师。

后来这个专科学校被撤，就把我们这些老师分到其他地方。有个滁县地区中教班到我们学校里要我，为的是给他们充实教师队伍。在滁州工作了一年，我又去了安徽教育学院任教，在安徽教育学院待了7年。

之后我去了安徽劳动大学任教。安徽劳动大学在宣城，从安徽农学院、合肥师院、皖南大学、安徽大学等高等学校抽调教师，安徽大学的政治系（哲学专业、政治经济学专业）并入该校，这所大学在当时还是很好的，我教的是政治。我在安徽劳动大学工作了11年，1982年就到安徽师大来工作了。

采访人：您到安徽师大工作的原因是什么？对新的工作单位安排，您当时是怎么想的呢？

杜蒸民：开始是安排我到安徽大学的历史系工作，但是后来不知何故，教育厅又来电通知我去安徽师大的历史系。理由是充实安徽师大师资队伍，因为当时安徽师大教中国现代史的两名教师都已年过六旬，现代史课是请芜湖师专的教师来讲授的。考虑到芜湖地处长江沿岸，距离南京、上海，尤其是我的浙江老家均比合肥近一些，且两所学校的条件相当，加上安徽师大有自己的附属小学和附属中学，有利于我的三个孩子就近入学，所以，我虽然对这个变动有些不解，但还是按组织的意愿来到安徽师大工作。我的三个孩子，现在有两个在美国生活，还有一个在安徽省立医院，是主任医师。这点我也是比较欣慰的。

采访人：1982年，您来到安徽师大时，安徽师大和历史系给您印象最深的是什么？

杜蒸民：那时安徽师大是安徽省的一所全日制本科高等院校，原名省立安徽大学，创办于1928年，原校址设在安庆，1949年迁来芜湖。1954年院系调整时，农学院迁往合肥，剩下的部分改为安徽师院。1958年时，文科的中文、历史、外语等系迁往合肥，创立合肥师院。1959年，合肥师院的数学、生物、物理等系迁入安徽师院。1960年，安徽师院改名为皖南大学。“文革”期间，为全省仅存六所大学之一，合肥师院的文科各系重新全部迁回，校名改为安徽工农大学，学校的目标依然是培养中学教师。1972年，由国务院批准，正式定名为安徽师大。

1982年的2月26日，我们全家迁到安徽师大。当时安徽师大设有中文、历史、政教、教育、外语、艺术、数学、物理、化学、生物、地理、体育等12个系，有教职工2000余人，专业教师1100名左右，在校学生约5000名。那时安徽师大的学生生源质量很好，师资也很强。学校像花园一样，非常好，教学楼前面种了很多的花草树木，比安徽劳动大学的环境好很多。

当时的历史系有教职工近70人。其中教师50多人，教授4人，副教授10余人，余皆讲师、助教，教师的年龄总体偏大。当时，在那些有高级职称的教师中，除了有两名世界史的教授外，其余的教授、副教授都集中在中国古代史教研室，后来的硕士点也在这个教研室。这个系的学生，自改革开放以来，每届一般招收学生120名左右，四个学年有学生总数500名左右。后来还曾招过几届两年制的专科生。

采访人： 您在我们师大工作期间都遇到过什么样让您记忆深刻的人和事?

杜蒸民： 我到安徽师大后生活比较平静，因为我们是“文革”以后过来的，高考恢复，社会安宁，没有之前那么跌宕起伏。

1984年，安徽师大历史系党总支吸纳我和系里的几个副教授一起入党，一个是杨国宜，一个是万绳楠，我是讲师。那时候安徽师大历史系中国近现代史教研室的教师有何小刚、王跃、成式其。我来的时候，他们都刚大学毕业。还有一个是房列曙，房列曙是工农兵学员，我们都很尊敬他。

采访人： 评大学副教授、教授的条件是什么? 您在副教授和教授评审过程中有什么深刻的经历?

杜蒸民： 我记得副教授的评选条件是要有论文，还要有教学工作量要求。当时我评教授的时候，还要考英语。我在南京大学的时候，学的是俄语，英语是毕业以后学的，因为大家都学英语，当时的风气就是这样，考试的时候也是考英语，大家的英语成绩都不是很好。晋升教授考英语，可能我是全校考得最好的一个，我考了60多分。

正高职称的评审，我知道的大概过程是这样，是在教书的年限、工作量，以及论文的级别和数量够格以后，将本人提供的三篇已发表的论文，在极端保密的情况下，由省里集中委托武汉地区的高校组织专家评审，然后按反馈回来的结果，在群众中公开，再组织本校的系、校二级评委会按标准评审上报，再经省评委的系科组评委会最后核定，由安徽省人民政府评定。

采访人： 您发表过很多论文，都是以胡适、郭沫若和李大钊为研究对象，为什么会选择胡适、郭沫若和李大钊?

杜蒸民： 胡适和郭沫若都属于现代最有名气的知识分子。胡适成名比郭沫若早，后来郭沫若反对胡适。胡适应该说是中国现代史上最早开放中国人思想的人。胡适对于白话文的研究是最出名的，并且他的学术著作很多。

我很钦佩李大钊，他比毛泽东更早吸收先进思想，是毛泽东的老师，为中国革命做出了牺牲，是最早在中国传播马克思主义的人。我写了很多研究李大钊的文章，我写的《李大钊哲学思想发展初探》一文，被评为1981—1991年优秀党史论文全国二等奖。

1986年10月，全国第一次郭沫若史学研讨会在武汉召开，我应邀参加，并在会上作了《“人民本位”的史学观——论建国前郭沫若治史的指导思想和基本经验》的大会发言，后来，此文收入成都出版社出版的《郭沫若史学研究》。1990年，我应邀参加在四川乐山召开的“郭沫若与中国传统文化”的学术研讨会，作了《郭沫若与胡适的传统文化观比较》的大会发言，此文于1991年《郭沫若学刊》第一期上刊出。此后，又陆续在《郭沫若研究》《郭沫若学刊》等刊物上发表了郭沫若史学与学术思想研究的论文10余篇。

尤其值得一提的是，1989年，我再次受邀参加了在中南海怀仁堂以及北京大学召开的隆重纪念李大钊诞辰一百周年的大会和李大钊百年诞辰学术研讨会。会上聆听了中共中央总书记江泽民同志的纪念报告，还聆听了政治局委员胡乔木、全国政协副主席兼中国社会科学院院长胡绳等关于研究李大钊的学术报告。我作了《自信独守的坚操，容人并存的雅量——论李大钊的科学信仰和科学方法》的大会发言。

采访人：您培养出那么多优秀的学生，他们是您的骄傲。您所追求的教风是什么？什么样的学生能给您留下深刻的印象？对我们师大未来的发展您又有什么期望和建议？

杜蒸民：在历史系的时候，我认为我自己的教风是比较正派的。我从来不跟学生拉拉扯扯，好的就是好的，不好的就是不好的。我对同学的评价是，很多同学还是不错的，有少数同学还是不够认真。比如，陈孔祥同学表现不错，是他们班的班长，我带过他的课，他很尊重老师。总体来说，考入我们师大的学生，他们都是很好的，生源质量很高。

我希望安徽师大更好，希望省里多给予支持。我们师大现在发展得很好，花津校区也建设得很好。安徽师大有很好的教师队伍、办学环境和地理位置，是一所高水平大学。

方宾先生访谈录

采访时间： 2019年3月16日

采访地点： 赭山校区生化楼三楼会议室

受 访 人： 方　宾

采 访 人： 梅　健

整 理 人： 田　影

方宾，男，1947年9月生，安徽贵池人，中共党员，教授。1973年于安徽师大毕业后留校任教。率领的电化学传感分析团队多年积累创新，获教育部2016年高校科研优秀成果（自然科学）二等奖。发表学术论文180余篇，被SCI收录90多篇。先后被评为安徽省模范教师、教学名师。曾任安徽师大化学系副主任、化学与材料科学学院副院长、安徽师大本科教学督导团团长。

采访人：方老师，您好！很高兴能有机会采访您。您在我们师大读书期间正值“文革”后期，请给我们谈谈大学毕业后那几年的工作情况。

方宾：我是1973年元月毕业留校工作的。先是分在有机化学组，后来高校教研室恢复重建，再分至分析化学教研室。在吴家良（时任教研室主任）、杜乃琪（后任教研室主任）、杨蕴辉等前辈的关心指导下，我开始了定性分析、定量分析的系统性学习。当时我不懂就请教，不留问题过夜，做笔记，做习题，看资料，过得很充实。当时条件较差，实验室陈旧，仪器较少，设备简陋，但老师们非常认真负责，备课遇疑难问题都要组会讨论解决，每个实验都需做预备实验——检验试剂（量、质）、核实步骤、验证现象（有无、明显与否），最后再推断结论。当时作为一名年轻的助教，需要跟班听课，参与辅导，批改作业。另外，还要进行教学实验，参与配制试剂、预备实验，跟班助导，然后才能主讲和带实验。理论课开讲前，需要反复试讲，一章一章过关，先上外系的课，再上本系的课，千锤百炼。

20世纪80年代初，高校恢复了研究生的招生，我两次申请报考都未获准。理由是业务较好的青年教师紧缺，学校教务处不放。为了提高自身素质，我只好进修，选择了当时分析化学最强的武汉大学，并且师从《分析化学》教材的主编赵藻藩老师。赵老师业务精湛，曾任国家教材编审委员会委员、分析化学专业小组副组长，特别平易近人，十分关心从师范大学来进修的青年教师们，亲自安排进修活动（听课、带实验等）。因为我当时参加考试的成绩高一些，就主带了一个班的实验课。赵老师学术一流，十分关心我们，让我们听分析化学的硕士生课程，还特别安排我进研究室做科研。在赵老师的悉心指导和安排下，我跟王洪英教授学习掌握了分析化学溶液平衡理论；跟胡胜水教授学习完成了卡那霉素的单扫描示波极谱法测定，那是我第一次以第一作者的身份在一级期刊——《分析化学》发表了论文；跟李培标教授学习掌握了部分电化学分析方法。赵老师治学严谨，勇于开拓，是分析化学、电分析化学的大家，英语口语也非常好，常去美国学习交流。不幸的是，赵老师因车祸于1991年9月3日在美国逝世，我深感惋惜和悲痛。

采访人：您曾在南京大学化学系做高级访问学者，南京大学博士生导师、中国科学院院士陈洪渊对您有很高的评价，请您谈谈在南京大学学习期间与陈先生的交往以及他对您的影响。

方宾：20世纪90年代初，科学技术发展迅速，电分析化学进展很快，“南北二高”（指南京大学的高鸿院士、北京大学的高小霞院士分别率领的团队）尤为突出。为了提升学术能力和水平，我校与南京大学联系，选派教师做高级访问学者，同时也是工作的需要。当时我已是分析化学教研室的主任，就去了南京大学，师从陈洪渊教授。陈洪渊教授十分关心高级访问学者，要求大家做科研要有三种精神：一是务实精神。就是选方向要务实，搞课题要务实，做实验要务实。二是奋斗精神。定方向、拓领域、搞创新都要奋斗，上了船就要拼命划。三是协作精神。课题组要协作，学科团队要协作，要包容、互助、奉献。

在陈洪渊教授的指导和安排下，我跟随博士班认真系统地学习了《极谱电流理论》；跟方惠群教授学习了微电极技术，顺利完成了银微电极的电位溶出法系列研究。我先后发表一级论文5篇，并且有机会参加在南京大学召开的全国电分析化学学术年会，认识了许多知名学者，结交了朋友，扩大了眼界。

20多年的来往交流，让我感受到陈洪渊教授的情怀，那就是为国情怀、为教情怀、为生情怀。陈洪渊教授是教育部科技委化学化工部主任，他爱生、导生、助生成才，是一位有礼、有度、有范的中国科学院院士。

采访人：您在安徽师大化材学院工作了几十年，见证了化材学院的变化，请您谈谈化材学院经历的那些化学专业本科教学改革。

方宾：1986年，我从武汉大学进修返校，就主讲了本系的分析化学这门课程，主讲的教材就是赵藻藩老师主编的理科《分析化学》。这本书是当时学生考研的通用教材，另外的辅助教材是师范类的《分析化学》（我校参编讨论，加强了定性分析，体现了师范特色）。1987年，高校恢复并开启职称评定工作，我被评为讲师，随后就担任了分析化学教研室副主任、主任，连任了三届九年。

教学改革是从基层开始的，在任职教研室主任期间，在老教师吴家良、杜乃琪、金家英的鼎力支持下，开始了课程教学与实验教学改革。分析化学是主干课程，我们在教学研究中突出重点、难点，突出师范特色定性分析研究，尤其是酸碱平衡、配位平衡、氧还平衡、沉淀平衡四大溶液平衡研究。这段时间我发表了10余篇教研论文。我们还编印了《分析化学习题解汇编》。我主讲1986届、1988届的分析化学，被评定的成绩在全系名列前茅。分析化学课程被评为1990年学校开展的重点课程建设中的优秀课程。另外，“在改革分析化学教材和方法过程中提高教学质量”这一项目荣获校级优秀教学成果奖。“仪器分析”是金家英等教师开创的基础课，这是当时为数不多的高师院校开设的课程，同时还开设了“分离方法”“分析化学中溶液平衡”等选修课。

实验教学的改革，我们首先是从补足配齐分析化学实验仪器设备开始的，重点是在仪器分析实验。在系里的支持下，建立了大型光、电、色谱分析室。我们的分析实验室，1992年获得了省高校先进集体称号。

1995年，我从南京大学返校。我在1997年荣获了校“皖泰”教师教学优秀奖特等奖（首届），当时我双破格（学历、年限）晋升为教授。1997年，我进入系领导班子，任教学副主任。2000年，由化学系、有机所、分析测试中心组建化材学院，我进入学院领导班子，任分管教学副院长。20世纪90年代末，正值高校教育大讨论，重在讨论“培养什么样的人”“怎样培养出人”等主题，广大教师主动参与，积极献言，系领导组织讨论、学习、报告、调研、申报项目等，开启了化学专业教学改革的先河。

第一，对人才培养规格大定位。1998年，学校组编1999年版专业人才培养方案，我们编写的化学专业人才培养方案中，就有“基础要厚、口径要宽、能力要强、素质要高”的人才规格定位的立意。

第二，化学专业综合改革起步。为推进1999年版人才培养方案，尤其关注课程体系和教材内容、教学方法与教学手段的改革推进，突出主干课程以及实验教学建设改革，我校化学系2000年就组织申报“高师化学专业教学综合改革与实践”省级教改项目，2001年获准立项。同时，学校将化学专业作为理科专业教学整体改革试点单位。2003年，化学专业通过省教育厅专家评审，列为安徽省首批教学改革示范专业，这也是自“文革”后，学校首次获得此荣誉。在2000年初的时候，接校长丁万鼎的授意，化学系的我和其他两位老师进行了认真细致准备，在分管校领导王世华副校长的率领下和成人教育学院院长俞士超的安排下去了北京，我校的化学和地理专业一举成功申办了国家级中学骨干教师培训班，拿到了第一个国家培训基地的资格。我们成功的经验还被刊登在2001年《化学教育》期刊的第六期上。2003年，我、王伦（时任教务处处长）、顾家山（时任学院党委书记）三人荣获了省级第四届优秀教育科研成果二等奖。经过我们化学人的不懈努力，2008年，我校化学专业获批为国家级特色专业。

第三，实验教学改革的推进。化学离不开实验，首先要从理念上解决基础实验、综合实验、创新实验三个层次的问题，与之配套的实践上则要解决基础实验中心、综合实验中心和创新实验室的组建。2000年，我校的理科实验改革启动，时任学院党委书记顾家山和我立即行动，化学专业率先申请立项，在生化楼的后楼改建了基础化学实验中心和综合化学实验中心。同时，在报告上明确了"厚基础、宽口径、强能力、高素质"的12字人才培养规格。为了与改革实验相配套，我们还组编了化学实验教材。2003年一举通过了省教委组织的专家现场评估，列为省级首批基础实验示范中心。同年，由我和王伦主编的《化学实验》（上、下册，高等教育出版社出版）入选国家"十五"规划教材，这是我校理科教材首次入选国家规划教材，后又再版（修订为上、中、下三册），一直使用至今。经过化学人的不断努力，学院于2013年荣获化学国家级实验教学示范中心。

第四，主干课程改革创精品。专业靠课程支撑，专业综合改革包含了课程改革，学院的初心是将化学主干课程全都打造成精品。我负责的分析化学率先立项重点建设课程，2004年被评为省级精品课程。同年，《科技日报》介绍了安徽师大分析化学精品课程。紧接着，无机化学（2006年）、有机化学（2007年）、物理化学（2007年）先后被评为省级精品课程。2008年，化学教学论被评为获国家级精品课程；2010年，分析化学被评为国家级教学团队；2012年，分析化学被评为"精品视频公开课"。

第五，省高师化学教学改革引领。在分管教学的王世华副校长及教务处的大力支持下，化学教学改革如火如荼地开展，其成果响遍了江淮大地。由我们倡导，安徽省化学学会主办、安徽师大承办的"新世纪安徽省首届高师化学教学改革研讨会"于2001年在我校隆重召开，当时我和院党委书记顾家山积极进行筹备，始终参与其中。校领导、教务处负责人、安徽省化学学会秘书长等出席会议并讲话。我们还作了化学教学改革的专题报告，深受省高师院校的欢迎和赞许。会上还决定此后要每年召开一次研讨会，随后二至六届的会议分别在淮北师范学院、阜阳师范学院、安徽教育学院、安庆师范学院、黄山学院等高校召开，引领了省高师化学教学的改革。本人还荣获了2010年度全国教育改革优秀教师称号。

第六，新建专业综合改革。在学校的关怀以及近四届化材学院领导班子的奋斗努力下，2013年，材料化学成为国家级项目；2014年，应用化学成为省级项目；2015年，化学工程与工艺成为省级项目。

采访人：您任职期间正是化材学院大发展的重要时期，您亲历了化材学院科研工作的不断加强，能否结合自己的经历，谈谈化材学院科研工作的开展及其进展情况？还有分析化学学科在哪些方面取得了突破性进展？

方宾：谈到科研，人们自然会将其与学位点、研究所以及二级学科建设发展联系在一起。结合我自己的经历，我想从学位点创建前期、学位点建设十周年以及本课题组的科研进展这三方面来谈一谈。

学位点创建前期。我校的分析化学学科具有一定的科研基础和科研实力，在学术前辈吴家良教授的带领下，曾于20世纪80年代中期招收过硕士研究生，主要为试剂合成及光电性质研究。但是，随着学术前辈的逐年退任，总体实力并不强。1998年，分析化学在编人员12人，其中教授2人，副教授4人，硕士学历3人，无人拥有博士学位，项目经费仅11万元，仪器设备严重不足。曾经担任过校科研处处长、教务处处长的王伦教授勇于担当，挑起了组建分析化学硕士学位点工作的重担，率领我们到周边高校（南京大学、华东师范大学、中国科学技术大学等）学习调研，邀请知名分析化学专家（陈洪渊、金利通、常文保、林祥钦等）来我校作报告、传经送宝。1998年正式申报，同年，安徽省学位委员会（1998）11号文件印发，安徽师大分析化学学位授权点获批。

学位点建设十周年。从1998年底至2008年底整十年，在校领导，院、处主管领导的热切关怀和大力支持下，在学术带头人王伦教授的率领下，经过大家的齐心努力以及顽强拼搏，分析化学学科取得了令人可喜、十分显著的进展。

学科要发展，机制要改革。2002年10月，我们在分析化学硕士点、教研室和测试中心的基础上，正式成立了分析化学研究所，打破了教研室单一的封闭式传统格局，形成了广泛吸纳人才、举荐延外人才、教科互促、灵活多元的开放型崭新局面。当时，化材学院毅然腾出了学院办公用房作为分析化学研究所实验室。2006年，随着新校区的投入使用，学校用房微调，分析化学研究所整体迁入校科技南楼一、二层，实验室31间，占地面积1060平方米。

学科要发展，人才是关键。10年间，由助教培养成教授的有4人，培养成副教授的有6人，增加硕士生导师11名，已经形成结构合理的三级学术梯队：第一梯队7人（原3位+后4位），全部为1965年之前出生的教授；第二梯队9人，其中教授4人，副教授5人；第三梯队7人，其中副教授2人，讲师5人，大多为1975年后出生。2006年，荣获校级创新团队称号，2008年又获得省级教学团队称号。

科研要发展，方向要明确。在学位点创建之时，我院只有发光分析化学、电分析化学、分析试剂合成与应用三个粗线条的方向。10年后，已经形成了发光分析化学、生物电分析化学、分析试剂合成与应用、环境分析化学四个特色鲜明的方向，并且先后获得国家自然科学基金、省部级基金共943万元（含校配套）。同时，化学生物传感重点实验室获批为省级重点实验室，2007年，获得资助450万元，2008年又获得省部共建实验室的资助200万元。10年间共发表以我校为第一完成单位的学术论文356篇，其中SCI论文212篇。化学要实验，分析要仪器。10年后的今天，我院各类大型仪器以及常规精密仪器总值近千万元。

学科要发展，学术要交流。我们5次组团（老师、学生）参加分析化学专业领域的年会，4次参加传感器研讨会，5次参加有关分析科学的学术研讨会，连续5次参加国家自然科学基金委主办的全国分析化学学科发展与队伍建设学术研讨会，多次请专家学者来学院讲学、作报告。特别要提及的是，由国家自然科学基金委化学部主办、安徽师大承办的“全国分析化学学科发展与队伍建设学术研讨会”于2006年8月18日至22日在安徽芜湖胜利召开，来自全国知名高校和科研院所的分析化学学科负责人以及部分专家学者共55人参加了研讨会，其中中国科学院院士2位。时任副校长王伦于田家炳楼主持了开幕式，副校长王世华致欢迎词。国家自然科学基金委庄乾坤教授主持了学术研讨会，南京大学的陈洪渊院士和中国科学院大连化学物理研究所的张玉奎院士分别就分析化学学科面临的机遇与挑战以及分析化学学科的建设与发展作了主题报告。会议期间还专门召开了大型交流座谈会。王伦教授代表安徽师大作了交流，受到了与会代表的一致好评，我们也受益匪浅。当然，这也让与会代表们了解了安徽师大，扩大了我们学科的影响度。

学位点要提升，研究生就要有质量。我们始终坚持将“以人为本，德育为先”的理念贯彻于研究生招生面试、入学教育、平安教育、科研教育、就业教育中，全过程、全方位地积极引导学生学会先做人后做事，有道德、有责任，讲风格、讲奉献，遵国法、守校纪，务实、创新发展。我们注重过程，严把质量关，前几届我们邀请中国科学技术大学知名电分析化学专家林祥钦教授担任答辩大会主席。10年间的55位7届毕业生中，荣获朱敬文特别奖学金的有3人，而且是连续3年得奖；荣获朱敬文奖学金的有9人；52人获校优秀学生一、二等奖奖学金。

分析化学学科在2001年底，申报并获批为校一级重点学科；2004年底，以优秀的评审结果被评为校级重点学科；2008年，申报并获批为省级重点学科。2008年底，召开了规模盛大的总结大会，时任校党委书记吴良仁、副书记顾家山、分管科研的副校长朱士群等领导光临总结会。今年则是硕士招生的20周年，准备开会再总结，分析化学现为二级学科博士学位授权点。

采访人：您所在的分析化学课题组科研成果丰硕，您在此课题研究方面做出的创新性工作都有哪些？取得了哪些成果？

方宾：作为分析化学硕士学位点和分析化学学科的创建人之一，我义不容辞地支持王伦教授的工作，并且想方设法为学位点的建设与发展服务，为学科的建设与提升尽微薄之力。我的课题组是我与前几届的硕士生组成的，他们多为分析教研室的年轻教师，先是在本校读研，后去知名高校读博，再去国外做博士后，当时我们只有5个人。

坚持方向，拓展领域，不断创新。我从1986年进入科学研究领域以来，一直坚持电分析化学的研究方向。研究手段从常规电极，到微电极，再到修饰电极，直到传感界面构建。研究方法从常规电分析法，到现代电分析法、电光结合、大型仪器联用等。研究对象从无机到有机，从化学到生物，从小分子到大分子。修饰材料比如系列纳米材料（金、银、铂等贵金属材料，铜基纳米材料，碳基纳米材料，稀土纳米材料等）、二茂钛及其衍生物、大兀共轭杂环聚合物、过渡金属化合物等，始终贯穿“电化学生物传感界面的构建、性能及其应用”这条主线。构建的意思就是含什么材料、怎么合成、怎样修饰，这三块加起来才是构建。

教科结合，本硕联动，开放实验室，开展创新实验。为了培养本科生的创新精神和实验技能，我们首次倡导“开放实验周”和“开放实验室”的做法，积极参与学院的创新实验（立项、总结、论文），积极吸纳已做创新实验的学生来做实验型的毕业论文。这也算一个创新吧，因为当时学生做的大多是一般性的论文，学院则倡导学生要积极去做实验型的论文。

下面再谈一谈课题组的扩容情况。我们齐心协力，共创佳绩：2006年之前，我们课题组的科研基本在一间大研究室开展，工作条件有限，但是研究成果尚佳。2003年荣获安徽省高校优秀科技成果三等奖；2008年又荣获了安徽省科学技术奖三等奖，这是一个比较大的奖项（我为第一完成人）；2006年后，我们迁至科技南楼，有了4套实验室，课题组教师由5人增至7人。我们围绕主线，分别在碳基纳米免疫传感器界面、分子印迹聚合物识别界面、酶的电子传感界面、电子媒介体纳米复合物功能界面、DNA基传感界面等方面共同发力，有所作为。2016年，由王广凤教授主持，我们参与的“电化学生物传感界面的构建、性能研究及应用”分别荣获安徽省科学技术二等奖、教育部科学技术（自然科学）二等奖，这是以我校为第一完成单位而获得的大奖。2017年3月中旬，校园网、校报专访了我们，并对此作了专题报道。

30多年的科研生涯，本人发表学术论文180余篇，被SCI收录90余篇。我的4位弟子组编了《方宾论文选编》（54万字），原本打算在安徽师大出版社出版，但是考虑到涉及SCI论文的版权问题，我就主动放弃出版，仅作内部资料印发。

采访人：您曾担任过我们师大本科教学督导团团长，而且连任三届，为我校本科教学督导工作的深入开展做出了很大贡献。能否谈谈我校本科教学督导工作的情况和建议？作为教师在人才培养方面应该坚持和强化什么？

方宾：人才培养是高校的中心工作，说到底就是培养什么人，怎样培养人，为谁培养人。教书育人是教师的天职，我们作为教师，要坚持做到：

一是进行励志教育。要言传，教导学生做有理想信念的人，有诚信、奋斗的人，有感恩、回报社会的人。更要身教，在潜移默化中影响感召学生，把做人放在首位，做事要精，用心做事，融洽“服从”与“选择”的关系，干一行爱一行。要刻苦学习，掌握知识与本领，乐于奉献，干好事业。要合作共事，处于两难的境遇时求最大公约数。要多些理解，多些奉献。当回首时，少些遗憾，多些回味。

二是关爱学生成长，尤其是本科生的成长。学生是教育的主体，要利用课前、课间、课后辅导等机会与学生交流沟通，了解学生的基础和兴趣，恰到好处地去讲解。多鼓励学生参与开放实验、创新实验，打好必备的资料查阅、实验技能等基础。帮助学生考研与就业，助他们远航。同时，也要关心研究生的成长，让他们学会处理三种关系，即基础与研究的关系（地基与高楼）、课题与前沿的关系（方向与拓展）、奋斗与合作的关系（自主与共事）。平时要严字当头，毕业前学生就业和考博要积极举荐。

三是关爱青年教师。教学要传、帮、带，科研要问、助、促。我们原课题组的青年教师经常谈心交流，充分发挥团队中的互学作用、互激作用，促使他们尽快成才。他们自己也十分努力，都获得了博士学位，都具有海外学习的背景，都能独自主持某科研方向或领域的研究，并且都已经主持过国家自然科学基金和省部级基金项目，多为教授，6位中有5位为博士生导师。尤其是未到40岁的王广凤教授，已成为我校最年轻的享受国务院政府津贴的专家。

据我了解，我们学院让更多的专业教师走进学生成长成才的第一线，即教书育人“进主课堂”“进实验室”“进宿舍”“进活动”“进班会”，形成了全方位育人的环境。

四是教学督导育人。在校领导的关心下，我担任了学校的教学督导团第六、七、八三届的团长。所做的工作及成效可概括为以下三点：

第一，三创建。秉承前几届督导团的优良作风，吸纳成功经验，创建了适合我校并且富有我校特色的督导理念、督导目标和督导主旋律。我们的督导理念是“以人为本，弘扬为主，尊重教师，尊重（教学）规律，开阔眼界，务实督导”，并且与其他高校进行交流，获得了认可。我们的督导目标是助推国内一流的本科教学、助推地方高水平大学建设、助推教育部共建高校建设。督导主旋律在于，要凸显课堂教学、听课与反馈的督导主题，展示专业人才的培养方案、专访与调研的督导主线，力保学习和研标执标的督导质量。

第二，三关注。本科教学督导的主要任务，主要集中在三个方面：一是关注课堂教学。课堂教学是教学的主要环节，是育人的重要阵地，要组织多种形式的听课活动（每人每学期30节课）。二是关注专业人才培养。人才培养是学校的中心工作，要研讨、制定及执行专业人才培养方案并进行调研，促使各学院不断总结、提高。三是关注青年教师成才。关爱青年教师就是关爱学校的未来，6年中，我们听青年教师的课占听课总数的54%，通过反馈指导青年教师成长。反馈时，先指出他们的优点长处，然后指出不足之处，最后针对其不足之处提出相应改进建议。同时，每年配合教务处助推青年教师教学基本功大赛，真心地帮助青年教师提高教学水平。

第三，三件事，即影响较大的三件事。第一件事：为了配合学校教务处"十二五"规划工作总结，我们编写了《安徽师范大学"十二五"期间本科教学的督导工作回顾》。我想这项工作对以后的督导或多或少有启示作用。第二件事：督导就要评课、议课，这就要求要有一个规范公正的评价标准。我们根据以往的经验，研讨组编了《安徽师范大学本科课堂教学质量评价标准》，我觉得这是三届中我们做的比较有传承意义的事。第三件事：为了弘扬我们教师的可贵精神，我们协助教务处编写了《三尺讲台见匠心——安徽师范大学教师课堂教学艺术与经验集萃》（2017年于安徽师范大学出版社出版发行），这是校史上第一本全面集中反映课堂教学风采及教师耕耘精神的画卷。

采访人：我们师大现在的化材学院师资力量雄厚、科研成果斐然、学科专业建设能力很强，很受社会关注且发展前景广阔。能否说说您对化材学院未来发展的展望或建议？

方宾：九十载春风化雨，春华秋实。经过数代化学人的紧跟时代步伐，锐意改革，薪火相传，砥砺奋进，化材学院的办学规模、办学层次、办学实力、办学水平都得到快速提升，为国内知名高校和科研院所输送了一大批高层次后备人才，为国家和社会培养了一大批优秀人才，涌现出1位院士、2位长江学者特聘教授、13位杰青，多位企业家、20余位省示范高中校长等一大批杰出校友，他们分布在学术界、企业界和基础教育界。

如今，化材学院已形成博士—硕士—学士教育等不同层次，全日制高等教育、成人高等教育、留学生教育不同类型的完整人才培养体系，已发展成为一个师范与非师范、理学与工学并举的学院。

展望未来，我坚信化材学院会用习近平新时代中国特色社会主义思想铸魂育人，全面贯彻新时期党的教育方针，继续推进“质量建院”与“内涵发展”的主导思路，加快教育现代化建设，努力创建多个国内省内一流本科专业、一流本科课程和基础学科拔尖人才培养一流基地；相信化学人会更加凝心聚力、更加改革创新、更加砥砺奋斗，为实实在在办好人民满意的教育，为实实在在培养德、智、体、美、劳全面发展的社会主义建设者和接班人而努力敬业、尽心奉献。让我们敞开胸怀，展开双臂，去拥抱更加美好的明天。

房列曙先生访谈录

采访时间： 2019年6月22日

采访地点： 房列曙先生寓所

受 访 人： 房列曙

采 访 人： 梅　健

整 理 人： 田　影

房列曙，男，1951年9月生，安徽桐城人，中共党员，教授。现任安徽省新四军历史研究会常务理事、学术委员会副主任，大别山革命历史研究会副会长。曾任安徽师大历史系、社会学系主任，社会学院院长。2008年和2011年连续两届被遴选为中国杰出人文社会科学家历史学家，2010年被安徽省委组织部、宣传部、人社厅、科技厅联合授予“安徽省杰出专业技术人才”称号。出版专著（含合著）、主编教材23部，发表学术论文近百篇。享受国务院政府特殊津贴。

采访人：房老师，您好！很高兴能有机会采访您。首先请您回顾一下青年时期的求学经历。

房列曙：首先我要指出的是，我们学校开展的口述校史工作很有意义，也是非常重要的。档案材料很重要，但档案材料不是唯一的，档案材料也要考证其真伪。当事人准确地讲述自己的亲身经历，即口述历史是第一手资料，有些是不可多得的。我举个例子加以说明：比如就我的出生日期而言，你查看我的档案，档案上写作1951年8月8日，再查看我的身份证和户口本，写作1951年8月21日。以上的记载，1951年是正确的，但是8月8日是农历，换算成公历应为9月8日。所以，档案上写的8月8日和身份证的8月21日，都不准确。正确的应该为1951年9月8日。这既是对我出生日期的一个纠正，也说明口述校史的重要性。

我青年时期的学习，得益于我的故乡桐城的文化滋润。桐城是个文化之乡，明代的左忠毅、清代的方望溪等诸位先生，都是影响中国文坛的人物。特别是从清初康熙、乾隆年间到民国初期，前后绵延二百余年，桐城派的影响最为深远，享有“天下文章，其在桐城乎”的盛誉。因其代表人物戴名世、方苞、刘大櫆和姚鼐等都是安徽桐城人，故文学史上称之为桐城派。

桐城派发端于方苞，中经刘大櫆传授，至姚鼐集大成而影响波及全国。作为桐城派的开山之祖，方苞曾系统地提出了他的散文理论——“义法说”。所谓“义”，即“言有物”，指文章内容。具体来说，就是程朱的义理，亦即封建伦理纲常。所谓“法”，即“言有序”，指文章作法。具体来说，就是文章的详略、虚实、结构等问题。他主张内容与形式的统一，内容决定形式。同时，方苞主张古文语言的“雅法”，要求达到洗炼朴素、简约平易而又规范的标准。

方苞的“义法说”奠定了桐城派散文理论的基础，方苞因此而被看作是桐城派的奠基人。

值得一提的是，在创办桐城学堂时，桐城派末代宗师吴汝纶邀房秩五进桐城学堂当学长，后来房秩五又任桐城中学堂学监兼速成师范学校教员。房秩五（1877—1966），名宗岳，字秩五，号鲁岑，晚号陟园老人，桐城县浮山（今属枞阳）人，清末秀才。因思想开明而积极倡导新文化，为我国著名的教育家与社会活动家。房秩五的译著《教学心理学》一书，我找不到了，《浮渡山房诗存》一书，是我上大学时由房秩五的后人房桐生赠予的，至今作为传家宝收藏。房秩五先生是桐城房氏宗亲中杰出的代表之一。据1918年第七次重修的《浮渡房氏宗谱》记载，“其远祖显达著名史册者，考之《唐书》宰相世系表”，也就是唐朝宰相房玄龄了。而从婺源迁桐城的始祖，则为生于元末之任仲公，第二世祖为正安公，第三世祖为信三公，第四到第七世祖分别为镇公、瓒公、钱公、徒公，第八世到二十二世，分别为：居、思、一、尚、日，尊、富、光、前、泽、文、章、列、后、程。我是“列”字辈，属于第二十世。房秩五先生，是“章”字辈，他长我一辈。我出生的时间在天亮时，迎来了曙光，这就是我的名字房列曙的来源。

我出生在安徽省桐城县（现为桐城市）大关镇，房氏祠堂在现在的枞阳县白柳镇。历史上，枞阳原属桐城县东乡，后来单独建为枞阳县。祠堂也是保存族谱的地方，上述《浮渡房氏宗谱》，浮渡是枞阳的浮渡山，亦简称浮山。浮山是个山清水秀、风景美丽的地方。

《浮渡房氏宗谱》记载了房氏宗族十条家规。一是敦孝弟，二是敬尊长，三是和乡党，四是饬女妇，五是务读书，六是勤本业，七是崇节俭，八是急官粮，九是禁赌博，十是戒克役。

从桐城派的当代价值以及《浮渡房氏宗谱》的家规看，值得传承的优秀传统文化的内容涉及许多方面，但“崇文、重教”似乎成为普通桐城人的共识。

比如说，我的奶奶有一个习惯——有文字的纸张是不可以乱丢的，也不可以用它来当手纸。这表现出了她对文化的敬畏。而重教是我们桐城人都具有的一个家风，再苦再累，也要让子女念书。我家祖祖辈辈都是农民，直到家父房章成，才读过私塾、上过中学，成为有文化的人。我的父母十分重视对我的家庭教育，常以家规示我，规范我的言行。我在上小学、中学时，每天的晨读和晚自习，家父都要督导；语文课本上的每一篇课文，都要在家父面前熟练地背诵，否则，不能通过。其他各学科的功课，家父都要过问。上大学以后，每逢周六或周日，我几乎都是在芜湖税务局工作的房章汉伯父家度过的。伯父每周给我讲解一篇《古文观止》里的文章，还给我讲诗词格律，教我写诗词。良好的基础教育，为我日后的成长奠定了良好的基础。

我在上大学之前，与其他人的经历有所不同。1969年2月到1973年2月，我是一名解放军战士。我的部队在浙江省舟山群岛的大巨岛，部队的番号是2171部队。由于家乡文化对我的影响，进入部队之后，我就像一个“小知识分子”，能说会道，所以在新兵的时候，我们部队的连长和指导员就想培养我当连队的文书。文书相当于班长的级别，营部的叫书记，团部的就叫秘书。当时从新兵到文书是属于破格提拔的，为了锻炼我，连队就把我这个“小知识分子”放到了八二迫击炮班里当个三炮手。所谓三炮手，就是背个炮座，然后东一锹，西一锹，中间留个小包包，将炮座放稳，再将炮弹递给二炮手，而一炮手的任务要计算距离、瞄准目标，需要一定的文化知识。按照文化程度，我当个一炮手没有问题，但是，指导员崔益群为了锻炼我，让我从最基层做起，从最苦最累的工作做起。我没有让指导员和连长失望，不久，我这个新兵就破格当上了连队文书。

当了一年的文书以后，我于1970年被抽调去了舟山地区政府、舟嵊要塞区的机关所在地——定海，参加了接管《舟山报》报社的工作。《舟山报》虽然是个地区级别的报纸，但它是我国的东海前线，所以《舟山报》报社有电信设备，每天能够直接接收新华社的电讯稿。

我们舟山的驻军共抽调了12位官兵，奉命接管《舟山报》报社。我们的接管是过渡性的，过渡期为一年左右，任务有二：一是在过渡期内，保证该报纸的正常出版，保证新华社的电讯稿正常见报，保证该报纸是党的喉舌；二是保证原报社的编辑、记者和行政管理人员有脱产学习的时间，学习结束以后，他们重新上岗。

我们12位官兵，一位来自海军东海舰队政治部，大部分来自舟嵊要塞区的各个师。例如，我们2171部队是师级建制，共抽调了两位，一位是师部新闻干事劳均堂，他是大学毕业；另一位是我，连队的文书。我们接管报社一年多时间，在报社是编辑，外出采访就是记者。我们主要从事办报的业务工作，没有做过伤害知识分子的事，更不存在“秀才遇到兵，有理讲不清”的问题。

通过这一年多的实践，我收获颇丰。从报社回到部队后，我先后在营部、师部新闻报道组从事新闻写作，还当了《解放军报》的通讯员。此后，我参加了我们师部举办的通讯报道学习班。我最熟悉的是我的连队十连，我以我的连队作为个案研究，写出了反映十连艰苦守岛建岛的两篇文章：一篇以“解放军某部十连在毛主席革命路线指引下艰苦奋斗守岛建岛”为标题，发表在1972年7月31日的《浙江日报》头版头条上，文章的署名是“某部通讯报道学习班”。同年8月5日，这篇文章在浙江省广播电台全文广播。另一篇题为“艰苦守岛为人民”，刊登在1972年9月23日的《解放军日报》上，署名为“本报通讯员”。这两篇文章，虽然都是我执笔的，但在那个年代，一般都不署个人的名字。本来在部队，我是准备要提干的，但在提干的一切材料都进入相关程序之后，我的部队收到了我的故乡大队支部书记的一封来信，信中说我的外婆家是富农出身，指控我家和外婆家没有划清界限。其实，我的舅舅、舅妈都是国家干部，政治觉悟高，在淮南市工作，老家只有外婆和她的另一位孙子相依为命。我的提干也因此泡汤了。1973年2月退伍回家，被安排在桐城县人民武装部做临时工，主要从事新闻报道工作，直到同年9月上大学。这一期间，我在《安徽日报》上发表过数篇文章。

20世纪70年代实行推荐上大学，后来称推荐上大学的学生叫工农兵学员。到了1973年，实行的是推荐加考试的制度。从我经历者的角度看，当时的推荐制度，比较在意家庭出身，一般被推荐的人，都是工人、贫下中农出身，资本家、地主、富农出身的似乎没有被推荐的资格。安徽省的文化考试科目有语文、数学、物理、化学。我的语文是考了第一名，由于我在部队的新闻部门工作过，所以这样的考试对我来说就相对简单。我其他各科的成绩也都不错。我进入大学之后，原本是想进入中文系的，但最后被历史系录取了。当时转专业又比较困难，所以就学了历史。虽然我是历史专业，但是我的兴趣还是文学，所以我在大学期间自学了王力的《古代汉语》。

采访人：能否谈谈您在我们师大求学过程中印象深刻的一些人和事？

房列曙：当时有两位老师给我留下了深刻印象。

一位是叶孟明老师，他教我们历史文献课。在我们眼中，他简直是一部活字典，无所不知，无所不晓。知识非常渊博，不管我们问什么问题，他都知道。

还有一位是张海鹏老师，他做学问非常严谨，而且我们的师生关系非常融洽。每到周末，我们都到张老师家里蹭饭。张老师私下里传授给我们的知识，比课堂上给我们讲授的还要多，而且还有饭吃。当时是张老师的儿子张康给我们烧饭，这都给我们留下了非常深刻的印象。

在安徽师大学习的过程中，除了课堂学习之外，我们还跟着老师做科研。有两件事情印象深刻：

第一件是在评《水浒》的运动中开展学术研究。比如，我们研究方腊起义，方腊是农民起义的领袖，当时学界对于方腊的出身问题有分歧，到底他是雇农出身，还是富农出身，抑或是地主出身，众说纷纭。针对这一问题，张海鹏老师就领导我们成立了一个由老师和学生共同组成的调查研究小组，组内还有杨国宜等老师。我是组长之一，就带领了十多个同学去了歙县调查，调查时我们发现了两部族谱，一部是《桂林方氏宗谱》，另一部是《方氏宗谱》。我们就将这两部宗谱借到了系里来。最后根据这些谱牒，我们在学术上得到的结论是“方腊佣于常”，意思是方腊在一个常氏的家族里做雇工，这就证明方腊的出身不是地主，而是雇农。

随后，我们就在老师的指导下撰写了《方腊起义研究》，它有十多个专题，我负责其中的两个。其中一个专题是历代对于方腊的评价，在当时还没有网络的情况下，工作量比较大，全靠自己翻看书籍，这迫使我看了不少原著和报刊文章。尽管我写作的整体水平不算高，但是这个写作的过程让我有不少收获。一是文风的改变。由于我之前都是在部队从事新闻工作，所以我的文风相应的就具有一定的“部队风格”和新闻文体的味道。在老师的指导下，我的文风逐渐向史学的学术风格转变，摒弃之前写作时用的华丽辞藻，只是实事求是地讲述事实，叙述历史，评价历史，做到论从史出。二是了解了研究方法。从收集史料、甄别史料、排比史料、综合归纳到写作初稿、修改定稿，我初步领略了史学论文的写作方法。三是在写作的过程中，我以辩证唯物主义和历史唯物主义为指导，阅读了大量的第一手资料，这对我以后的治学有很大的帮助。

后来经过老师的修改，《方腊起义研究》这本著作出版了，我们的老师还在《红旗》杂志发表了一篇文章，在全国反响很大。对于我来说，我跟随老师们做科研，得到张海鹏、杨国宜等老师的真传，受益终身。

第二件是在老师的指导下，撰写了《唐末农民起义——对黄巢起义功过的评价》一文，经过老师的修改，以“施声”的笔名，发表在《安徽日报》上。“施声”即为“师生”之谐音。另外，《安徽日报》的记者采访过我，并在《安徽日报》上刊登了我从学术的角度解读“贫者无立锥之地”的内涵，以及对汉武帝功过的历史评价。

在大学时期，我当过班长、学习委员、团支部副书记等学生干部，这为我以后从事管理工作奠定了良好的基础。

从以上的经历可以看出，我大学生涯的主要兴趣在研究中国古代史，而在1976年毕业留校时，我被分到了中国近现代史教研室，这是组织上的安排，理由是中国近现代史教研室缺教师，我无条件服从。

采访人：您在担任我们历史系副主任、主任，社会学院院长期间，主要从事哪些方面的工作？有哪些人和事让您印象深刻？

房列曙：1989年3月，我担任历史系副主任。当时，我接替杨国宜教授分管教学的副主任的工作，裘士京接替汪宏玉教授的系主任的工作。这样，裘士京和我，两个青年教师就接替了两位教授担当的历史系正副主任的工作。

1989年3月至1999年5月，我任历史系副主任。1999年6月至2000年2月，我任历史系、社会学系主任。历史系与社会学系，两个系，一个机构，它始于1999年。社会学系是我们创办的，创办之初有历史学、社会工作两个本科专业，其中社会工作这个专业属于社会学的二级学科。2000年，全校的系升格为学院。为了扶持社会学的发展，按照马克思主义的“竖看是历史，横看是社会”的观点，故将历史社会学系改名为社会学院。2000年3月至2004年7月，我任社会学院院长。1994年6月至1999年5月，我兼任社会学研究所副所长。1999年6月至2004年7月，我兼任社会学研究所所长。1992年9月至2004年7月，我兼任安徽师大考试研究中心副主任，主任是副校长夏瑞庆。安徽师大考试研究中心的主要任务是研究全国的高等教育考试，并和国家教委考试中心共同承担高考误差控制、高考试卷分析与评价的任务。20世纪90年代，我曾三次担任全省高考历史试卷阅卷组组长。此后，政治、历史、地理合为文科综合试卷，物理、化学、生物合为理科综合试卷。我曾连续七年担任全国高等学校统一招生考试安徽省文科综合阅卷组组长，阅卷教师以我校政教系、历史系、地理系的教师为主，还有相关学科优秀的中学教师。我坚持“玉尺量才，一把尺子量到底”，履行了“对公平公正选拔人才负责”“让全省人民放心”的岗位职责和诺言，历年均圆满完成高考阅卷任务，并进行高考试卷分析与评价，为提高高考命题、阅卷、评分的质量，为国家选拔人才贡献了一分力量。2004年，我被评为优秀阅卷老师，多次出席省教育厅会议，参与制定安徽省高考改革方案。

1994年11月3日到7日，是个难忘的日子，因为从3日起，我戒烟了。为什么从那天开始戒烟呢？是因为安徽师大十多位教师同乘一辆卧铺汽车到广东参加“1994年全国高考试题评价暨评卷工作总结会”。参加会议的代表有外语系的陈乃暄、政教系的惠中、物理系的郭怀中、化学系的闫蒙钢等，总之，高考的每一门学科都做了试卷分析与评价的报告。会议是5日召开，当时交通不便，我们于3日起程，由于同乘一辆卧铺汽车，于是约定，在卧铺车内不准抽烟。到了广州参加会议时也不准吸烟。就这样，我就不吸烟了。当时，来自全国各地的大、中学教师，教研员，评卷负责人及考试研究人员出席了会议。根据各地定性分析材料和全国抽样统计数据，经过深入研讨，会议形成了《1994年高考试题评价报告》。特别需要指出的是，安徽师大做的各学科的试卷分析与评价报告质量很高，得到了国家教委考试中心和与会专家的肯定。

早在1993年9月24日至28日，国家教委考试中心在安徽召开全国高考试题评价会，来自全国各地的大、中学教师，中学教研员及考试研究人员出席了会议。经过认真研究充分讨论，会议形成了《1993年高考试题评价报告》。会议之所以在安徽召开，与安徽师大承担并高质量地完成全省的高考阅卷工作，以及安徽师大考试研究中心开展的高质量的高考试题评价暨评卷工作总结有关。每次高考阅卷之前，其定量分析的程序，已输入电脑，凡电脑阅卷的试题，定量分析的数据自动生成。比如，选择题有四个选项，计算机能分别计算出答A、B、C、D四个选项的人的数量。如果正确的选项是C，大家都选择了C，说明其他三个选项没有干扰性，命题质量不高；如果没有人选择C，这就要判断命题是否正确，是否超越考试大纲，或者老师在教学中是否存在问题。

1989年至2009年，我历任中国现代史学会理事、中国现代人物研究会理事、安徽省历史学会副会长、第五届安徽省社联委员。我在担任安徽省历史学会副会长期间，在我们学校主持召开了安徽省历史学会年会，会议进行了学术讨论，选举了王世华教授为会长。安徽省历史学会在安徽省同级学会中成立较早，开展的学术活动很多。第一任会长是我们学校历史系的张海鹏教授。张海鹏教授去世以后，王世华教授是第二任会长。我们这样做，目的是保证开好年会，保证会长的旗帜在安徽师大。王世华教授不当副校长以后，安徽省历史学会又选举了我校副校长李琳琦教授任会长。

2001年至2012年，我任中国近现代史硕士点导师组组长、导师，教育学硕士生导师，教育硕士专业学位学科教学历史方向导师。我给中国近现代史专业的研究生开设了中国近现代文化史研究、中国近现代文化史史料学等课程。其中中国近现代文化史研究在2009年被评为首届研究生省级精品课程。上课学生的规模从2002级至2012级，研究生人数共计231人。本课程站在学术前沿，吸收学术界最新成果，并将我自己的科研成果融入其中，采用课堂讲授、课堂讨论等方法，使学生掌握本学科学术研究的基本方法和判断是非的基本能力。让学生参加导师的研究课题，以及采用课程论文的形式，在实践中培养学生独立从事学术研究的能力，特别是创新的能力。我指导的2004级研究生姚尚右撰写的论文《淮南抗日民主根据地的教育》，入选《纪念中国人民抗日战争暨世界反法西斯战争胜利60周年学术讨论会论文集》。2008年，我指导的硕士学位论文《新四军与安徽抗日民族统一战线工作研究》（作者吴云峰）被评为安徽省优秀硕士学位论文。另外，2008年8月16日，我以中国近现代史硕士点导师组组长的身份，接待了日本铭心会代表团团长松冈环一行共34人。松冈环女士毕业于关西大学文学系东洋史学科，原本是日本一名小学历史教师，她热衷于日中友好。1986年后，每年8月中旬，她率领主要由教师及大学生组成的铭心会代表团来南京访问，在8月15日悼念侵华日军南京大屠杀遇难者，同时走访当年日军在华屠杀遗址及幸存者。2008年的来访，是其第23次访问，一行人赴芜湖走访日军暴行遗址并听取幸存者证言。由于我曾承担“南京大屠杀研究”的子课题研究，我在学校五四堂接待了他们的访问。我向他们介绍了日军侵略芜湖的历史事实，并带领他们探访了原日军宪兵司令部遗址、日军第十八师团司令部遗址，听取了芜湖市湾里街道陈桥村村民胡继其、汤村村民李瑞言、裕溪口村民房士文等战争受害者的证言。日本学者松冈环多次赴中国取证调查，又在日本取证，已出版与南京大屠杀相关的日文、英文、中文版书籍6本，参与制作《南京——被撕裂的记忆》等关于南京大屠杀的3部纪录片，在日本放映。在南京大屠杀遇难同胞纪念馆的展板上，研究南京大屠杀的国外学者，就是松冈环。后来，也是在松冈环的介绍下，日本熊本县电视台导演井上佳子才找到我，在我的帮助下，她在安徽、江苏、上海采风，拍摄了一部反映抗日战争时期日本侵略中国的片子，片名为《追随祖父日记足迹》，在日本播放，目的是让更多的日本人了解日本侵略中国的历史，珍爱和平。

2005年3月至2009年6月，我任安徽人民出版社安徽师大编辑部总编辑。学校申报出版社，要经过国家新闻出版总署批准。由于处在紧控阶段，出版社一时批不下来。国家新闻出版总署批准我校成立一个编辑部，每年给我们发放50个书号，我们可以出版50种图书，编辑部挂靠在安徽人民出版社，这就是安徽人民出版社安徽师大编辑部的由来。编辑部的人事、经费，均隶属于安徽师大。在人事方面，“老人老办法”，即安徽师大的教职工，调到编辑部工作，待遇不变。“新人新办法”，即编辑部招聘的新人，实行聘任制，由编辑部发放工资。

在我担任安徽人民出版社安徽师大编辑部总编辑期间，编辑部始终坚持质量第一的原则，严格坚持书稿“三审制度”，狠抓“三校一读”，严把政治关、质量关，确保出版的每一本图书不出政治问题，不出质量问题，不出知识产权问题。在我担任总编辑期间，出版的250多种图书，可分为5个类别：一是安徽师范大学学术文库，二是博士论文系列，三是学术著作，四是教材，五是一般图书。2007年，由我部组稿出版、木子编辑的《甲骨文金文释林》一书入选国家新闻出版总署第一届“三个一百”原创图书出版工程，我部组稿出版、木子编辑的《心性与德性——孟子伦理思想的现代阐释》和《现代性的追求与批评——柏格森与中国近代哲学》、秦宗财编辑的《太史公生平著作考论》三本图书荣获第七届安徽省图书三等奖。2008年，由我部组编出版的《解组与重构——二元社会结构下的农村社会保障》荣获第八届安徽省图书二等奖；我部组编出版的5种教材入选安徽省高等学校“十一五”省级规划教材，连同2007年入选的17种，我部组编出版的22种教材入选安徽省高等学校“十一五”省级规划教材，通过率达到84.6%，远高于全省各出版社通过率水平。我部组稿出版的图书获安徽省第七届社科研究优秀成果奖著作类一等奖1项、二等奖2项、三等奖4项。

我于2011年9月到龄退休，现任安徽省新四军历史研究会常务理事、学术委员会副主任，安徽省大别山革命历史研究会副会长，安徽师大关工委委员。

采访人：您任职期间对我们历史系、社会学系学位点建设和发展做了什么贡献？

房列曙：历史系与社会学系这两个系的系主任任职，其实是一肩挑的，在这期间我觉得我们做出的贡献主要有：

第一是2000年首次突破了中国近现代史硕士授权点（以下简称硕士点）。当时我们的中国古代史硕士点，是在1982年获得的，是安徽省历史学中最早的硕士点。该硕士点培养了一大批人才，成绩卓著。中国古代史属于历史学的二级学科，当时历史学的二级学科有8个。长期以来，我系只有中国古代史这一个二级学科的硕士点，显然不能适应历史学学科发展的需要。在我任历史系主任之后，我们这个班子（包括陈孔祥、孙成岗等）才获得了第二个硕士点，即中国近现代史硕士点，它与我系的中国古代史硕士点相隔18年，它是经过国家审批的。在申报硕士点的过程中，除了我们学院领导班子的努力之外，学校校长办公室的李忠、校长助理沈洪都给予了我们帮助，都做出了贡献。2001年，我们又申请到了教育学（历史学方向）的一个硕士点，培养的对象主要是中学历史教师。2003年，又获得专门史、世界史、社会学3个硕士点。其中专门史在历史学一级学科中以总分第一名的成绩夺冠，体现了我们的学科优势；世界史硕士点填补了省内空白，占领了省内这一学科的战略高地；社会学硕士点填补了我院非师范专业硕士点的空白，开创了先招研究生再招本科生的先例。所以，在我任职期间共获得5个硕士点。我们每申报一个硕士点，都主动作为，最终都获得了批准。

第二是关于博士点的申报。2000年，我们学校开始突破博士单位。最初计划的突破单位有中文、化学、生物，没有历史。我找到学校的相关领导，开诚布公地说："您给我一个机会，我负责拿一个点。"我详细介绍了我院的实力及其在全国的学术地位以后，时任校长丁万鼎予以支持和帮助，同意让我们学院申报了。其实学校答应我们这一请求是不容易的，因为当时凡是申报博士点的单位，学校都要投入50万元的建设经费，这在当时，对我们文科来说，是一笔不小的建设经费投入。我当时很自信，因为我了解我们历史学科在全国有一定的地位，获得博士点应该不成问题。但是，申报历史学哪个二级学科的博士点呢？我们最棒的是中国古代史，当然要申报中国古代史博士点。我与中国古代史教研室的同仁们沟通时，大家却认为整合力量，申报专门史博士点的把握性更大。于是，我们就组织申报专门史博士点。后来了解到相关政策：申报的博士点必须有相应硕士点的支撑。而我们有专门史的硕士点是在2003年，所以在2000年申报博士点之初，我们没有专门史的硕士点。根据国家新的政策，我们又回到初衷，改为申报中国古代史博士点。

在申报中国古代史博士点的过程中，有几位系友对我们的贡献最大，他们也都是我国著名的学者。一位是张其凡先生，他是我的大学同学，时任暨南大学古籍研究所所长、博士生导师。可惜他于2016年11月英年早逝，得知他逝世的消息，我们学院党委书记顾凌带领我赴广州奔丧，与他最后告别，缅怀他对母系的帮助。另一位是张国刚，他当时是南开大学历史系主任，后来调任清华大学历史系主任、博士生导师。张国刚是我的学生，我曾经是他的辅导员。他们的贡献：一是为我们整合申报博士点的方向提出了建设性的意见，我们接受了他们的意见并作了修改；二是利用各种机会和形式向社会宣传我们历史学科的专业建设情况。博士点申报期间，我们克服各种困难，坚持办公直到春节前两天才回家。我们的博士点之所以能申报成功，一方面源于我们自身的实力，另一方面也与校友们的热心帮助有很大的关系。

2003年，我们申报的中国古代史博士点，在同类学科中以总分第一名的成绩，终于获得成功。可以说，这是划时代的成就，是几代人的心愿，也是近几年社会学院工作的头等大事。博士点的突破，提升了我们的办学层次。当时全国高校有2000多所，而有博士点的学校仅有350所。我们学校已跻身前列350所之内。博士点的突破，必将为我国的经济建设培养更高层次的人才；博士点的突破，必将拉动和辐射我院其他专业的发展。

我们还突破了一个省级文科重点研究基地。2003年，我省高校要评10个文科重点研究基地，我们学校评上了3个，我院的“皖南历史文化研究中心”，也被评上了，成为我院和学校的亮点之一。到了2003年，我们社会学院就有了10个亮点，这就是1个博士点、6个硕士点、1个省级文科重点研究基地、1个省级重点学科、1个省级重点建设课程，这为学院今后的可持续发展奠定了坚实的基础。

另外，我们在专业建设方面也是有突破的。比如在我当副主任时，我们就由历史学拓展到了社会工作专业。社会工作专业的一级学科是社会学，而在当时，社会学被当作是资产阶级产物，是被批判的对象，而且在我们历史系也没有社会学的专家。当时我就找到了我们学校的社会学专家——吴鹏森教授，当时吴鹏森教授是在政教系。我们历史学系之所以想要办社会学的学科，原因是马克思曾经说过"竖看是历史，横看是社会"。最初我想办的并不是社会学专业，而是旅游学专业，但是后来旅游学专业被学校划给地理系创办，所以我就改办了社会学，当时也获得了吴鹏森教授的支持。

1994年，我们开始招收社会工作专业的专科生；1997年，这个专业开始招收本科生；最后再招函授生。当时之所以称其为社会学院，而不是历史与社会学院，主要是为了扶持我们的新专业——社会学专业。此外，我们认为：命名越精炼，名声就越响亮。实践证明，我们这条路是走对了。社会学专业的建设，我是反向来培养的。先招社会学专业的硕士生，然后再招相应的本科生(2003年，我们拿到了社会学专业的硕士点)。这样做的出发点是，有了社会学专业的硕士生，我们就有了这个专业的教师，我们就可以培养社会学方向的本科生了。事实证明，我们这个路子也走对了。

第三是公共事业管理专业的建设。当时公共事业管理专业是加星号的，意思是需要教育部审批。我和我们系党总支副书记陈孔祥就带着申报表，按有关要求去北京到教育部请教相关专家，得到了相关专家的指导。当时我们冒着严寒，把公共事业管理这个本科专业给拿下了。公共事业管理这个本科专业除开设公共基础课外，开设的专业基础课有管理学概论、公共事业管理学、公共经济学、公共管理法学、人力资源开发与管理等课程，专业必修课有管理统计学、公共关系学、组织行为学等课程，专业选修课有公共事业单位管理体制改革、城市规划与管理、行政管理、企业管理等课程。

这样，我们社会学院就从原来的一个历史学专业发展到历史学、社会学、公共事业管理三个本科专业。2003年，我院迎来了公共事业管理专业99名新生、迎来了社会工作专业99名新生、迎来了历史专升本99名新生、迎来了历史学专业109名新生、迎来了38名硕士研究生，迎来了王德明、戴卫东、何丽华、杜英、李微微6位教师。

此外，我们对于学校的专业发展也是有贡献的。比如说历史学是我们的强项，我们在教育史、经济史方面的研究，成果颇丰。我院专门史硕士点、博士点的教育史和经济史的研究方向，它的二级学科是历史学，但它的一级学科分别属于教育学和经济学。所以，我们学校最早的教育学和经济学的硕士、博士，均毕业于历史系。或者说，我们学院专门史的硕士点、博士点，辐射和带动了我们学校的教育学和经济学的硕士点、博士点的发展。

采访人： 对于我们历史与社会学院的学科特色，您能否用几个关键词来概括？

房列曙： 一是徽商研究。安徽师大历史系早在20世纪80年代初，即在张海鹏、王廷元、王世华先生的主持下从事徽商研究，经过20年的积累，取得了一系列突出成果，被誉为徽商研究的中心。比如，合编的《明清徽商资料选编》，是国内外第一部商帮资料的选集，为徽商研究的发展和徽学这门新学科的形成奠定了基础，获省社科优秀成果一等奖、国家古籍图书二等奖；合编的《徽商研究》是徽商研究的集大成之作，也是迄今为止国内传统商人研究篇幅最为宏大之作，获首届国家社科基金项目优秀成果三等奖、省社科优秀成果一等奖。王世华教授独著的《富甲一方的徽商》，是徽商研究的又一力作，获省社科优秀成果二等奖。周晓光、李琳琦教授合著的《徽商与经营文化》，则是从经营文化角度研究徽商的开拓之作，获省社科优秀成果三等奖。

二是徽州教育研究。这是在徽商研究的基础上开拓的新的研究领域。本方向的学术带头人李琳琦教授从20世纪90年代开始即致力于这一领域的研究，已在《历史研究》《清史研究》《学术月刊》《中国文化研究》等期刊上发表专题论文20余篇，其系列论文获省社科优秀成果二等奖；独著的《徽商与明清徽州教育》，是将徽商与教育结合起来进行研究的开创性之作，为中国教育史研究对区域性社会文化、社会经济与教育发展的关系的探讨做出了重要贡献，填补了学术界在区域经济与区域教育相关性研究上的空白。

三是徽州学术思想史研究。本方向的学术带头人周晓光教授早在20世纪80年代即从事新安理学研究，在中国学术思想史研究领域独树一帜，已在国内重要学术期刊上发展专题学术论文10余篇，专著《新安理学》填补了学术界在新安理学整体研究上的空白。关于徽州阳明心学的研究，周晓光教授从徽州学术流变的角度、李琳琦教授从教育和讲学的角度，分别撰文作了阐述，弥补了学术界关于徽州阳明心学研究的不足。在徽派朴学研究方面，庄华峰教授的《程瑶田的汉学成就与治学精神》《汤球对两晋十六国史书的辑佚》《由旧经学向马克思主义历史哲学的转变——吴承仕的学术成就初探》，周晓光教授的《试论新安理学向皖派经学的转变》等论文，分别发表在《清史研究》《史学史研究》和《史学理论研究》等高级别刊物上，在学术界产生了较大影响。徽州学术思想史的研究及其深入，正成为中国学术思想史研究领域中的一朵奇葩。

四是唐宋史研究。本研究方向是在老一辈史学家陈鹏、苏诚鉴、胡澱咸、杨国宜等教授长期从事中国古代史教学和研究的基础上，逐步形成和发展起来的。其中，杨国宜教授师从吴泽先生，早在20世纪五六十年代就积极参与中国古代史“五大问题”之一——土地制度的研究，在《文史》《光明日报》等报刊上发表重要论文，成土地制度研究一家之言。本研究方向近年主要集中在政治制度史、经济制度史和制度史料的研究领域，取得了一批领先成果，处在学术研究的前沿。

五是政治制度史研究。肖建新教授在20世纪80年代读研究生时即开始研习宋朝御史制度，此后从未中辍，并延扩至宋朝监督制度的主要方面，进行系统的研究。先后主持“宋朝御史监察制度研究”“宋朝审计制度研究”“宋朝司法监督制度研究”“宋朝临朝听政研究”等课题，在全国性重要学术刊物上发表《论宋朝审官院之演变》《宋朝的风闻监察述论》《宋朝审计机构的演变》《宋朝审计三论》等一系列论文，还密切关注该领域的研究动向，及时作出学术反应，发表《一部难得的拓荒之作——〈两宋御史中丞考〉评介》《评〈宋代监察制度〉》等文，研究成果自成体系，具有先锋性和原创性，富有历史启迪意义，为全国研究宋朝监督制度的重要学者之一。比如，《宋朝审计机构的演变》第一次系统地论述了宋朝审计机构的演变及其原因，获得省级奖励。博士生导师方宝璋教授后来在《中国史研究》上撰文参与讨论，并应邀（作为五专家之一）审定审计署项目“中国审计史”（宋元卷）。此外，还参加教育部课题“安徽文化史”宋元部分的研究和撰写，该成果获得省社科优秀成果一等奖。

六是经济制度研究。沈世培教授师从著名的隋唐史学家韩国磐教授，研习唐朝经济制度，重点关注赋税制度。此后进一步拓展和深入，针对“租”“租税”“租赋”“两税钱”等关键问题作了系统深入的考察，厘清了两税制中一些根本性问题，纠正了传统认识的偏差，撰写《唐朝后期“租”、“租税”或“租赋”含义的考释》《论唐朝建中定税的因循性》《唐太宗政治思想探源》等论文，分别发表在《中国社会经济史研究》《中国农史》《中国史研究》上，多篇论文被人大复印资料等转载，在学术界产生了广泛的影响。

七是文献资料研究。本方向成员注重制度史料方面的基础性研究，从而使研究更加坚实，更有特色。杨国宜教授长期致力于历史上著名清官和政治家包拯的文集研究，出版了《包拯集编年校补》《包拯集校注》。《中国史研究动态》称《包拯集校注》为“古籍研究整理的一项重要成果，为包拯研究奠定了坚实的基础，对宋史、戏剧史、法制史的研究具有重要的价值”。同时，他还作了专题研究，发表《略论包拯的民本思想》《包拯关于辽夏问题的对策》等论文。王旭东教授对宋朝制度史学家郑樵进行研究，在《史学理论研究》上发表《郑樵史学思想探析》。肖建新教授的《论文献史料的特质》，更是从宏观上对文献史料作了不同寻常的审视和反思，得出全新结论，分别为《新华文摘》和人大复印资料转载。目前，本方向成员承担的教育部古籍整理委员会项目“《杜道坚文集》整理和研究”，已发表数篇高质量的论文，整理工作也即将完成。

八是人才选拔制度研究。本方向学术带头人裘士京教授参与主编国家“九五”规划项目“中国考试文献集成”，参与主编《中国考试通史》（第一卷），我本人的“中国历代人才选拔制度研究”荣列《国家社科基金成果文库》，由人民出版社2005年出版。

九是中国文化史研究。本方向学术带头人及学术骨干主编（并撰写）出版3部文化史方面的专著，即《中国文化史》（安徽大学出版社1998年出版）《中国文化史纲》（科学出版社2001年出版）《中国文化概论》（安徽大学出版社1999年出版）；参与撰写并出版《安徽文化史》（南京大学出版社1998年出版，2001年获省社科优秀成果一等奖）。

采访人：这么多年，您一直重视并致力于科研工作，取得丰硕的科研成果。您是怎么走科研这条路的？您的研究方向又是如何确定的？

房列曙：作为一名老师，从事学术研究，一定要有自己明确的研究方向。我的第一个研究方向是皖南事变。之所以选择它，一是因为它有地方特色，有地域优势；二是因为它是全国研究的热点。1978年，党的十一届三中全会以后，中国社会科学院在成都举办了一个关于历史学研究的规划会，会议中，经过我们学校张海鹏教授和中国社会科学院史洛明同志的提议并得到与会专家的认同，皖南事变研究被确定为重点研究项目。我和我系的韩颖老师以及我校政教系的黄开沅老师，有幸一开始就参加了这个研究项目，后来韩颖、黄开沅老师由于人事调动离开了安徽师大，这样安徽师大就只剩下我一个人坚守阵地了。我从1978年开始研究皖南事变，大体上分为三步：

第一步是收集史料。我主要收集了三个方面的史料：一是中央档案馆的史料。国家第一次公布的档案史料，就是中央档案馆编的《皖南事变》（资料选辑），由中共中央党校出版社1982年出版。另外，我在中央档案馆也查阅了部分关于皖南事变的档案史料。二是国民党的档案史料，包括一些国民党如何围剿新四军的电报，以及第32集团军、52师、40师、79师等各个师围剿皖南新四军的战斗详报。在此基础上，我们编纂了《皖南事变资料选》一书，1983年由上海人民出版社出版。该书中的资料在《项英评传》、《项英传》、《烽火江南话奇冤》、《皖南事变本末》、中共党史资料丛书《皖南事变》等书中被大量引用，不少有份量的相关论文也大量作用，引用达数千条之多。三是口述史料。我们跑了十多个省市，访问了李一氓、傅秋涛、江谓清、熊应堂、张铚秀、汪克明、张日清、张闯初、林维先、黄序周、何志远、阙中一、王聿先、夏征农、秦烽、谢忠良、钱俊瑞、杨采衡、李岩、周临冰等近百位皖南事变的亲历者，整理了近60万字的口述史料。我们还多次到皖南事变的发生地考察，熟悉环境，核实地名，并召开群众座谈会，收集整理散落在民间的史料。

第二步是开展专题研究。在收集史料的基础上开展专题研究，包括史实的考证，皖南事变的起因、经过、善后等。我发表了《皖南事变若干史实的初步考证》（合作）、《皖南事变若干史实的考证》、《皖南事变中新四军几次军事会议的补正》、《皖南事变两个史实之辨析》等论文，都是专题研究的代表作，其中《皖南事变若干史实的考证》一文，原载《近代史研究》1997年3期，《新华文摘》1997年8期全文转载。

第三步是撰写学术著作。在专题研究的基础上，我开始排比史料。一是按时间的顺序，一天一天地排比史料；二是按照专题排比史料。这样，专著的大纲就产生了。接着开始撰写专著的初稿，又经过反复修改，最后定稿。原来的书名叫《皖南事变真相》，书稿交给中国青年出版社，责任编辑林栋认真负责，并将书名改为《皖南一九四一》，1999年，中国青年出版社出版了这本书。到目前为止，这本著作的影响力还是很大的，研究皖南事变的人都参考这本书。

我的第二个研究方向是中国考试制度史以及人才选拔制度。人才选拔制度是从中国考试制度史的研究中衍生出来的，我选择这一研究方向的原因是与时俱进的。在此之前我是研究胡适的，胡适的一生拿到了30多个博士学位，他又是我们徽州人。胡适一辈子提倡民主、自由，最终受到国共两党的批判，我就想研究他的主张为什么行不通。1987年，我国开展批判资产阶级自由化的运动，《安徽师大学报》的编辑找到我，要我写一篇批判资产阶级自由化的文章。我和杜蒸民教授合作，从学术研究的角度写了一篇文章——《胡适的中西文化观简评》。这篇文章原载《安徽师大学报》（哲学社会科学版）1987年第4期，《中国现代文学研究丛刊》1988年第1期摘载。后来，我去安徽大学参加胡适学术研讨会，会议之余，我去了我们省教育厅的招生办公室。招生办的汤德用主任，是我们学校历史系毕业的，比我高一届，他毕业后留校当辅导员，我毕业后留校也兼任辅导员，我们在安徽师大时就很熟悉。后来，他调到省教委招生办工作。我就和他商量能不能与省教委招生办合作研究中国考试制度史，研究内容包括两个方面：一是研究中国历史上的考试制度，二是研究中国现行的高考制度。他当时就同意了。所以，接下来我就集中精力和时间，研究中国考试制度史。

国家教委考试中心杨学为主任，非常支持我们研究中国考试制度史，他还主动给我打电话，询问我们是否需要相关的帮助。后来我们就与国家教委考试中心杨学为主任合作，共同研究中国考试制度史。国家教委考试中心在我们学校召开了全国性的中国考试史学术研讨会，很多全国知名的学者、专家参加了会议，与会专家对我们主编的《中国考试制度史资料选编》提出了宝贵的修改意见。经过修改，我们先后在黄山书社出版了三本书：一是《中国考试制度史资料选编》，主编是杨学为、朱仇美、张海鹏，我是副主编之一；二是《中国考试制度史》，我是第一副主编；三是《中国考试辞典》，我是第三主编。

值得一提的是，国家教委考试中心还组织了全国的专家学者开展对中国考试史的研究，并于2003年在高等教育出版社出版了8卷本的《中国考试史文献集成》，张海鹏教授主编了《中国考试史文献集成》（第一卷）。2004年，首都师范大学出版社出版了5卷本的《中国考试通史》，裘士京教授是《中国考试通史》（第一卷）的主编之一。

中国考试制度可以和中国古代四大发明相媲美，因为它体现了平等、公平、公正的价值观，平民阶层的人可以通过考试来公平竞争，通过考试来改变自己的命运，所谓“朝为田舍郎，暮登天子堂”，所以说这是一个好制度，仅科举考试制度就在中国实行了1300多年。科举废除以后，我国又实行文官考试制度。到目前为止，包括我们高等学校的招生、公务员制度，仍然沿用考试制度。

正是因为我有中国考试制度的研究成果，所以在1996年申报了国家社科基金研究项目“中国历史上的人才选拔制度”，经过专家的评审，项目获批。经过几年的努力，这个项目的研究成果通过专家的鉴定，被评为“优秀”。此后，全国哲学社会科学规划领导小组又组织专家进行评审，在国家社科基金研究项目成果被鉴定为“优秀”的基础上进行遴选，最后在全国范围内遴选了十部著作，进入第一批《国家社科基金成果文库》，我的《中国历史上的人才选拔制度》一书荣列其中。截至目前，我们安徽师大进入《国家社科基金成果文库》的共有两部著作，除了我的这一部著作以外，另一部是文学院胡传志教授的著作。《国家社科基金成果文库》的档次是很高端的，全国哲学社会科学规划领导小组办公室在每一部书的正文前印有醒目的《国家社科基金成果文库》出版说明，开宗明义地说：“国家社科基金研究项目优秀成果代表国家社科研究的最高水平。为集中展示这些优秀成果，全国哲学社会科学规划领导小组决定编辑出版《国家社科基金成果文库》。《文库》将按照‘高质量的成果、高水平的编辑、高标准的印刷’和‘统一标识、统一版式、统一封面设计’的总体要求陆续出版。”所以，《国家社科基金成果文库》从研究成果的内容到编辑出版印刷，都是经典之作，传世之作。列入《国家社科基金成果文库》后，本书于2005年由人民出版社出版。

我虽然是这个项目成果的负责人，但是研究成果是属于我们课题组整个团队的。中国历史上的人才选拔制度，我们从原始社会一直写到当代，课题贯穿上下五千年，是一个很大的工程。我个人愚钝，靠我个人的力量难以完成，需要各专业人士的相互配合，于是，一个课题组诞生了。课题组成员绝大部分是研究考试制度史时的老队员，有前期研究成果的积累，有吃苦耐劳的精神，有团结协作的风范，这就是团队精神。实践证明，发扬团队精神，集体攻关，进一步发挥了我们单位文化底蕴深厚、老师群体素质较高的优势，把成果做得更大更好。

课题组成员有明确的分工。从研究成果看，《中国历史上的人才选拔制度》共100.8万字，分成四卷：第一卷“中国古代”，由我院中国古代史教研室的庄华峰教授、裘士京教授、王先进讲师、孙华莹讲师和博士生宗韵撰写，李琳琦教授审定了有关章节，庄华峰教授统稿。宗韵是中国古代史的研究生，王先进、孙华莹是优秀青年教师，也曾是中国古代史的研究生，在学术研究的实践中，他们得到了他们的导师王世华教授、庄华峰教授、李琳琦教授的“真传”，得到了锻炼，成长很快。宗韵撰写的学术论文，曾在《安徽史学》上发表。第二卷“中国近代（上编：晚清）”，原来由谭文凤副教授承担撰写任务，她完成初稿后，不幸患了中风，不能说话，卧床不起，丧失了科学研究的能力。对此，我们十分同情，并表示慰问。由于她是按照专题的体例撰写的，与本书的体例不合，故请我院中国近现代史教研室沈世培教授重新撰写。第三卷“中国近代（下编：民国）”，由我本人撰写。第四卷“中国现代（中华人民共和国）”，由我院中国近现代史教研室刘灿华副教授、陈孔祥教授和芜湖市政府办公室经济师陈贤生撰写。陈贤生写的内容是他的硕士论文，得到他的导师王先俊教授和中共党史硕士点有关导师的悉心指导。全书由我统稿。

课题组还得到有关专家、学者和同仁的帮助。本书初稿完成后，先后得到华东师范大学吴鹏森教授、安徽省社会科学院李抗美研究员和沈葵研究员、安徽大学周怀宇教授、安徽师大王先俊教授的认真审阅，他们充分肯定了本书的优点，也对本书存在的问题提出了宝贵的修改意见。我们吸纳了专家的有关意见，作了认真修改。在本书写作过程中，安徽师大图书馆宛凤英、张宪华、周爱武同志帮助查阅、复印了有关史料；徐尚平讲师在北京大学攻读学位时，帮助我们查阅、复印了北京大学图书馆和国家图书馆的有关史料；方国学教授在南京大学攻读博士学位时，帮助我们查阅、复印了南京大学图书馆的有关史料；马陵合教授在复旦大学攻读博士学位时，帮助我们查阅、复印了复旦大学图书馆和上海图书馆的有关史料。此外，省社科办、国家社科办的领导和我校有关领导、科研处也给予多方面的支持。没有以上同志的辛勤劳动和有关部门的正确领导，没有这个集体，就没有今天这部书。

在研究的程序上，我们分作四步：第一步，搜集史料。我们除出版《中国考试制度史资料选编》《中国考试史文献集成》（第一卷）以外，还搜集了大量的我国历史上的人才选拔制度的史料。第二步，搞清基本概念。我们在出版《中国考试辞典》的基础上，弄懂了国家、人才与社会等有关问题的基本理论和基本概念。第三步，作专题研究。对于本课题涉及的重大问题，均作专门的探讨，个人把握不了的集体讨论。我们在《中国考试》《华东师范大学学报》《历史档案》《教育评论》《安徽史学》《光明日报》等报刊上发表了《人才选拔制度在中国历史上的地位》《略论两汉察举制度与人才选拔》《明代人才选拔制度的特点及利弊》等10余篇学术论文。第四步撰写著作。我们注意到四点：第一是排比史料。先作编年，按时间顺序，排比史料，这样可以避免重大史实的遗漏。再按照专题排比史料，这样可以做到论从史出。这是非常笨重的工作，没有人可以偷工减料。只有这样做，才能再现我国历史上的人才选拔制度，才能发现新的研究课题。第二是注意到国家、人才与社会的关系。不仅考察我国历史上人才选拔制度的演变，而且考察每一历史时期国家涉及人才方面的理念，以及人才对社会的影响。第三是规范写作要求。按写作大纲的要求进行写作，做到框架合理，文风朴实，表述准确，语言流畅，注释规范。第四是初稿写出后，“冷冻”一段时间，然后反复修改。

在研究的理念上，我们坚持“精益求精、质量第一”的原则。研究中国历史上的人才选拔制度，和应用学科相比较，它是基础学科的学术研究。做基础研究，一般都有一个比较长的研究周期。我们这一研究方向，如果从1989年算起，断断续续，已有十多年。这十多年的学术生涯，不论从哪方面看，固然不可以曹雪芹说的“字字看来皆是血，十年辛苦不寻常”相比附，但我们的团队却也是窗前、灯下、酷暑、严寒，时时刻刻，丝毫不敢有半点懈怠，一步一个脚印走过来的，逐字逐句抠出来的。古人说“十年磨一剑”，近现代学术大师范文澜先生说：“板凳要坐十年冷，文章不写一字空。”我们始终以前辈的教诲作为自己的座右铭。今天提倡出“传世精品”，也应该提倡“十年磨一剑”和“板凳要坐十年冷，文章不写一字空”的精神。十多年来，史学界有很多热点问题，而我们课题组成员不是为了完成任务交差，不是以市场价值作为研究的取向，也不是急功近利，而是在“坐冷板凳”，努力打造学术精品。为了保证质量，我们注意做到以下三个方面：

一是在征引的材料上精益求精，注重材料的可靠性。历史学的研究，要靠材料说话，有一份材料说一份话。提出新的观点，请拿证据来。证据必须是第一手的，经过去粗取精、去伪存真的筛选，保证准确无误。课题组全体成员首先从大量搜集资料入手，然后进行分析。本书引用了大量的原始史料，除一般必不可少的《史记》《汉书》《清史稿》等二十六部“正史”外，还引用了众多其他古籍。此外，本书还征引了有关考古发掘的史料和有关方志的材料，查阅了大量的期刊、文献和档案材料。大家引用史料时，很注意史料的准确性。对说法不一者，经过考证，提出自己的看法，不以讹传讹。例如，南京国民政府举办的高等文官考试，共15届，录取人数一说4046人，一说3291人，皆不确切，实际应为4344人。凡此，都说明大家治学的态度是十分认真的。

二是在语言文字上精益求精，注重表述的准确性。以马克思主义的立场、观点、方法为指导，对中国历史上的人才选拔制度给予准确的表述和实事求是的评价。课题组全体成员分析了我国历史上选举制度、委任制度、考试制度的利弊，指出考试制度尽管有这样或那样的缺点，但到目前为止，还没有更好的制度来取代它，这是一种公平、公正、完备的人才选拔制度。

三是在整体上精益求精，注重学术的创新性。学术创新，离不开新材料、新观点、新结构。要做到这些，绝不是绕开先哲时贤的已有成果另起炉灶，而是站在前辈的肩膀上一步一个脚印走下去，提出真知灼见，并努力超越他们的成就。但这是非常不容易的。课题组全体成员刻苦认真做学问，一丝不苟，反复讨论，多次修改，精益求精，有些章节数易其稿。人民出版社要求纸质版的书稿和光盘版的书稿不能相差一字，每次修改，都要重新刻录一个光盘，我们修改了七八次，光盘也重新刻录了七八个。大家采用历史学、社会学、文化学等多学科的研究方法，综合分析了历史上每个时期人才选拔制度演变的过程、特点和作用，体现了综合性的创新。

总而言之，这一研究成果以大量史料为基础，完整地再现了我国历史上不同历史时期的人才选拔制度，揭示了中国历史上人才选拔制度的演变规律，评价了各种人才选拔制度的利弊，阐述了不同时期的人才选拔制度对当时社会政治、经济、教育、科技的影响，分析了人才选拔制度在中华民族融合中的作用及其对世界文明做出的重大贡献。鉴定专家认为，该成果拓展了中国政治制度史和教育制度史的研究领域，对于构建中国人才史学研究体系具有重要的学术价值，对于建立现代科学的人才选拔制度也具有较高的历史借鉴价值。从中我体会到，打造精品，要有一个团队，要合作。做学问，没有捷径可走，一分耕耘，一分收获。

我的第三个研究方向是中国近现代文官制度研究。其实我的整个研究方向都是统一的，从起初的中国考试制度史，到中国历史上的人才选拔制度，再到后来的中国近现代文官制度研究，这些都是属于同一个系列的，并且也都在不断地拓展延伸。《中国近现代文官制度》一书，是国家社科基金研究项目成果，当时，专家鉴定的级别是“良好”，我经过反复修改，应该达到了优秀的水平。2016年在商务印书馆出版，被商务印书馆评为“三十本好书”之一，2013—2016年度被评为安徽省社会科学奖二等奖。

大体上我的研究方向，第一个是军事史，由皖南事变的研究拓展延伸到抗日战争的研究，又在抗日战争研究的基础之上发展为和平学的研究。在研究和平学的过程中，我配合日本电视台的记者井上佳子拍了一部反映抗日战争时期日本侵略中国的纪实片，目的在于勿忘历史，珍爱和平。第二个研究方向是制度史。考试制度史、人才选拔制度史、文官制度史，这些都属于制度史的研究。

中国文化史是我的另一个研究方向。比如，我主编了两本教材：一本是《中国文化史纲》，是华东地区高等院校文化素质教育教材，2001年由科学出版社出版；另一本是《中国文化史》，是安徽省历史学专科升本科自学考试教材，1998年由安徽大学出版社出版。历史学专升本自学考试的科目，是我设置的，我没有照搬已有的模式，而是突显我们历史系的优势，不仅有利于学生的自学，而且有利于教师的成长。比如，我将中国文化史、近代国际关系、现代国际关系、史学理论与方法这四门课程列为必考科目，这样一来，就必须要撰写这四门课程的教材，我是按照著作的要求编写教材的。例如，王旭东所著的《史学理论与史学方法》一书，施兴和主编的《近代国际关系史》一书，后来分别为他们评教授职称提供了支撑。《中国文化史》《中国文化史纲》这两本书，也为裘士京、周晓光教授申报博士生导师提供了学术支撑。

采访人：当时您除了教学、科研外，在创收工作方面也做了大量的工作。能否介绍一下那些年我们历史系的创收工作情况？

房列曙：创收工作，就是增加收入，以改善教师的生活。当时除了主办安徽省历史学专升本自学考试以外，我们还在部队等单位办了一些大专班、本科班。办班的单位最早是在安徽青阳部队，接着在江苏的句容部队、南京紫金山脚下的64库、迈皋桥、南京燕子矶、江苏镇江桥头农场、江西的樟树、安徽南湖农场（监狱管教干部，含在合肥的戒毒所、女教所的管教干部）、芜湖市团市委等单位办班。这些班都是我们与教务处一起合作办的，分两个层次，开始是专科层次，后来有的单位在专科的基础上继续办本科。办班的专业有历史学、政史、经济管理、经济贸易等。我系在校本科生也辅修经济管理。当时办的这些校外班，均有教材，教学计划、学生成绩登记表等相关学籍档案都是齐全的。各班的开学典礼、毕业典礼，学校领导张海鹏、夏瑞庆、文秉模等都分别参加。杨国宜、胡天伦、徐正、裘士京、施兴和、王保顶、陈孔祥等都去上过课。

在历史学专升本自学考试方面，我们曾与黄山学院、池州学院、巢湖学院合作办学。因为这三所学校当时只有专科，没有本科，他们负责组织本校的生源，报名参加历史学专升本自学考试。我院历史系的教师，分别到生源所在的学校，给学生们授课、辅导，主持论文答辩。我们派出的教师，都是骨干教师，教学效果好，教学质量高。同时，也为学生节约了路费、住宿费，效果很好。

总体来说，我在历史系做行政管理工作的这几年，学院的规模发展了。发展的标志主要体现在：原来我们历史系的教师只有40多人，在师大教师团队中是属于数量偏少的，后来发展为70多人，教师的规模发展了。另外，学生的规模也发展了。2003年，社会学院招收的本科生有1200多人，研究生有六七十人。我们的专业从历史学发展到社会保障、社会学、公共事业管理等专业。教师的待遇有所改善，我们的工作量酬金从每个工作量8元上升到10元，后来还配齐了校内分配方案改革的30%和25%；2000年至2003年，指导成人专升本毕业论文5400多人，各项创收300多万元人民币，教职工生活条件有所改善。每年重阳节前后，我们都会专门组织退休教师前往周边风景区考察，表示对他们的尊敬。我们还请退休教师给青年教师传授经验、给研究生上课，充分发挥他们的作用。关于图书资料室建设，首先利用搬家的机会，新做了一批书架，改善了藏书条件；其次是借申博的东风，购买了一批历史文献资料。尽管我们的创收很困难，但我们还是给教研室、办公室、会议室添置了新的设备。试验室建设也取得明显成效，2000年获得了校级社会工作专业实验室建设项目，用学校资助经费建成了拥有50台计算机的机房。2001年又进行二期建设，实现了我院试验室从无到有的突破。

学校博物馆主要是裘士京老师负责的，我的前期工作就是为博物馆的建设打下基础。比如，我们到省财政厅申请到了20万的维修费，另外，我们还聘请了一些专家对我们的文物进行鉴定，还为文物室安装了防盗设施。我们从赭山校区迁到花津校区之前，就向学校递交了建设学校博物馆的规划，学校也同意了，敬文图书馆的六楼就是我们的博物馆新场所。

采访人：您在历史系任职期间都做了哪些改革？

房列曙：实施的改革措施主要有以下几点：

第一，实行主辅修制。比如，我们的学生除了主修历史，还要辅修经济管理学，这个做法是比较好的，拓展了学生的知识面。学生的毕业证书上写明：主修历史学，辅修经济管理学。实施主辅修制，有利于学生就业。

第二，推行课程改革。社会工作专业被确定为学校三个整体教学改革试点后，强化了教学实践环节；在巩固原有两个教学实习基地的基础上，又与芜湖市新芜区共建了“新芜社区建设和发展学院”，作为自己的教学实习基地；举办了首届街道居委会主任培训班和社区知识竞赛，为社区建设贡献了力量；扩大了对外交流，获得了中国社会工作教育协会和爱瑟克基金会捐赠的社会工作专业图书105册；联合了全省的力量，主编了《新世纪社会工作丛书》，共七本。此外，推进学分制改革，制定了历史学、社会工作、公共事业管理三个专业的学分制指导性教学计划。

第三，增进学术交流。2000年，主持召开了全省历史学系主任会议。2001年，主持召开了安徽省历史学年会暨纪念辛亥革命90周年学术研讨会，会议选举王世华教授为安徽省历史学会会长。2000年，邀请《历史研究》《近代史研究》《世界史研究》《史学理论研究》等期刊主编来我院讲学。2003年，又邀请《历史研究》等期刊主编、副主编来我院进行学术交流。此外，举办省级以上的学术会议3次，参加省级以上学术会议60余人次，邀请名流专家学者来学院讲学73人次。

第四，强化学生工作。我院学生学风优良，学生素质不断提高。大学英语四级考试通过率年年名列全校前三名，报考研究生的录取率年年名列全校前五名。历史学专业的一次就业率在87%以上，加上二次就业率达100%；社会工作专业的一次就业率在85%以上，加上二次就业率达100%。精神文明创建活动不断拓展，如2002级历史2班李明菊同学获省城市青年业余歌手大赛三等奖；2000级陈莉同学获省大学生歌曲比赛一等奖和省演讲比赛二等奖；周婷婷同学获省电视台形象代言人大赛二等奖和最佳网络人气奖；“烈火中英雄”1998级吴慧明同学被评为省精神文明十佳青年。2003年，我院5名学生应邀去中央电视台参加《异想天开》栏目录制，节目在中央电视台第十套、第四套节目中播出，展示了安徽师大在校大学生的风采。

第五，加强制度建设。我们制定了一系列的文件，形成了教学、科研、实习、实践等诸项制度。例如，在我院历史教育、社会工作和公共事业管理三个专业中实行三级论文制。三级论文就是课程论文—学年论文—毕业论文写作制度。课程论文是为强化课堂教学，培养学生专业兴趣而专门设置的一个教学环节。课程论文的选题原则上由任课老师根据课程的性质、特点来确定。论文的形式可以是小论文，可以是读书报告，也可以是某一问题材料的梳理、总结、述评。学年论文是一篇专业性较强的论文，旨在强化学生对专业基本问题的把握、分析和理解，以拓宽知识面，进一步学习论文写作，并最终为毕业论文的写作和考研作准备。学年论文的写作时间安排在三年级，由院里统一安排指导教师进行指导，学生必须在一年内完成。毕业论文的写作严格遵照学校有关文件执行，时间安排在第四学年进行，凡论文初评成绩为合格的学生一律参加答辩。我们试图通过这个比较严格的论文写作训练及论文写作课，达到提高学生论文写作能力和科研能力的目的。实行三级论文制，目的是提高学生的动手能力，这对学生的发展是有利的。

第六，提高师资水平。在我当院长时，我们申请后获批的一个博士点、六个硕士点、一个省级文科重点研究基地等，助推不少教师当了博士生导师、硕士生导师，还有一批教师晋升为副教授、教授，培养了一大批人才。为了提高在职教师的学历，鼓励他们攻读在职博士学位。另外，还引进了一批人才，教师队伍由原来的40多人发展到70多人，教授、副教授成为主体。

采访人：为了让我们历史系的历史学科更好地发展，作为我们历史系的老领导、老教师，您有什么样的建议？

房列曙：学校领导要重视历史学的发展。我们历史学在安徽省是一流的，就全国来说也有一定的影响。而现在，在评级当中历史学被评到了C类，这几年历史学的发展比不上之前了。我们的一些老校友对于历史学的发展很关心，都觉得学校应该要重视历史学的发展。

原校长张海鹏曾是我们安徽省历史学会的会长，王世华在我校任副校长时也是安徽省历史学会的会长。从张海鹏会长到王世华会长再到李琳琦会长，历史学会会长的旗帜都是在我们师大。现在虽然我们历史系发展得很不错，拿到的课题很多，影响也很大，但是目前在全省来说已经不是唯有我们的历史学是第一位的。我觉得这一点是需要我们反思的，最根本的是学校要重视。

另外，学院要注重学科的发展，要做出有影响力的科研成果。我们一定要走出安徽，在全国有自己的一席之地，这些都是需要真才实学、真抓实干的。

比如，我在2008年、2010年连续两届被遴选为“中国杰出人文社会科学家历史学家”，这两届的遴选不是凭空产生的，有40多项指标。我之所以会入选，与我的《中国历史上的人才选拔制度》这本书进入了《国家社科基金成果文库》有很大的关系。因为《人民日报》、《光明日报》、新华社、新华文摘等媒体，包括中央电视台对《国家社科基金成果文库》连续报道多天，并多次发表书评，甚至中央政治局委员也对《国家社科基金成果文库》十分重视，并予以充分肯定。

讲这件事的目的，是想告诉我们的老师，该闯的还是要去闯，去努力奋斗。要走向全国，让别人知道你，你就一定要有平台，有成果。也正是因为我那部书荣列《国家社科基金成果文库》，后来中共中央组织部找到我，让我参与他们的一个研究项目“关于中国特色干部选用制度改革拓展研究”。中共中央组织部抽调了十多个省市的组织部部长和一些学者，共同研究如何提拔干部以及如何防止提拔干部中的腐败问题。这个课题是应用型研究，要为领导出“金点子”，为我们当今干部的提拔提供一定的经验借鉴。最后我们完成一份15000字的研究报告《中国历代官吏选任制度利弊分析、吏治腐败的根源和教训》，得到中共中央组织部的肯定，被评为课题成果一等奖，还被收入中共中央组织部党建研究所课题组主编的《新时期党建工作热点难点问题调查报告——关于中国特色干部选拔任用制度改革拓展研究》一书中，该书由党建读物出版社于2010年出版。

总之，我们做的学术研究要有实用性，不要担心得不到别人的重视，是金子到哪里都会发光。我们做学术研究要有明确的方向，要遵循学术研究的规律，利用好我们历史学和档案馆的资料。我们要坚持实事求是的原则，不能搞形式主义。我们要学会“淘宝”，做历史学的，明确研究方向以后，要到中国第一历史档案馆（北京）、中国第二历史档案馆（南京）去“淘宝”，有条件的还要到日本等国去“淘宝”。

一个学院的院长要从制度的设计和实践的层面，把学科的建设和发展、专业的建设和发展放在首位，并以此为导向，为教师的发展提供一个好平台，让我们的专业、学科走出安徽，走向全国，走向世界，出产精品之作，培养栋梁之才。

郭德成先生访谈录

采访时间： 2019年5月27日

采访地点： 郭德成先生寓所

受 访 人： 郭德成

采 访 人： 秦晓宇

整 理 人： 魏思兰

郭德成，男，1934年11月生，安徽芜湖人。1950年至1953年就读于芜湖师范学校。1953年至1955年在安徽师院物理系学习，毕业后留校工作。先后任安徽师院党委组织部干部、校体育代表队团总支书记，皖南大学物理系科研秘书、系主任助理等职。1959年至1961年在南京大学物理系进修。1987年6月取得高级实验师任职资格。

采访人：郭老师，您好！感谢您给我们这个机会采访您。可否先请您回顾一下早年的求学经历？

郭德成：1953年，我从芜湖师范学校毕业后被保送到大学，那时上大学不同于现在的全国招生，那时大学招生名额比较多，考大学的人数却比较少。我们那一届共有160多个学生，成绩排名前三十就被保送到大学学习，当时我的成绩位列全校第七，我就在这样的情况下上了大学。由于当时家里比较困难，我也不愿意离开芜湖市去别的省市上学，所以我就选择了国立安徽大学。1953年入学，在校学习了两年，1955年毕业。1954年暑假期间，长江流域发生了洪灾，我当时在校参加了抗洪救灾工作，由于表现突出，被评为校级防汛功臣。当时学校评出的校级防汛功臣一共有3个人，其中就有我，另两个分别是数学系的张铮老师和校学生团总支书记马明辉。因此，我成了党员培养对象，并在1955年3月25日光荣加入了中国共产党。

1955年，学校已改名为安徽师院，那年7月我毕业后就留校任职，被分在校党委办公室，主要从事干部的审查工作，一直工作到1959年安徽师院物理系搬至合肥师院。那时学校想建成一所综合性大学，决定重新组建物理系，由于师资缺乏，就把我从校党委抽出来外派到南京大学物理系半导体专业进修。半导体专业在当时算前沿的专业，我在南京大学进修两年半之后回校，那时学校已更名为皖南大学，继续作为师范性质的院校发展。学校决定让我们这批出去进修过的老师，在物理系开设一门高等物理实验课。正好我学的是半导体专业，并且在南京大学学习过高等物理实验课程，所以我就负责高等物理半导体和核子物理实验课程的实验教学，这样的工作一直进行到1965年。

1965年下半年，全校部分教师和高年级学生被安排参加“四清”运动，作为教师的我也参与其中。1966年“文革”开始，学校停课。1968年，我们系开设的实验课停开，改办为系办工厂，主要进行“三机一泵”的维修工作。

三机指的是收音机、柴油机和电动机，一泵即水泵。我们用了将近8年的时间做了这方面的工作。1976年粉碎“四人帮”后，学校正常的教学工作恢复，我们又开始了前期的实验教学准备。1978年，我被调至教务处担任理科教研科科长一职，在那里工作了半年，同年12月18—22日，党的十一届三中全会召开，其间教育部在广州举办第一届全国高校电化教育技术训练班，我参加了此次培训。1979年3月，学校成立了电教科，我被任命为电教科科长。

采访人：1979年3月，我们学校成立电教科，是基于什么背景？电教科又经历了怎样的发展历程？

郭德成：1978年2月，我国各项改革还在孕育阶段，教育部成立了电教局。同年8月，经国务院批准，中国电化教育馆开始筹建。那年6月，香港有关电教设备公司在广州、上海、北京举办第一次电教器材展览会，展示了照相、电影、电视、摄像、录像、语言实验室等影视器材设备。同年12月，又以这些器材为主在广州举办了第一届全国高校电化教育技术训练班，我省安徽大学、安徽师大、安徽农业大学各有1个参训名额，我被派往参加此次培训。此次培训为全国高校开展电化教育培养了第一批种子队伍。

1979年3月，我们学校在教务处下设立了电教科，在全省高等学校和各级教育机构中首先建立了电教机构。电教机构建立以后，当年我省高教局投入5万美元，以我校和安徽大学为主，安徽医科大学和安徽农业大学为辅，购买从日本进口的电视摄、录、编和放映的设备，加上以后逐年购买（包括世界银行贷款）的，到1987年我校共有摄像机12台、录像机29台、电视编辑机4套、数字时基校正器1套、数字特技1套。电教科成立初期只有两名工作人员，此时电教科的工作主要是购置设备、调配人员、技术培训、掌握和熟悉教学软件的制作方法。我们本着边建设边应用的原则，逐步把电教手段应用于教学。通过几年运作，实践证明，电化教育在扩大教育规模、促进教育改革、提高教学效率和教育质量等方面起着一定的作用。

电化教育在我国有较长的发展历史，早在1936年金陵大学就有老师将幻灯、电影应用于教学，出现了“电化教学”，但长期以来并未受到重视。直到1978年4月，改革开放的春风吹遍大地，邓小平同志在全国教育工作会议上提出：“要制订加速发展电视、广播等现代化教育手段的措施，这是多快好省发展教育事业的重要途径，必须引起充分的重视。”但将现代化科学技术应用于教学，特别是将电视手段应用于教学才刚刚开始，人们对它需要有一个认识、了解和熟悉的过程，要想打开电教工作的局面，取得领导和教师的重视，关键在于电化教学必须积极主动配合教学，发挥其提高教学质量的作用。

工作开始阶段，学校没有建立专门的电化教室，我们就把机子抬到教室播放，同学们用自己的床单、草席将窗户挡住。为了扩大电教软件资源，我们通过与全国部分高校和部分省市进行资料交流，复制了一大批对我们教学有用的资料，还从中央电教馆和全国党史片制作组复制了一批解放区的电影纪录片资料，如《延安生活散记》《南泥湾》《红旗漫卷西风》《延安岁月》《中国人民的胜利》《两种命运的决战》《解放了的中国》等。与此同时，我们注重资料收集渠道的拓展，复制和引进的影片录像资料包括从中央美术学院复制的《吴作人画法技巧》《素描教学》《肖淑芳花卉技法》等，从文化部艺术局复制的从英国引进的《奥赛罗》《魔笛》《蝴蝶夫人》等，从俄国引进的《天鹅湖》《睡美人》《卡门》等20多部。还有我们自己录制的《原上海市委书记夏征农、原沈阳军区政委叶超、原空四军军长蔡园、省人大常委会原主任马长炎、省委组织部原部长杨明等新四军老领导谈"皖南事变"》，录留的张涤华、郑震等老教授教学工作的资料，从省电视台复制的和从中央电视台电视节目中录留的历史资料。此外，我们还通过其他渠道购买了200多部16毫米教学电影片。

据不完全统计，截至1989年，我们学校共有投影片213套、幻灯片21套（约3000张）、录音带350盒、电视教学录像2410小时、电影片21部。这些资料加上新搜集到的大量视频资料和教学影片，为学生学习提供了生动、直观的形象资料支持，有效地解决了部分教学中的重点、难点和关键问题，取得了良好的教学效果。

据不完全统计，我们在1979年放映378场次，观看学生有9700人次；1980年放映112场次，观看学生17600人次；1981年放映123场次，观看学生24340人次；1982年放映117场次，观看学生25939人次；1983年放映255场次，观看学生26822人次；1989年放映265场次，观看学生31573人次。

电化教育在为全校教学服务的同时，也竭尽所能走向社会，为培训中小学教师服务。为了满足我校各系教学法课程教学和学生到中学实习的需要，我们从中央电教馆等单位复制了一批全国各地优秀中、小学教师示范教学课的录像，除了满足学生学习教学法课程的需要，也受到了附近县中、小学老师的欢迎。仅1982年和1983年，就在校外放映了教学电影和录像66场，观看人数达8475人次。其中向中、小学送教上门的有繁昌县的城关、荻港、芦南、新港、三山、孙村等镇，当涂县的大陇、新丰、太白等学区。除此之外，还去过宣城、郎溪、广德等县放映教学影片。来我校观看教学录像带的有芜湖市镜湖、新芜、西江、郊区等学区和南陵、泾县、当涂、繁昌等地教育局组织的教师。通过放映教学录像，我们为广大中、小学教师送去了最新的教育信息，也使我们获得了相关信息反馈的好渠道。我们了解了广大教师缺什么、需要什么，为我们培养学生成为什么样的人、应该教给他们什么提供了依据。

采访人：您从我们学校电教科建立之初就从事电教工作，作为过来人，您能否谈一下我们学校在电教工作中所取得的主要成就？

郭德成：从1980年开始，在各专业课教师的配合下，我们摄制了电视教学片共13部，主要内容包括以下几个方面：

第一，经过教育部有关司局组织审查，由中央音像教材出版社出版发行，或在中央电视台和中国教育电视台播出的，共有党史教学片《皖南事变》《家庭联产承包制》、地理教学片《淮河》《九华山花岗岩地貌》《九华山植被》、生物教学片《草坪的培植和管理》等六部。其中《皖南事变》《家庭联产承包制》作为中共党史系列电视教材，在“89·上海”全国电教成果邀请赛中荣获特别奖。《淮河》教学片于1987年在中国教育电视台播出，并在“89·上海”全国电教成果邀请赛中获得进步奖。《草坪的培植和管理》于1991年3月由中国教育电视台收购后播出，后在云南电视台播出两次。《九华山植被》和《九华山花岗岩地貌》两部录像片由中央音像教材出版社收购发行。由于我们制作的电视教学片所取得的成绩在全国形成了一定的影响，1989年11月，我校被安徽省教育委员会授予“电视录像教材建设项目省级优秀教学成果集体二等奖”。1990年4月，我所在的单位被学校授予“电视录像教材建设项目校级优秀教学成果集体奖”。

第二，1991年，淮河发生百年不遇的特大洪水，我们利用原来摄制《淮河》教学片的资料和当年中央电视台播出的有关水灾新闻，在安徽电视台的支持下，制作了《大灾之年看社会主义》德育电视教学片，1992年由中国科学技术大学音像出版社出版发行，并被中国教育电视协会评为“95·德育爱国主义教育”电视节目提名奖。

第三，1984年，文化部、广电部、教育部等十单位举办“全国少年儿童、业余青年学校剧、幼儿木偶剧录像”评比大赛，我校受芜湖市文化局、教育局委托，由李庆椿等老师协助，为其摄制几部电视录像片参评。其中，幼儿舞蹈片《骄傲的零》获一等奖，幼儿舞蹈片《金鱼和花猫》、少儿学校剧《飞吧鸽子》获二等奖，幼儿木偶剧《霍小甲》获三等奖。以上几部电视录像片均在1984年、1985年由中央电视台播出。

第四，为了配合各系课程教学，我们摄制了《扬子鳄》《气垫平台》《中学化学实验盒》等录像片。另外，我们于1994年10月摄制了一部校史片。这部校史片的摄制是在校党委领导下进行的，剧本由沈洪同志执笔撰写，所需要的资料来源于我校留存的历史资料，包括录像、照片等，现场拍摄用了半个多月的时间，顺利地完成了《前进中的安徽师范大学》最后的摄制，并复制了一批光盘，于校董事会召开的前一天，作为礼品送给了45家董事单位。

采访人：据我们了解，我校第一部党史教学片《皖南事变》拍摄放映后，在全国范围产生了较大的影响。能否给我们介绍一下《皖南事变》这部教学片的摄制情况？

郭德成：《皖南事变》是我校摄制的第一部党史教学片。1981年是“皖南事变”发生40周年，为了纪念这个日子，向学生进行党史教育，我们在1980年下半年利用学校刚刚进口的摄像、录像设备，拍摄了这部党史教学片。这部根据马列主义教研室黄开源老师提供的资料、党委宣传部周家安同志编剧拍摄而成的教学片，得到了师生的认可和欢迎。为了这部教学片的拍摄，教务处何卫国同志，电教科全体同志包括沈醒狮、张景慧、汪坚、史冬生等一起上阵。我们一边学习技术，一边拍摄影片，终于在1981年5月完成了这部片子的初稿，并于当月在芜湖召开的新四军和华中抗日根据地研究会年会上放映，给全体代表（包括部分新四军老战士）和300多位党史专家和党史工作者观看，并请他们审查。后来中央电教馆得知此事，他们当时正在组织全国十一所重点高校摄制党史教学片，因此要我们将摄制的《皖南事变》送审。同年10月，我们将修改后的这部教学片送给中央电教馆审查，得知复旦大学也在摄制《皖南事变》这部片子，后来中央电教馆决定两校同时拍摄，片子最后审查的时候，谁摄制得好就用谁的。

1983年元月，审片工作在中共中央党史研究室进行，我们摄制的片子得到了中共中央党史研究室、中央党校、中央文献研究室、中央党史资料征集委员会、中国人民解放军军事科学院领导和专家胡绳、童小鹏、刘大年、李琦、冯文彬、廖盖隆、胡华等以及部分高校党史工作者的一致好评，但考虑到复旦大学是协作组成员，而我们不是，所以中央电教馆决定让《皖南事变》这部片子由两校联合录制。最后由我校周家安同志与我同去复旦大学，根据领导、专家们的审片意见，对这部电视片进行了修改。该片90%以上的剧本内容和画面镜头都是我校完成的，画面字幕是我校何卫国同志制作的，鉴于两校参加摄制的人员较多，所以摄制人以学校名出现在字幕中，而复旦大学的名字排在我校前面。这部片子发行后，我校就参加了全国高校党史片协作组，《皖南事变》教学片也在中央电视台播出（1984年6月26日《光辉的历程》节目）。

《皖南事变》这部教学片发行后，即1984年2月，中央电教馆在黄山召开了第三次党史教学录像片制作协作组会议，决定摄制社会主义时期和民主革命时期的中共党史电视教学片，我校承担了制作“联产承包责任制和农村经济新发展”党史教学片的任务。当时由于社会上人们对于农村搞农业大包干有不同观点，摄制这部片子时，我们心中是没有底气的，为此我们请示了曾在我校担任党委办公室主任兼马列主义教研室主任的老领导王郁昭同志，他当时担任安徽省省长一职。凤阳搞农业大包干到户时，安徽省委书记是万里同志，王郁昭同志为滁县地委书记，他曾请示万里同志此事应该怎么做，以便于更透彻了解相关政策。1984年10月4日，省长王郁昭同志从北京开会回来后在合肥市的稻香楼宾馆接见了我们，当时同去的一行有马列主义教研室的路修武老师和吴鹏森老师、电教科的我和张舒予老师。见面后，省长王郁昭同志说这次在北京见到万里同志，他同意我们的摄制事宜，这给我们吃了一颗定心丸。然后又向我们详细介绍了凤阳大包干的发展过程。同年10月5日，省农经委主任周曰礼同志又给我们详细介绍了“大包干”的具体情况，为我们摄制这部片子的剧本奠定了基础，省长王郁昭同志还给我们特批2万元摄制经费。我们在肥西县山南区，凤阳县刘府、小岗村以及江苏省江阴县三房巷村拍摄的素材，从报刊上收集资料，经过编辑，这部教学片终于在1986年底拍摄完成。后经中共中央党史研究室廖盖隆同志主审，中央党校张弓教授审查，中共中央书记处农村政策研究室审查通过，由中央音像教材出版社发行，成为全国第一部反映改革成就的党史教学片。

采访人： 我们学校一直活跃在电教事业推广的前沿，在电教机构设置、电教队伍发展、教育技术专业建设等方面都走在全国前列。您能跟我们说说具体情况吗？

郭德成： 我校电教机构于1979年3月正式建立，我们当时的工作主要是购置设备、选调和培训人员、掌握和熟悉电教教材的制作方法。我们边建设、边学习、边应用，使从事电教工作的各位老师提高了思想认识，熟悉了业务，了解了教学。1983年10月，邓小平同志为北京景山学校题词，提出“教育要面向现代化，面向世界，面向未来”，而开展电化教育正是实现教育现代化的重要手段。到1987年，我省各地市县和各级各类学校已普遍建立了电化教育机构，广泛地开展了电化教学工作，形成了一支专、兼职相结合的电化教育队伍，制作了一定数量的电教教材，并在教学改革中取得了一定的成果。但当时我省尚无一所师范院校设立培养电化教育专门人才的专业，而全国已经有20多所师范院校开设了电化教育专业，6所大学招收了研究生。我校为了适应教育事业的发展需要，报请省教委批准，在当年秋季正式设立电化教育专科，招生30名，为我省电教事业培养专门人才。截至1994年，共招收七届专科生，一共284人，毕业后工作分布在安徽、新疆、山东、广东等省，分别在电视台、电教馆、高校等从事电视片摄制和教学等工作。

我系在成人教育方面，从1991年开始招收三年制电教函授专科生43名，摄影艺术函授专科生25名，电教专业证书班学员65名，摄影艺术专业证书班学员48名。同时，电教专业的基础建设和师资力量也得到了发展和扩大。

1986年，我们利用世界银行贷款的配套资金，建设符合电化教学需要的电教用房，建成现代化的电教中心，配有各种电教设备200多台（件），以及可以制作电视教学片的制作室和演播厅。建成全校闭路电视网络系统和电教专业教学需要的各种实验室。与此同时，建成了有近1000部的教学录像资料和200余部教学用的电影影片的片库。

在摄影艺术方面，1979年下半年，沈醒狮来电教科从事电视摄录像工作，摄制了大量为全校服务的摄影作品，并为此建成了摄、印、扩各项设备系统，为以后建立摄影专业打下了基础。1991年，我们聘请了俞延年老师来系里工作，担任系教学副主任，负责摄影教学工作。1993年，经国家教委批准成立电化教育本科专业，开始招收本科生，2000年，开始招收摄影艺术本科生。

1993年，国家教委下达普通高校专业设置目录，据此，我校电化教育专业更名为教育技术专业。我在1995年2月按学校规定退休。同年5月，原物理系计算机专业李国祥老师接任教育技术系主任。我们从开始建科只有2名工作人员，发展到30多名员工，拥有高、中级专业技术职称的教师和实验技术人员，组成教学队伍和软件制作队伍。随着科学技术的进步，教育技术专业建设逐步走上了交互式多媒体的互联网道路，这是一条比较完整、符合教育现代化的发展道路。

当今世界科学技术发展突飞猛进，促进了社会、政治、经济、教育和人们思想观念的变革，其中信息技术和信息产业化已成为各行各业改革发展的主要突破口。教育部发布的《教育信息化十年发展规划（2011—2020年）》指出："信息技术对教育发展具有革命性影响，必须予以高度重视。"随着社会科技的发展，教育现代化教学手段的变革，已从电化教育转变为教育技术，而今天又发展成教育信息技术。

目前，我国已经有师范院校的教育技术专业更名为教育信息技术专业，这不仅是专业名称的改变，而且是新时期师范院校对该专业培养目标、课程设置、教学内容以及知识的传授方法的重大变革。2013年11月3日，中国教育发展战略学会会长郝克明在信息技术发展与教育改革国际论坛上指出："对中国来说，今后一段时期，教育信息化的重要任务，就是抓住机遇，以信息技术推动教育改革，实现教育模式创新，促进教育发展，提高教育质量。"2018年，教育部、中共中央宣传部《关于加强中小学影视教育的指导意见》和2019年2月中共中央、国务院《中国教育现代化2035》及《加快推进教育现代化实施方案》对此均作出具体规定。一场教育现代化信息化的浪潮正在席卷全世界，教育信息化已经成为教育改革的强大动力。

芜湖市在2012年11月被教育部批准为"教育信息化全国区域性试点城市"。作为省部共建的安徽师大，应义不容辞地为我省教育信息化建设承担起重要的责任，为教育信息化的建设和发展做出应有的贡献。

黄金余先生访谈录

采访时间：2019年1月3日

采访地点：黄金余先生寓所

受 访 人：黄金余

采 访 人：梅　健

整 理 人：田　影

黄金余，男，1944年9月生，安徽来安人，中共党员。1965年至1970年在皖南大学、安徽工农大学生物系读书。1970年至1971年在6408南字135部队先后任副排长、副连长。先后担任安徽师大生物系团支部书记、学生党支部书记、系党总支秘书，安徽师大总务处副处长、处长，安徽师大副校长，安庆师范学院副院长，皖南医学院副院长、关工委常务副主任。

采访人：黄老师，您好！我们很高兴有机会采访您。首先请您简要回顾一下在皖南大学的学习经历以及留校任教的经历。

黄金余：我1965年考入皖南大学生物系，1965年到1970年在生物系读书，1970年5月20日到6408南字135部队锻炼。135部队是一个炮团，我在部队担任副连长兼三排副排长。1971年，我回到了安徽师大生物系，并且担任了第一、二、三届工农兵学员的辅导员。1977年，高考恢复，我是芜湖县高招组负责人，圆满地完成了招生任务。1992年，我被派到北京高级教育行政学院学习，这个班只有20个人。1984年至1995年在安徽师大先后担任总务处副处长、处长，安徽师大副校长。

采访人：您在安徽师大生物系读书那几年，有哪些特别令您印象深刻的事情？

黄金余：1965年，我考入皖南大学生物系，系主任陶开熙向我们介绍系里的情况。我印象最深、最难忘的就是，生物系的二级教授王志稼，美国著名教授名册里都有他的名字，他研究藻类，特别是小球藻，目的是解决宇航员上天后的饮食问题。当时我听得都出神了，小球藻怎么能解决饮食问题呢？陶主任介绍说，小球藻进入人的胃以后，一部分转化为营养被吸收，另一部分则继续繁殖，如此不断地循环可以使人体有足够的能量和营养。另外，系党总支书记陈政介绍了系里的党建情况，其中讲到系里有个党章学习小组，有入党意愿的同学要争取参加这个学习小组活动。1965年上半年，我就写了入党申请书，系党总支秘书孙月芬老师负责组织我们上党课，她也是我的入党联系人。1966年上半年，我被批准为中共预备党员，当时全校就批准了三位同学。

1970年，合肥师院部分专业并入安徽工农大学，安徽工农大学于1972年改名为安徽师大。当时安徽师大有著名的教授张涤华，还有词学家宛敏灏、历史学家万绳楠、数学家雷垣等。众多著名的教授汇聚安徽师大，我觉得安徽师大非常了不起。

在完成入学教育后，为了让学生德、智、体全面发展，系里的领导、老师、辅导员就开始抓教学任务的落实，并且抓得很紧。体育方面，辅导员许用忠要求我们早上必须到操场做操，并且还要点名；体育课刘老师，也抓得很严，我们除了接受100米、1000米跑步的体育测试，还要做俯卧撑。我个子比较小，通过体育测试有困难，刘老师就给我订了一个锻炼计划，当时我们住在赭山校区3号楼，我每天早晨起床，从宿舍到图书馆（现在的成人教育学院），再到操场跑几圈，最后我不仅通过了体育测试，而且是第一个在班里通过体育测试的。

在专业学习方面，当时的教育方针是：教育要为政治服务，教育与生产劳动相结合。学校就决定让生物系到横埂农场办学。横埂农场有一栋二层的红楼，两栋平房教室，还有食堂、水井。农场主要搞种植业和养殖业，我们去了之后开始有些疑虑，但是开始上课以后就打消了顾虑。比如，我们上昆虫学，学到一种危害水稻的昆虫叫螟虫时，董秀英老师就站在田里教我们认识螟虫，这是在学校教学楼里无法接触的学习经历。又如，我们上植物学，学到藻类时，任秀芳老师将我们带到水沟旁，让我们自己采集并放到显微镜下观看，然后她再讲课。这样的授课方式，听得懂、看得见、记得牢、忘不掉。再如，我们学习病虫害防治时，李有才老师日夜住在农场，一旦病虫害开始，马上就给我们讲病虫害的类型以及防治方法，并且还教我们如何配药、打药，如何观察病虫害的发展等。1966年“文革”开始，我们就没有再上课了。

采访人：您在安徽师大生物系的工作经历是怎样的？有什么具体的事情和我们分享吗？

黄金余：1971年至1983年，我在生物系任教，并做学生的思想工作。除了专业课以外，还组织学生开展一些业余活动，旨在激发学生的学习兴趣，加强与专业课老师的交流。比如，精心设计击鼓传花游戏，请学生和专业课老师一起参加，谁拿到花就上来抽题目并回答问题，这些题目都是专业课老师设计的，如不提前准备是很难回答出来的。

此外，系里每年还会组织两次学生野外实习活动。每次出发前，老师都会写明去野外的教学地点、教学内容以及注意事项。野外采集标本要到深山野岭去，而我比较年轻，又在部队锻炼过，所以基本上都是我带一个小分队。记得有一次，我带一个小分队去黄山山岔大队天湖山采标本，那个大队的民兵营长兼卫生员是李向荣，我跟他说明了来意之后，他觉得不安全，就带了一支半自动步枪，我们做了准备之后就上山了。从早上一直待到晚上，那次采集的标本非常多，大家都特别高兴，回来以后就制作标本。

动物学专业学生的野外实习也让我带队，因为我会打枪。记得有一次去了祁门的一个丘陵地带，这次老师先让学生自己去打猎，看他们是否能把学到的理论知识运用到实际，结果学生们一只鸟也没打着。第二天，我就带队出发了，我将队伍分成两队，一队负责追赶，一对负责包抄。我带领两个同学在一处鸟儿经常栖息的地方隐蔽起来，鸟终于飞来了，最后一共打了17只猎物。有的动物晚间才出来活动，为了保证学生的安全，每个学生都带着手电筒，我们还规定了信号，那一晚捕捉到很多动物。

为了让学生排除干扰，集中思想学习，我还组织了演讲比赛，主题是“把精力放在哪里”，大家畅所欲言，讲得很精彩。

生物系的学生虽然比较少，但在文体比赛中都特别活跃，比如学校组织篮球、排球比赛，生物系不是第一就是第二。另外，系里非常重视文艺演出，我特别感谢系里的唐剑云老师，每次学校要开展文艺汇演，从策划、排演到谢幕等，他都组织得很出色。

此外，还组织了一个党章学习小组，我任组长，学得比较好的同学，就推荐参加系里的党课学习，积极鼓励他们入党。

采访人：据我们了解，您曾在安庆师范学院和皖南医学院任职，您的这两段工作经历或感悟是否可以分享？

黄金余：1995年9月，安徽省委组织部和省教育厅把我调到安庆师范学院工作，任党委委员、副院长，分管后勤处、财务处、保卫处、校医院等部门。安庆师范学院从老校区的筹资、改造，到新校区的考察、征地规划、设计等都是我负责，由于我在安庆师范学院和其他领导相处得融洽，所以工作开展得很顺利。令我印象深刻的是，2001年，我在省委党校学习时，时逢安庆师范学院召开党代会投票选举党委委员，我的得票数第一。作为分管后勤的副校长，能在校党代会上投票得第一，我非常感谢大家对我的信任。

2002年2月，我调到皖南医学院工作，负责学院在高教园区的征地、规划、设计、建设，工作量很大。当时为了解决中山南路穿过新校区的问题，我们做了大量的工作。另外，我还负责后勤处的社会化改革，成立了后勤集团。在皖南医学院工作是辛苦的，但也是让我感到最欣慰的，在教育厅组干处对学院领导工作评估的测试中，我的成绩最高，得了95分。组干处的处长说，这是工作评估的测试从来没有过的分数。

2004年10月退休后，皖南医学院党委决定让我做关工委工作，担任关工委常务副主任。在校关工委工作期间，我带队到安徽师大、中国科学技术大学、合肥工业大学等高校学习取经。经过一段时间的调研，我们设计了《大学生职业生涯规划手册》，这是关工委关心学生健康成长的途径之一，目的是让学校领导和辅导员更好地管理、教育学生，督促学生全面发展。每年我都给皖南医学院的辅导员培训，让他们了解如何与关工委相互配合，做好学生的五年规划。这本小册子还得到了我省教育厅关工委主任白守逊的指导与支持。2010年，皖南医学院关工委被评为"全省教育系统先进集体"，2011年被评为"全国教育系统先进集体"，并颁发了证书和奖牌。

采访人：您在我们学校总务处工作期间，先后担任副处长、处长，担任副校长后，仍然分管学校的总务工作。请您站在所任职务的角度上，谈一谈我校总务处在后勤工作方面的措施？

黄金余：1984年，我调到总务处任副处长，分管伙食科等工作。后又担任过总务处处长、安徽师大副校长等职。当时伙食科的职工很复杂，有正式工，还有一些临时工，正式工里有顶职的，还有文盲，真正有技术的很少。由于基础设施老化，还经常出现停电停水、饭菜不能及时供应等问题。其他后勤保障服务工作也存在不少问题。管理压力很大，只有改革，后勤才有希望。我就从以下六方面着手：

第一，第一食堂是改革的重点，现在赭山校区的四层楼食堂，过去就是两栋平房，一张餐桌都没有。时任团中央书记胡启立来校视察时，在食堂都是站着用餐的。我们首次实行奖金制度，每月5元钱，还制定了出勤考纪、服务态度等十多条规定。当时工人的工资每月就二三十元，所以这5元钱已经不少了。这个措施调动了职工的积极性，收到了很好的效果。

第二，我们聘请学生当科长助理。后勤在学校里始终处于"被告"席上，跟系里和学生的供需矛盾很多，所以我们考虑聘请学生来参与管理。我印象最深的就是，现任地理与旅游学院党委书记贾冠忠当时是校学生会生活部部长，我当着伙食科全体员工的面当场授予他聘书，聘他为伙食科的副科长，并告诫全体职工，贾冠忠代表的是全体学生，他随时可以安排学生来食堂现场检查伙食卫生、食品质量、食品制作过程等，若查到有质量不合格的，一律给予处理。并且组织召开全校生活委员会议，由贾冠忠来讲食堂职工的辛酸、食堂工人的素质、食堂的基础设备、食堂工人起早贪黑忙碌的身影等，让学生明白食堂职工的辛苦，尽可能地理解职工。我真的很感谢贾冠忠，后来他毕业时我向学校建议把他留下来，担任伙食科副科长。

第三，抽调系里的辅导员到后勤工作。当时调了化学系的辅导员贡植斌（现已退休）到房产科当科长，他到任后，主要是了解情况、编制计划、和系里沟通，缓解系里与后勤的供需矛盾。当时学校住房很困难，学校制定了职工分房积分条例，按照职务、职称、家庭人口、是否独生子女等条件量化积分，然后按积分高低排队分房。该条例就是贡植斌科长草拟的。

为了解决青年教师的住房问题，学校把现在的学生3号楼（那时只有两层），给青年教师临时居住。随着居住人数的增多，慢慢矛盾就多了。每到烧饭时，整个走廊都是煤油味儿、煤气味儿，吵吵闹闹、叮叮当当的。我最难忘的是，1993年，我担任副校长时，青年教师在校内敲锣游行、高喊口号，要求解决住房问题，我和总务处处长在现在的赭山校区教学楼一楼大教室里接见了老师们，听他们有礼、有节地诉说困难，我听得很心酸。当时我就表明了我的态度，今后学校腾出的旧房，按一定的比例给中青年教师按分分配。中青年教师，限定为年龄在45岁以下，通过校长的办公会，由分房委员会来实施。这个意见后来在校长办公会上通过，基本上得到了贯彻和执行。

第四，财务方面，我参考了兄弟院校的做法，根据文理科和实验计划及预算，将建设经费划拨至各系，由系主任审核使用，调动了各系的积极性。

第五，后勤改革的推进，一要建立制度，二要敢于碰硬。执行财务制度，就必须敢于碰硬。我记得有这样一件事，一位干部出差要坐飞机，当时学校财务紧张，校长办公会决定，一般出差原则上不乘坐飞机。我就没有批准该干部乘坐飞机。该干部却不理解，找我闹。时任副校长马怀柱先生就批评他说，这个决定是校长办公会决定的，不是黄校长决定的，黄校长只是执行学校有关规定。还有分房的问题，当时有一位图书馆的工作人员没分到房子，她就抢占了一套空房，我和保卫处处长刘海到场，解决了这个问题。

第六，推动幼儿园的改革。教职工子女免费入园，但当时其孙子辈也要入园，甚至一些亲戚的孩子也要入园，幼儿园因此不堪重负。我们参考当时的政策，通过调整办法，将教职工孙子辈入园条件限制为“只照顾一个孙子辈的孩子”，很好地解决了当时幼儿园入园的问题。

采访人：分管学校后勤工作期间，您与后勤人员相处融洽，您是怎么做到的呢？

黄金余：我就讲四件事情来回答这个问题。第一件事情是，1994年，省政府人事处与省教育厅人事处组织后勤职工技术工考试，芜湖市高校成立领导小组，我任组长，副组长是机电学院的张保华和皖南医学院的一位副院长。对于有文化的职工，我们为他们提供几道必背的考题；文化程度较低的和没有文化的，就让他们背熟必考题，然后口头讲述，为他们解决了大问题。

第二件事情是，妥善处理后勤职工分新房问题。1987年，学校分三室一厅的新房时，我们为后勤职工争取了三套新房，然后按他们的分房积分由高到低排队分配，王世华、章超、姚杰三人分到了新房。

第三件事情是，参加后勤退休职工的欢送会。每次召开欢送会，我都会到场。会上职工也会发言，基本上都是诉苦、提要求。他们发言之后，我会编一些顺口溜送给他们，其中一首是：“依依不舍离别情，酸甜苦辣皆尝尽。颐养晚年享天伦，需要时再来贡献。”

第四件事情是，后勤职工家里若有人生病，我必定会去探望，给予慰问。我们学校后勤职工为贯彻党的“教育与劳动生产相结合”教育方针做出了贡献。这里我不得不提到一个同志，他叫柏友宝，时任安徽师大爱委会秘书，在他的带领下，后勤职工把校园整治得很优雅，使学生受到了潜移默化的熏陶，特别是把学生劳动、垃圾清扫安排得井井有条。他将学生参与的每次劳动任务、计划、检查、验收、总结等都做了记录，并且把每年的总结材料都装订成册，这一做法值得称赞。我建议校档案馆将这些材料收藏存档。

采访人：您曾任安徽省伙食协会的副会长，其间有哪些令您难忘的事？

黄金余：第一件事是，我在安徽师大组织过一次全省高校的伙食大锅菜比赛。赛前制定了严格的竞赛规则。比赛分前场和后场。邀请有级别的厨师担任评委，将参赛者炒出来的菜品编上编号，送到评委面前，根据色、香、味、形、美打分，最后排出名次。举办这项活动的目的就是做好学校食堂的大锅菜，更好地服务学生。

第二件事是，我在皖南医学院后勤集团成立之后提出了高校后勤社会化改革的意见，即高校参与社会竞争。曾组织皖南医学院后勤集团参加奇瑞食堂招标，并一举中标了四个食堂的经营项目。通过严格的管理程序，微笑服务奇瑞职工，赢得了好评。同时，在两年的服务中为学校带来十多万元收入，吸引了中国科学技术大学、合肥工业大学、安徽医科大学等高校前来参观学习。

第三件事是，我在安庆师范学院推行了全省第一个使用IC卡实现食堂的管理系统，废除了饭菜饭票制，避免了饭菜票流通过程中存在的许多问题，吸引了当时华中的一些高校前来学习。同时，向时任安徽省教育厅副厅长金辉建言，在全省高校推广IC卡食堂管理系统。

采访人：您对安徽师大未来的发展有什么建议？

黄金余：我的建议可概括为六点：一是创新、扩大、办好公费来华留学专业。二是利用好“省部共建高校”、国家“中西部高校基础能力建设工程”、省政府“优先建设省属重点综合性大学和安徽省地方高水平大学”等项目和国家华文教育基地等有利条件，争取更多的优惠政策和资金的支持，把安徽师大建设得更好。三是继续扩大博士学位授权一级学科、硕士学位授权一级学科和专业学位授权点，以及博士后流动站和省级重点学科建设，向全国乃至国际一流学校看齐。四是利用推荐免试研究生资格和卓越教师培养计划的有利条件，选拔好苗子，重点培养。对认定的有培养前途的学科带头人，采取特殊政策，使之尽快成为一名合格的学科带头人。五是在“双一流”建设上早谋划，成立专门的班子，有措施、有计划、有步骤地推进工作，实现大学、学科建设新突破。六是找准学科前沿，扎实做好学科发展规划，与国内外知名高校以及科研机构合作办学，使若干学科达到或接近世界一流水平。

米志峰先生访谈录

采访时间： 2019年3月22日

采访地点： 米志峰先生寓所

受 访 人： 米志峰

采 访 人： 秦晓宇

整 理 人： 魏思兰

米志峰，男，1928年11月生，吉林省吉林市人，中共党员，副教授。1948年至1949年在东北大学干训班学习，毕业后转入东北师范大学政治经济系学习。1953年毕业于东北师范大学，毕业后留校任哲学教研室助教。1954年至1955年在中国人民大学哲学研究班进修。1956年调任安徽师院任马列主义教研室哲学教研组副组长。1980年恢复工作后，一直在安徽师大政教系任教。1991年退休后在校关工委宣讲团任职。

采访人：米老师，您好！很高兴您能接受我们采访。首先请您回顾一下您的学习和工作经历。

米志峰：我在1948年10月参加了由中国共产党举办的长春干训班，当时我隶属于东北大学三部二班。从干训班毕业之后，没有直接参加工作，而是参加了高校招生并被录取到东北师范大学政治经济系。抗美援朝战争爆发的时候，东北是前线，我当时正值大二，学校停课。我和一些同学参加了抗美援朝的几个活动：第一个是炒面，支援前线，满足军人的伙食需求；第二个是抬伤员，那时第一军医大学设立在长春；第三个是晚上拿着蜡烛抓虫子，预防敌军的细菌战。1953年毕业后留校在哲学教研室任教。1954年到中国人民大学研究班进修。进修结束后后继续回学校任教。1956年，我为支援兄弟院校，由高教部分配到安徽师院任教，当时我是马列主义教研室哲学教研组第一任主讲兼教研组副组长。这样算起来，我在安徽师大工作了30多年。我1991年退休，在1993年的时候，我参加了校关工委的工作。

采访人：我们知道关工委是关心下一代工作委员会的简称，您在校关工委经历过让您很难忘的事，能不能具体谈一谈？

米志峰：20世纪初，随着国家改革开放大好形势，我校关工委落户于离退休工作处。刚开始是由李敏和陆修伍两位老干部负责这方面的工作。李老自发而热衷于为学生做宣讲，他自己确定题目，自己联系学生，受到广大学生的欢迎，为关工委工作开了个好头。陆老虽然腿脚不方便，但是每次开会都会从教师公寓徒步走到离退休老干部工作处，做到每会必到，为开展日常工作进行有效的部署。

万事开头难，虽然两位老同志工作热心，但由于人员少，没有声势，也没什么规划。当时校关工委的工作还没有纳入全校工作总体规划，学校虽有总体的计划安排，对学校日常事务以及人员的安排都有统一的管理方案，但是校关工委的工作并不在这个计划之列。虽然如此，但校关工委的存在确实为后面离退休人员关心下一代发挥余热搭起了一个平台。直到校党委原副书记袁起河同志和宣传部原部长冯元钧同志从行政岗位退休参加校关工委的工作后，校关工委的工作局面才逐步打开。

当初，校关工委动员了一批离退休人员参加校关工委的宣讲团。刚开始有20多人，分为三个组：一个是思想教育组，主要讲与社会主义核心价值观相关的内容；一个是时政组，主要讲述国际与国内的时事；还有一个是党建组，给学校入党积极分子和青年师生讲党史和党章。在这个基础上，面向全校的宣讲活动才积极有序地开展。我当时属于时政组。主要是讲邓小平关于中国特色社会主义理论和我国经济体制改革问题。活动的展开，先是由宣讲人员提出宣讲题目，并把这些题目安排下去，再由学生选定讲题，然后由冯部长与各班辅导员商定时间、地点，宣讲才得以积极有序展开。这些工作多是由冯部长事先进行周密的安排才得以有序进行，也是基于冯部长密切联系群众，全心全意为青年师生服务所做的担当。

校关工委工作是一项既无报酬又讲求奉献的事业，参与者不仅要有一定的专业水平，还要拥有一颗热爱教育事业的心，有关心下一代的担当，并且有无私奉献的精神，对教书育人充满热情。把这些人动员、组织起来积极投入这项事业，组成一支有专业水平、有分工的宣讲团，无疑需要一位威信高且有号召力的人来负责主持这一工作。

每学期开学之后，我们都要用两个小时的时间举行一两次宣讲活动，由袁书记和冯部长作出安排，冯部长主要负责联系辅导员和班级，安排好时间和地点。大致一个老师负责一个班的宣讲，在宣讲活动开始之前，我们都做好了充分的准备工作，学生也很踊跃，尤其是低年级的学生。有的时候一个教室坐满了，后排还有很多站着听讲的学生。

除了安排好上述的工作，袁书记和冯部长自己还会确定题目进行宣讲，袁书记多次就“党建和党的组织工作”做了宣讲活动，冯部长多次做了“社会主义核心价值观”相关的宣讲活动。宣讲活动之后，袁书记和冯部长还要收集学生的反映，编写简报加以宣传，这也是袁书记和冯部长在校关工委长期工作中的担当。

当校关工委工作满载而行的时候，各学院二级关工委的组织便提上日程，袁书记和冯部长在校党委支持下，推动了各学院二级关工委的组建。这既充实了校关工委的力量，也发挥了二级关工委的独特优势。学院里每年都有刚从课堂上退休下来的人员，一年比一年多，已经具备了组建院关工委的条件。他们的优势就在于，这些基层的同志深入群众，了解青年师生所思所想，熟悉学院里发生的事情和学生想要了解的内容，从而使他们的宣讲更有针对性。我们宣讲的内容大多与学校宏观方面政策有关，但是二级关工委了解学生的动态，所以他们的宣讲更有的放矢，更有优势。比如，有的学生很积极，想要加入党组织，入党会花费许多时间和精力，他们既希望靠拢组织，又想把主要精力放在学习和就业方面。这就需要二级关工委开展工作，帮助学生摆正自己的态度和想法。比如，历史与社会学院徐正老师所讲的《台湾回归与祖国统一》这篇充满爱国主义的宣讲，不仅在校内多次宣讲，还应邀到市里有关单位进行宣讲。又如，文学院关工委人员所宣讲的《大学生应有的恋爱观》，更是引起轰动，效果非常好。学生都是成年人了，进入大学后，我们不提倡恋爱，学生应该以学习为主，如果有恋爱，则要在不影响自己学习的基础上进行。这种正面的人生观教育改变了以往高校对这个问题的被动回避状态，不仅吸引了本院学生，而且吸引其他学院学生来听。再比如，对毕业生的就业指导宣讲，抓住我国社会由计划经济到市场经济的转轨，引导学生把自己的人生选择和祖国社会主义建设的需要结合起来。这些宣讲显示了学院关工委的优势，充实了学校关工委的力量。

在宣讲全面开展过程中，校内纷纷兴起组建学生社团，我记得有邓小平理论研究会（后改为中国特色社会主义理论研究会）、赭山史学社、文艺社、英语角等社团。校关工委及时介入了这些社团，进行辅导，这就拓宽了宣讲团成员联系学生的渠道，也丰富了校园文化。这些社团不仅对宣讲活动非常支持，在社团内部组织宣讲活动，而且还去校外开展宣讲活动，尤其是邓小平理论研究会，不仅在省内出名，在全国也获过奖。

校关工委工作多层次全面展开，日趋活跃，受到校党委高度重视，并进一步纳入全校工作总体规划。袁书记及时明确了校关工委工作的定位，即“配合主渠道，完成学校教书育人总目标”，这样的定位使关工委工作及时纳入既积极又有序的规范中。

本着教育者必先受教育的原则，校关工委加强了内部学习和对外交流，并作出了阶段性总结，进行批评和表扬。

我们学习的党的文献有很多，如邓小平理论、“三个代表”重要思想、科学发展观、习近平新时代中国特色社会主义思想等。每年初党中央关于农业改革的“一号文件”印发后，校关工委会就相关宣讲的题目进行学习。我就邓小平理论过宣讲。此外，校关工委还会组织宣讲团成员到小岗村、中共一大会址进行参观学习。从小岗村回来之后，我对农业改革在中国大地上的兴起十分感动，可以说是感同身受，特别想要把农业的历史发展弄清楚，所以我之后的宣讲题目便是与农村的农业改革相关。我当时学习了很多文献，从小岗村的改革到农业现代化，从中国城乡二元结构的社会到城乡一体化，农业改革步步深入。此外，农村改革带来的一些影响在我们学生身上也有较多的体现，班上担任班干的多数是来自农村的学生，农村学生考研、留校、考公务员所占比重也是比较大的。总体来说，我们内部自身通过学习充实自己，深化了宣讲内涵。这也说明关工委具有自我教育功能，是离退休人员老有所学的一个重要平台。

在上述各方面工作进行到一个阶段之后，我们还会进行内部评比，组织对外交流，包括编发简报和访问兄弟院校关工委；评比表扬先进，交流以相互借鉴，对上一个阶段的工作做出总结。这是一项需掌握方针、了解全面又相当繁重的工作，也是由袁书记和冯部长负责。回顾这些活动，实践证明，袁书记和冯部长不愧是青年学生的良师益友，关心下一代的典范。我本人在经历一段关工委的工作后，感到退休后的生活无比充实，我就是希望关工委以后能够多组织宣讲成员参加社会实践。

钱野泉先生访谈录

采访时间：2019年7月12日
采访地点：钱野泉先生寓所
受 访 人：钱野泉
采 访 人：秦晓宇
整 理 人：梅　健

钱野泉，男，1930年6月生，安徽枞阳人，中共党员。1952年至1954年在安徽大学（今安徽师大前身）师范学院地理专科学习，毕业后分配到合肥市第一中学任教。曾任安徽省地理学会理事、地理学科高考阅卷委员会委员、江淮片地理阅卷组组长兼合肥地区地理阅卷组组长、合肥市地理学会副理事长。1984年至1986年连续三年分别为上海市、山东省、江西省代拟成人高考试卷。1986年应安徽省政府办公厅邀请，参加中华人民共和国地名词典“安徽省卷”的编辑工作。

采访人：钱老师，您好！我们很高兴有这次采访机会跟您进行交流。您作为新旧社会交替的亲历者，见证了中国教育的变迁与发展。先请您回顾一下您早年求学和工作的经历。

钱野泉：首先要感谢你们的采访。我确实是一个新旧社会交替的见证人。因为我的小学和初中阶段，处于抗日战争年代，当时我的家乡沦陷了，我亲眼看到日本人对家乡父老兄弟的欺凌，所以心里就非常痛恨日本人的侵略行径。高中阶段处于解放战争年代，日子过得也不好。那个时候我在中学读书，还谈不上有什么远大的志向，也不知道未来的前途是怎样。我高中毕业的时候，正好家乡解放。

1949年，我高中毕业，应该是我们家乡第一个拿到新中国带有五角星的毕业证书的人。毕业的时候很多同学都去参军、参干，我没有去。回乡以后，家乡正好掀起一股办学热潮，我的老家在农村，离安庆市还有100多里，当年我们家乡只有私塾，没有学校。乡政府要求办学校，欢迎我出来办小学，足见我党的政策暖人心。虽然毕业时没有参军、参干，但可以为家乡的教育事业做点贡献，我感到十分高兴。当时很多孩子都不识字，我可以教他们读书、写字，传授简单的科学知识，所以觉得自己这条路走对了。当地政府对我在小学的教育工作非常支持。

经过在家乡的两年小学教育工作，组织上就选派我去上大学。当时我们区里有200多名教师，那时候保密工作做得非常好，事前我根本不知道让我去上大学的事情。有一天，区教委通知我去区里开会，到了那里，区文教员让我带一封介绍信到县里去报到。我去县教育科以后，才知道是去安庆，准备复习几天功课，参加安徽大学招生考试。说是考试，其实是保送。我非常感谢共产党，党的政策英明，我是地主家庭出身的孩子，还没有为党、为人民做点什么，就保送我上大学，真是很幸运。

采访人： 原来您是工作以后来到我们师大继续深造的，在那个年代上大学机会真的很难得，那您还记得您步入大学的时候安徽师大的样子吗？

钱野泉： 一晃就是60多年，但仍可以回忆起来。我今年已是90岁高龄的老人了。当年作为一个农村的小学教师，能保送上大学，可以说是一步登天。保送上大学对我来说确实是人生的一个很大的转折。1952年，学校的名称为安徽大学（今安徽师大前身），当时的安徽大学有师范学院和农学院两个学院。师范学院专科部设在芜湖市狮子山上，这里范围不大，山也不高，但环境很好，特别安静，是办学的理想地点。这里有规模不大的教学楼，有两层楼的学生宿舍和食堂等必需的生活设备，这样的学习环境对我们来自农村的小学教师来说，已是非常好了。

地理科的教学硬件设备是比较简陋的，但在中华人民共和国成立初期，国家给我们安排如此安稳的学习环境，这样的机会真是来之不易，所以同学们都很珍惜，学习热情很高。只有学好专业知识，才能做好未来的人民教师。就生活来讲，国家考虑得更周到了，我们以前都是农村、县城的小学老师，生活十分艰苦，上了大学以后，吃的是食堂，伙食比以前好了很多。更重要的是，我们当时属于调干生，享受的待遇比当时小学教师要高，每月有28.7元的补贴。我们班有29名同学，其中有小学校长、团支部书记。有的同学年龄已30多岁，年纪比较轻的只有五六个人，我属于年龄较小的同学。当时正值抗美援朝时期，学生经常有一些社会活动，比如慰问、欢迎回国的抗美援朝志愿军，到长江堤防抗洪、抢险、防堤等，同学们的政治热情都很高。

采访人： 当时我们学校地理科学这个专业都有什么课程？课堂上一般都会教授什么内容？这两个问题您可以说说吗？

钱野泉： 当时师范学院专科部叫地理科。科主任是于隆业老师，教我们普通自然地理，这也是唯一有教材的课程，是苏联版本。其他课程都没有教材，都是任课老师自编教材上课，课后发油印讲义。普通自然地理内容多为自然科学，有很多章节，自学有困难，是初中地理教学难点，没有学过地理专业的人，教这方面内容都感到有些困难，而我们受过专业学习的就有了优势。于隆业老师讲课口齿清晰，语速均匀，板书工整，他讲课的内容，我几乎可以完整地记下来，他的这些教学方法，我认真吸取，是我日后教学的典范，真是终身受益。教中国地理的老师叫汪业骏，当时还是年轻教师，他自己编教材印发讲义，教学特别认真，常收集同学们的听课笔记仔细阅读，并选择记笔记较完整的为样本，让同学们相互参阅，以提高笔记的完整性，我的笔记也曾被他选中。汪老师善于制图，还曾邀请我去他的制图室参观，他的制图室让当时的我大开眼界。看到汪老师自己制作地图，我倍受启发，到中学工作后，对制图工作十分重视，也正是有了自己绘图这项本事，我才能在那个教学资源有限的年代，很好地帮助学生理解地理知识。

我们当时的专科部总务主任闵煜铭老师教地质学，他上课没有教材，但是上完课后可以很快发讲义。那时候没有电子打印设备，他就为我们刻钢板，来不及的时候就请他的夫人帮忙刻，老师夫妇二人常常牺牲自己的休息时间来帮我们印制讲义，学生都十分感激和敬佩他们。他很关心学生，没有架子，我们也都十分喜欢接近他。后来任我们地理系主任的余俊生，讲的是中国自然地理，是个闻名全国地理界的教授。他也是自编教材，讲课内容有理论、有质量，同学们都十分佩服他，有时候他还把他在1949年以前编写出版的地理专著给我们看。他的特点是，文质彬彬，温文尔雅，语言简练，具有学者风范，他也是我最敬佩的学者、教授。教我们世界自然地理的教授沈思屿，是新中国成立前国内高等学校地理专业老教授。课堂上，说到外国地名时，他都是讲英文，在中华人民共和国成立前出版的著作也不少，我当时有幸见到的是多本外文地图。在那个教育资源相对匮乏的时代能有这些已属不易。我还记得教我们测绘学的是胡季文老师，后来调到安徽大学（今安徽大学）外语系任主任，据说现在有100多岁了，只是大概听过他的消息，却没有再见过他了。

采访人：您对我们师大有很深的感情，在校期间的任课老师，您都记得清清楚楚，大学生涯还有什么令您难忘的人和事？

钱野泉：时间太久了，很多事一时想不起来。在校学习期间，我有一位关系很好的同学，叫成功，也许是当时座位离得近，所以接触较多。他的年纪比我稍大一些，他学习认真，不苟言笑，书写整洁，文学修养好，学习成绩比我好。1954年毕业的时候，长江发大水，学校师生到防洪堤抗洪抢险，填沙袋，护防洪桩，一干都是半天，有时夜里也去。后来我生病了，一直得到他的精心照顾，真是亲如手足。毕业前夕，我俩还到照相馆合影，该照片保存至今。毕业时他分配到芜湖市第四中学，在中学，我俩很快承担起高三毕业班地理复习课工作，相互交流教学信息、资料，这对我的地理高考复习工作很有帮助。“文革”后，他任某中学校长，我曾经以合肥市地理学会名义，组织部分地理教师到他的学校取经、调研。后来他还任芜湖市教育局副局长。可惜他先我而去，病逝在西安子女工作的地方。

采访人：您从事地理教学多年，教学工作广受师生好评，师大教育对您之后的工作有何影响？您在教学期间一定有很多感悟，能不能和我们分享一下？

钱野泉：地理课在中学是一门较为难教的学科，因为学生认为它是副课，不重视，甚至讨厌。我就要想办法改变合肥市第一中学地理课不受重视的情况。用现在的话来说，就是要刷“存在感”，启发学生愿意学地理课。当时报纸很少，更无电视、手机，信息传递极慢。而地理教学任务之一，就是要为经济建设服务，要结合教学及时传递这些信息，因此，每当有重大新闻事件，我都组织地理组老师出黑板报，将其放在校园内醒目的地方，供学生阅读。后来我特意找到学校有关部门，申请一面墙壁，这样黑板报就发展为墙报，以使信息保持时间更长。再后来经与同组老师商议，决定创办地理小报——《小环球报》，目的是改进教学，使地理教学能够密切结合当时国内国外的政治、经济形势，向学生宣传，培养学生课外阅读能力及写作能力，提高地理教学质量。经过两年多的刻苦探索，不断改进，小报的版面设计和内容得到很大提高，不仅设有政治、经济栏目，还有地理科普栏目等，做到每月一期，定期出刊。学生既是读者，又是作者，我们鼓励学生投稿，学生在小报上发表文章，均给予科普读物作为奖励。为此，我写了一篇关于创办小报的文章《我们是怎样办〈小环球报〉的》，发表在上海《地理教学》杂志上，引起国内中学地理界的热烈反响，全国先后有近20所中学来信求取办小报的详细资料，特别是北京师范大学地理系地理教学法研究组的老师们多次来信求取各期的小报样品以及办小报的经验。他们把办小报的活动编写成教材，作为地理教学法课外活动内容的一部分，进行讲授。同时我也托他们在北京替我代买一些科普读物，作为奖励学生的奖品，还用所得稿费为全组老师每人订一份全年《地理教学》杂志。后来，中央电视台中学生节目组会同安徽电视台采访我们办小报的情况，并录制成节目，在中央电视台中学生节目栏中播出。经过全体师生的共同努力，特别是学校领导在办小报经费上的支持，我们的小报得以定期出刊。从此合肥市第一中学地理组在全国中学地理界具有一定的知名度。

另外，刷“存在感”的办法就是要提高地理高考成绩。我从1977年恢复高考到1990年秋退休的十多个春秋里，不管是在合肥市第十六中学，还是在合肥市第一中学，几乎每年都教授高三地理复习课，其中的辛苦与快乐交织在一起，形成我退休前一段有意义的人生经历。合肥市第一中学各科高考成绩每年都有统计，有时还予以公布，地理科成绩一直居上游。据1988年学校教务处学生高考地理成绩统计表，我授课的班级学生地理平均成绩为82.28分（满分100分）。这是师生共同努力的理想回报。

学校是寻求知识的理想园地，高等学府更是吸收专业知识的殿堂。安徽师大的两年学习，让我既接触了专业知识，更得到了多位名师、教授的指导、培养。如果不是从安徽师大毕业，我不可能到中学教课，所以在师大学习，改变了我的人生，特别是到了中学后，经过领导的教育帮助和自己的努力工作，获得一些成绩后，更加感激母校的教育之恩。

2006年，应在美国工作的女儿的邀请，我在美国客居半年。由于职业原因，我专程实地考察了美国的著名胜地。更由于职业原因，我对美国中学教育和高考制度做了一番考察。我曾到在美国大学读书的外甥曾就读的中学参观，拜访了他以前的中学地理老师。通过和他的老师的交流，我发现美国的中学教育特点较多，教学的灵活性较强，注重培养学生自主创新，其中有两点让我至今难以忘怀：一是美国中学各年级不设固定班级教室，学生每人有一个固定的柜子，放置书籍及其他用品。各学科教室旁有任课老师的办公室、学科图书室、阅览室以及实验室等，其中地理科还有规模很大的绘制地图室。学生根据所学课程，按时分别到不同的学科教室听课。二是学生演讲活动频繁，每周末各学科都有多场演讲活动。组织者是学校学生会的各个社团，一切活动全由学生举办，如出海报，公布演讲学生、内容、地点。学生自主选题，自愿参加听讲。演讲内容和效果是决定参加听讲人数多少的重要标准。回国后，我写了一篇论文《美国的中学教育和高考》，发表在安徽省教育厅主办的《行知研究》杂志上。

采访人：从事教育事业那么多年，您在坚守什么？取得过哪些好的成绩？

钱野泉：好成绩谈不上，但我一直都在努力为地理教育事业尽自己的一点力。1958年暑假，我省教育厅组织全省各科高中教师在合肥举办暑期教研会，学习期间，省教育厅有关领导指派我替全省高中地理教师做一次业务方面的专题报告，我讲的题目是“合肥一中地理教研组如何开展地理课外活动”。我主要讲述地理组组织、指导学生自制地理教学挂图、地图模型和地理园气象观测等活动。

1960年前后，我省地理学会在合肥举办首届学术年会，我写了一篇文章《中学地理教学如何为农业生产服务》，被选定为大会宣读论文（中学组会员中仅选此一篇）。会后，经小组讨论、专家评议，我获得了不少帮助、鼓励。

1965年，在安徽省教育厅领导下，我校开展“学习上海育才中学教育改革经验”试点工作，准备向全省推广。省教育厅派出工作组，在中教处处长王世杰的带领下，指导我校的教学改革工作。教育厅的教研员，参加我校各学科教研组的活动，与我们共同学习有关文件，参加备课、听课、课后讲评等。经过两个学期的学习、讨论、探索和实验，我结合当时教学改革实践情况，写了一篇文章《我是这样改进地理教学的》，发表在中国地理学会、中国科学院地理教学研究所主办的《地理》双月刊上，深受省教育厅领导和我校领导的重视。后因“文革”开始，这项教育改革活动便无疾而终。1969年，学校下迁到颍上县，我随校下迁。1971年调回合肥，先后在合肥市第九中学、合肥市第十六中学、合肥市第一中学任教，直至1990年退休。

我退休后仍不甘心闲着，从74岁开始，在老年大学学习书法，先后跟两位老师学习10年书法，每周听课1—2次，每节课都记笔记。不论寒冬酷暑，我都坚持练习书法。2016年，我将尚存的书法习作认真整理，与夫人钱佩华的写意画作品合编成册，出版了《墨韵丹青书画自选集》，尝试以书画会友的乐趣。2018年至2019年，我将老年大学学习书法的听课笔记重新整理，编写了《书法笔记》，主要讲述篆、隶、楷、行、草五种书法产生的历史背景，主要创始人及其代表作品、书法特色，练习每一种书体的基本方法等，可供初学书法者借鉴。这也许是我退休后发挥的余热。

采访人：您将珍藏多年的毕业证书赠予安徽师大档案馆，我们知道这份毕业证书写满了您的大学回忆，寄托着您对母校的深情，将这么珍贵的藏品捐出，这是出于什么考虑？

钱野泉：毕业证书是一个人文化水平的标志性资料，特别是高等学校的毕业证书，非常珍贵。我这张毕业证书还加盖了教育部钢印，更为珍贵。我在安徽师大学习两年地理专科，所受教育，终身受益。不久前安徽师大地理与旅游学院党委书记贾冠中、院长苏勤专程来我家看望我，并将我当年的毕业证书拍照带走。后来我考虑安徽师大校史展馆需要的资料是多方面的，有历史意义的毕业证书也是一部分。今天，我有机会捐出复印的毕业证书，不如捐出实物原件，这更有意义和收藏价值。能够捐出毕业证书给安徽师大档案馆，是我的荣幸，也是对母校一点小小的奉献。为捐毕业证书，我还写了一首小诗，赠给母校。诗曰：

别梦依稀六五春，赭山脚下来故人。
喜闻筹建校史馆，捐赠证书表寸心。

采访人：不知不觉，今天的采访即将结束，最后请您对我们师大在校师生提几点希望和建议。

钱野泉：我是安徽师大的老校友，在师大历史长河中，我们永远是校友，应该互助、互爱，相互砥砺，在各自的工作岗位上，都应尽力工作，为母校争光。90年的人生历程和60年的工作经历，我的感悟很多，提出两点，供校友分享。

第一，师大的校训是“厚德、重教、博学、笃行”，这是人生的远大理想，是师大师生毕生努力的方向，是做人、教学、科研的准绳，大家都要朝这个方向努力，唯有如此，才不愧为受师大教育多年的后生。

第二，学无止境，做学问千万不能自满，要博览群书，学以致用，既要热爱专业，又要开拓创新。比如，我是中学教师，教地理，不能仅仅根据教材上课，必须结合国内外的政治、经济形势进行教学，特别是经济建设所取得的巨大成就，更要大力宣传，以鼓励学生斗志，培养学生奋发图强的精神，这也是激发学生学习地理课兴趣的理想途径。我认为，在困难面前，要勇于克服困难，再难办的事情也要尽力去办，总会有所回报。有了这些信念，什么事都能做好。

裘士京先生访谈录

采访时间： 2019年6月19日

采访地点： 花津校区博物馆

受 访 人： 裘士京

采 访 人： 秦晓宇

整 理 人： 魏思兰

裘士京，男，1947年5月生，浙江绍兴人，教授，博士生导师。1975年毕业于南京大学历史系考古专业，分配到安徽师大历史系任教。1985年至1988年于安徽师大攻读中国古代史专业先秦史方向研究生，获历史学硕士学位。曾任安徽师大历史系主任、社会学系主任，安徽省炎黄文化研究会副会长，中国先秦史学会常务理事，安徽省考古学会常务理事，安徽省中学历史教研会理事长等职。系安徽省级高校教学名师，享受国务院政府特殊津贴。

采访人：裘老师，您好！我们很高兴有机会采访您。首先请您简要介绍一下自己的工作经历。

裘士京：我是安徽师大历史与社会学院的一位老师。1975年，我从南京大学历史系考古专业毕业以后就在安徽师大历史系工作，直至2013年退休。退休后，由于工作需要一直被学校返聘，主要担任安徽师大博物馆的建设和策划工作。我在安徽师大工作40余年，经历了许多事情，无论是教学科研，还是博物馆的建设，我觉得自己都做了一个教师应该做的事情。今天能参与口述校史的访谈，我感到非常荣幸。

采访人：我们师大的博物馆是在您的带领下建设起来的，能和我们说说当时的大概情况吗？遇到的问题和困难有哪些？

裘士京：近年来，博物馆建设一直受到中共中央总书记习近平的重视。习近平总书记在多种场合，以不同方式，反复强调要加强历史文化的建设。中国是历史文化底蕴非常深厚的国家。我们大学的办学任务，除了要引导学生学习文化知识，从事科学研究，还有一个非常重要的任务，就是进行文化的传承。

近几年，中国博物馆的发展很快，高校博物馆得到较快发展。目前，我们安徽师大博物馆的藏品规模和精品率，在全国高校中是比较有名的。

第一，我们博物馆藏品的精品率很高，虽然我们馆藏总量不是特别多，但百分之六七十藏品都是国家珍贵文物。国家珍贵文物可分为一级文物、二级文物和三级文物。我们博物馆的藏品中，国家一、二级文物有120多件，这在其他高校是非常少见的。

第二，我们博物馆搬至花津校区后，在校内开放的十几年期间，每年的参观者都高达上万人次，参观者一致给予了非常高的评价。因为我一直在负责我们师大博物馆的建设，对校博物馆的建设比较了解。我想就以下几个问题对博物馆的建设进行简单的介绍。

来博物馆参观的朋友都认为我们师大博物馆的精品非常多，精品率非常高，尤其是瓷器。从新石器时代的陶器到汉代的釉陶，再到六朝非常典型的青瓷，以及唐朝的唐三彩，再到宋元、明清的官窑，都在我们这里汇集。很多人都会有一个疑问，我们这些藏品从何而来。在这里我想正式介绍一下我们师大博物馆藏品的主要来源。

第一个来源是20世纪40—50年代，原安徽大学、安徽学院、皖南大学（这些都是安徽师大的前身）通过收购、征集获得的一批历史文物。这些价值不菲的瓷器在当时价值几元到几十元不等，因为当时社会动荡，许多人为了养家糊口，把一些藏品进行了变卖。这一批文物就由现在的安徽师大接手，所以原来老安徽大学收集的文物全部都在这边。

第二个来源是校友和社会贤达的捐赠。最近几年有五批重要的捐赠。第一批是2016年朱典淼先生捐赠的32件近现代的名人字画，此外朱老先生在全国各地收集的不同式样、不同年代、不同雕刻风格的砚台共42件，这些非常具有收藏价值，朱老先生也一并捐赠给了我们师大。第二批是2018年赵世杰先生捐赠的明清古旧家具104套，220余件，这是他近半个世纪的收藏。赵老先生在20世纪七八十年代曾有10年的时间在安徽师大中文系任职，之后下海经商，成为珠宝界的专家，自2015年开始，赵老先生就把这批家具放在安徽师大博物馆捐展，当时还没有确定要捐赠给安徽师大，几年之后经过慎重考虑，赵老先生决定大部分捐赠给安徽师大。这100多套家具主要是徽州地区明清时代的物件，其特点是精致、式样繁多，囊括了人们生活的各个方面，蔚为大观，极大地丰富了我们博物馆的馆藏，价值非常之高。第三批是2016年物理系校友舒凡先生捐赠的100余枚钱币，包括了先秦到明清时期，其中最重要的就是先秦时楚国的玉贝和骨贝，还有一些青铜铸造的钱币，这些都是较早时期的钱币，非常具有收藏价值。第四批是2018年美术学院学生捐赠的古代钱币100余枚。第五批是安徽农业大学张汉鹄教授捐赠的其晚年制作的蝴蝶翅膀粘贴画共124件。张老先生主要从事昆虫研究，他在学术上的成就非常大，于2017年获得了全国昆虫研究的终身成就奖。张老先生用收集的蝴蝶做成标本，捐献给了安徽农业大学陈列馆，并把用这些蝴蝶翅膀碎片制成的粘贴画捐赠给了我们师大博物馆。这些画都非常精美，我们给它取名为蝴蝶翅膀粘贴工艺画。张老先生1953年毕业于省立安徽学院（安徽师大的前身之一）农学院，在其毕业的第二年，也就是1954年，学校已与国立安徽大学合并为安徽大学，整个农学院迁至合肥，成立安徽农学院（今安徽农业大学）。在此之后我们与张老先生并没有联系，直至前儿年我们发现张老先生曾在1954年捐赠给安徽师大博物馆一方祖传砚台，这方砚台背后有四大名人的题字，经鉴定这方砚台是扬州八怪之一罗聘用来画梅的砚台，被认定为国家二级文物，这方砚台的价值非常高。因为这件文物，我们就找到了张老先生，然后发现张老先生有这么多的蝴蝶翅膀粘贴画。此外还有张荣国、朱石金、章开沅等先生捐赠的字画和其他文物。

第三个来源是我带领学生考察、采集或友人捐献的文物百余件。主要有带领1978级学生于1980年收集的莲塘遗址新石器时期石器20多件（其中一件为二级文物，12件为三级文物）；1992年芜湖市第十二中学原教导主任高家训先生送来20多件南宋韩瓶，这些物品均出土于该校古井中；1984年带领1981级学生考察芜湖市石城大队商周遗址时发现的石斧和残鬲足等，以及在南京、凤阳等地考察时收集的汉砖、明城墙砖若干。此外在赭山校区发现的多批次文物，包括六朝鸡首壶、墓志铭等，还有原财务处交给我的数十件瓷瓶（这些瓷瓶经鉴定是现代工艺品）。

在相当长的一段时间里，很多文物因为条件的限制，被放置于地下室封存。这些文物被打开之后，由于场地的限制及缺乏安全措施，不被允许展览。直至2007年，我们学校博物馆开始建设，这些文物才得以重见天日。

博物馆全部文物包括玉石器、青铜器、陶瓷器、字画、雕漆器、拓片等，其中尤以陶瓷器为最，可以单独陈列展出。经鉴定，我们学校博物馆馆藏文物，其中一、二级文物120余件，三级文物500多件。品类多、保存好是本馆的特色，在全国高校中较为突出，在师范类高校中更是凤毛麟角。捐赠物品鉴定定级工作将于近期进行。

现在，全国高校博物馆发展很快，但是我们去各地高校博物馆参观时发现，其中大部分都是由校史馆改造成的博物馆，他们都不是名副其实的博物馆。还有一部分是行业博物馆，比如广东中医药大学的博物馆，里面展览的是成千上万种中草药材以及几千份古方。还有一些学校把校史馆和生物标本馆、地质标本馆放在一起组合成一个博物馆。这些都跟我们传统意义上的博物馆不同，我们传统意义上的博物馆收藏的主要是历朝历代遗留下来的具有艺术价值的文物，以及和人们生活息息相关的古代器物。我们师大博物馆的馆藏就是这样的一批文物，这样的文物不进行保护保留，它们可能都会消失。

我们师大这一大批文物的经历也是非常坎坷的。安徽师大前身的校址在安庆的时候就收藏了一些教学模具和教学标本，当搬迁至芜湖时，有一批老教授向学校申请经费去民间收集了一些文物。此外，安徽省博物馆在20世纪50年代曾下拨一批重复的文物给安徽师大，现在看也很珍贵。

早在1954年，我们师大就花费了不少费用专门定制了一些展柜，在赭山校区的教学楼对校内人员展出，展区只有三四百平方米。那时候也没有安排专门的安保人员保护，所以只展示了一小部分文物。不久之后，学校进行院系调整，历史系并入合肥师院历史系，这批文物也被全部打包装柜，随历史系搬至合肥，全部放置在地下室，还未来得及打开，幸好之后发生的“文革”并未破坏这批文物。1970年，院系再次进行调整，合肥师院被撤销，历史系又搬回至安徽工农大学（今安徽师大），这批装有文物的箱子也随之一起搬回，之后就一直在图书馆的地下室存放。直至1975年，我来到安徽师大。后来，这些箱子部分被打开，在校内进行了小型展览，吸引了很多人员前来观看，获得一致好评。这次展出的只是很小一部分精品，但由于当时没有经费采取措施保障文物安全，这些文物的安全不能得到保证，所以展出几个月之后又被收起来。就这样又过了30多年，直到2007年学校领导下定决心要在花津校区找一个地方安置这些文物，随后在图书馆里建了一个小型博物馆。所以这批文物经历了从安庆到芜湖，从芜湖到合肥，再从合肥到芜湖这样一系列的搬迁过程，但文物保存基本完整。博物馆的前期建设情况基本就是这样。

采访人：我们博物馆建成后至今十多年的发展情况如何？能否介绍一下。

裘士京：从20世纪50年代开始，我们学校就有历史系文物室，但实际上没有办法展出文物。2007年，为筹备80周年校庆，校领导下定决心，要把这些文物展出。所以他们就找到我，那时我正带着研究生和博士生从事科研工作，因此就带着他们一起筹备了这次展出工作。这些工作放在现在来看是比较轻松的，但在当时还是比较困难的。这些文物被存放在地下室长达40多年，存放文物的箱子外面和里面的文物积灰有一厘米厚。开箱工作时，我们给每一位工作人员都配备了一套白色工作服，白大褂、白手套、白鞋套、白帽子。从保留下来的照片中可看出，我们工作人员清理这些文物的困难和辛劳。

初步打扫之后，就要登记造册，然后进行打包、装箱的工作。我们在之前就已经备好20多个大箱子，装箱装车完毕之后，由武警战士用军用卡车把这些文物从赭山校区运押，安全送到花津校区的库房。这些文物被运送到之后，再进行开箱清理，每一件文物重新登记、编号、量尺寸、称重量、拍照、入库、上架。这样一系列工作做好之后，那20多个箱子就得以空出，再运回赭山校区装载下一批文物。我们教研室很多老师、研究生都参与了这项工作。这样的一系列工作历时三个多月，之后就准备布展，包括展陈设计、精选展品、上展柜、制作标牌、翻译展品的标示牌、撰写前言和解说词、培训讲解员等一系列工作，确保了在我校80周年校庆的时候对外展出。

之后我们通过一位校友李修松先生（现任安徽省政协副主席），他当时是安徽省文物局局长，联系到安徽省文物工作站的一些鉴定专家对我们的藏品的真假、时代、价值以及档次进行鉴定。国家对馆藏文物都有分类规定，主要分为珍贵文物、一级文物、二级文物、三级文物、一般文物和破损文物。我们前后两次邀请这些专家对这批文物进行鉴定，由于校友的关系，这些专家的鉴定费都是减免的，为我们学校省下了一大笔资金。对于一些安徽省专家把握不定的部分文物（主要是唐三彩器），我们又邀请了河南省博物馆的专家重新进行鉴定。通过这样一系列工作，我们的这些藏品全部鉴定完成。

这批文物登记造册之后都有各自的编码，只需输入一个编码，就可查到这个编码所代表的文物，有关这一文物的信息也都全部展示在我们的面前。至此这批文物的整理工作就全部完成了。

最近几年，我们博物馆还花费一笔资金购置了一批繁昌窑瓷器。繁昌窑的名气最近几年才得以提升。最近研究人员发现，繁昌窑在中国瓷器史上具有重要的价值，它是中国最早的官窑之一，是五代时期的官窑。专家们认为繁昌窑是景德镇瓷窑的前身，景德镇瓷窑至少有一部分是受到了繁昌窑的影响，景德镇瓷窑的原料很可能有一部分来自安徽黄山一带。这样一系列的调查鉴定使得繁昌窑的名气大增，吸引了许多收藏人士，繁昌窑的价值大大提升。十多年前一二十元的瓷器到现在价值上千、上万元。安徽师大地处芜湖，繁昌又隶属于芜湖市。所以我们博物馆不能没有它，因此我们就申请购置一批繁昌窑瓷器，最后审计处、财务处安排专人同我们一起前往购置了一批繁昌窑瓷器。两三年的时间，繁昌窑瓷器的价值又增长了许多，足以说明我们当时的决定是明智的。

我们博物馆足以称得上是安徽师大的一宝，在全国高校中也是名列前茅。尤其是这批家具，即便在省级博物馆，也很少见到这么多套明清古旧家具的精品。

每年开学季新生进校时，每个学院都会组织学生和家长前来我们博物馆参观，感受历史。此外，和学校有联系的单位每年都会组织员工前来参观。各级领导前来我们师大指导工作时也会在校领导的陪同下前来参观。

可以说，师大博物馆是安徽师大的一张名片，反映了学校的历史积淀。要了解历史，可以有多种途径，博物馆将是一个以更加直观的方式展示文明进程和成果的场地。这是最近博物馆成为热门地的重要原因。逢年过节，故宫博物院，以及各处的博物馆都是人头攒动，我相信我们师大的博物馆也会越办越好。

采访人：我们学校博物馆建设逐年加快，但从实际效果来看，目前还存在一些问题，您能否具体说说？

裘士京：目前我们博物馆的建设确实存在一些亟待解决的困难。

第一，我们没有独立的场馆。博物馆设在图书馆内，展厅面积很小，因此我们只能展出部分文物，大量的文物还是存储在库房里。我们的藏品，尤其是家具就需要1500～2000平方米的空间进行展览，但现在我们展厅的总面积才1000平方米，所以70%的家具都被存放在图书馆的多处地方，不能被集中展出。

第二，我们没有专款专用的固定经费。博物馆设在图书馆内，仍然由历史与社会学院代管或托管，博物馆的活动经费都是历史与社会学院筹集的，相对来说使用不便，不能满足博物馆的活动经费需要以及一些文物的修复需求。

第三，博物馆的人员编制仅两人，太少。虽然学校、学院设立助研岗和助学岗，每年派5个研究生和4个讲解员，但是讲解员的流动性太大，很难固定下来。博物馆的讲解员需要有足够广的知识面，要经过专业的培训和训练，流动性太大会给我们的培训带来负担，希望最好有一个专职讲解员来为我们博物馆参观的人员提供讲解服务。

学校对我们博物馆的建设越来越重视，至于博物馆建设接下来的安排，还在继续商讨之中。

采访人：您在担任我们历史系主任期间，有过哪些令您印象深刻的经历？能和我们介绍一下历史与社会学院的学科发展情况吗？

裘士京：我是1975年南京大学历史系考古专业毕业，分配至安徽师大历史系任教的。由于经费、场地的限制以及安保措施的缺乏，所以博物馆的建设一直被搁置下来。我无法从事与专业一致的工作，便在历史系任教，从1976年开始，每年都会开中国考古概论。在2000年前后，又开了文物鉴赏这门课程。这些课程都是公选课，选课的学生非常多。就我个人来说，教师就是要做好教学工作和科研工作。我来到安徽师大历史系的时候，正处于教师队伍青黄不接的阶段，老教授的年纪比较大，接近退休，年轻老师水平有限，经验不足，历史系的情况尤为突出。1989年的时候，我42岁，属于青年教师中年龄最大的之一，还有临近退休年龄的教授和行政人员，总共30多位老师。当时系里认为，历史系要继续发展下去，就得培养年轻一代的老师，要后继有人才行。于是，我就在1989年2月由老师们选举担任历史系主任，直到1999年卸任。我当时还是讲师，所以是破格任用。我做了许多事情以促进历史系的发展，主要包括以下几个方面：

第一，抓团结，泯除恩怨向前看。如果领导班子不团结，教师队伍不团结，学院就很难继续发展。我来自外校，又是年轻人，一切不利于团结的因素都不再计较。党政团结，齐心合力做好工作，有问题放在明处，相互支持，不争权。我当系主任期间没有出现较大的教师矛盾，老教授们对我的工作非常支持，我和系总支书记之间的工作配合得相当好，一起为本系干实事。

第二，出于公心，不谋私利，所有奖项和钱财与己无关，绝不伸手。所以处理事情出于公心就能立威，事情就好办得多。不争个人荣誉，在任期间，我放弃所有荣誉的申报，我所有奖项的申报都是在我卸任以后进行的，这样就减少了许多不必要的意见。

第三，抓创收。利用社会办学的机会，在部队办大专班。通过夜大学和成人自考的正常渠道在南京空军后勤部队办班，先后成功开办了南京五号库、64库、句容导弹库、铜陵空后、陆军句容农场等班，后又继续办专升本班，先后为部队培养了200余名军地两用人才，其中有的已经升任将军，大部分成为地方骨干，解决了部队干部的后顾之忧。后来又在芜湖、南湖农场、合肥女子监狱开办专科班，增加了教师的收入，每个工作量酬金由8元，增至10元，人均1500元以上，这就缓解了大部分教师经济特别困难的窘迫（年轻副教授在这10年间月薪几十元至五六百元不等），也缓解了公务会议（包括学术会议）经费的严重不足。

第四，抓科研。我们清醒地认识到科研能力对教师能力提升的重要性，科研能力是大学发展与生存的根本。首先主要是抓青年教师的科研，青年教师的科研水平是系里的未来。竞争是科研水平的竞争，教师晋升职称时，对科研水平要求越来越高，未来的竞争中，科研的重要性越来越大。于是我们特别强调在搞好教学的同时要突出科研，两次开展青年教师科研论文比赛，提高青年教师做科研的自觉性。1995年至2005年，一大批年轻教师晋升副教授，10多位教师晋升为教授，其中7位后来被评为二级教授（全校只有30位二级教授），还有很多三级教授，现在他们已经或即将退休，维持了二三十年历史系的良性发展。其次是制定奖励科研的政策，这在全校是第一次。规定文章、论著的科研分数，科研分数不够，年终奖金少发，这在全校是开创性的。最后，制定政策强调外出学术交流的重要性，鼓励教师外出参加学术会议，在经费极为困难的情况下以教研室为单位集中使用，个别特殊情况系里解决。以上是历史系稳定发展，保留了绝大多数骨干教师（10年间仅1位副教授因故调离），最终为中国古代史专业突破博士点并延续多年的优势的主要原因。

第五，抓教学。抓教学工作，是我上任以后做的最主要的事情，我们开设教学班让青年教师上台讲课，由老教授评审，一年要训练两三次，若是讲课能力不过关，就不能上讲台授课。我们曾处分过一位南开大学研究生毕业的老师，暂停他讲课的资格（因讲课错误多）。这个事情看起来很繁琐，得罪人，但是对青年教师的教学能力提高是很有帮助的。很多教师吸取教训，从此兢兢业业地提升自我教学能力。所以，我认为制定政策很重要，政策对系里的发展起了导向作用。

第六，鼓励教师参与多项文体活动，与时俱进，请学生教老师跳舞，扫舞盲，所以像我这个年纪，或是稍微年轻一点的老师都会跳舞、唱歌。此外，我们老师还参与了学校开展的田径、篮球、排球等比赛，都取得了很好的成绩，特别是女子组项目，我们系女老师的排球比赛项目，在全校取得比较好的名次。一个单位的发展需要各个方面都得到发展，这样才能充满生机和活力，一扫以往历史系古板暮气的印象。

此外，我们系的学生有很多值得我们回忆的事情。在国家允许考研之后，我们系的考研情况非常好。我们本科毕业生考研率高达30%，其中一半以上考取北京、上海、南京等地区的一流学校，还有部分考生非本专业考研也取得成功。如1991级84人，25人当年考取研究生，考研成功，其中有10人考上北京名校，包括北京大学历史系5人，还有考入中国人民大学政法系法律专业、北京财经大学经济学专业的，这些学生后来都成为各个行业的骨干人才。除了抓学生的教学质量，我们还坚持带领每届学生去南京（或曲阜三孔）考察5天，坚持抓学生德、智、体、美、劳全面发展，坚持专业学习的多样化，各项活动在全校都力争上游，包括体育、文艺、智力比赛等。

为了适应发展需要，1994年，我们在经过考察后决定申请一个新专业——社会工作。社会工作专业从1994年招收专科生，1997年开始招收本科生，之后发展成硕士点，拥有硕士学位授予权。历史与社会学院现为国家社会工作人才培训基地，这是全省唯一一个国家级社会工作人才培训基地。

采访人：您在学术上造诣颇深，斩获多项荣誉，教学工作也广受师生好评，您的学术研究和教学工作触发了您怎样的感悟和思考，能不能和我们分享一下？

裘士京：我为本科生开设的中国古代史、中国传统文化史、中国考古学概论、文物鉴赏等课程中，注重弘扬中华文明的优良传统，宣扬爱国主义传统的主旋律，善于把专业知识与思想品德的教育有机地结合起来，注重教学改革，并取得了较突出的成绩。此外，我非常重视学生的社会实践，指导并带领20多届本科生赴南京、曲阜等地进行历史专业考察，多次率领古代史研究生赴考古现场考察，如南京明故宫遗址、繁昌窑遗址、人字洞遗址、芜湖石城商周遗址、莲塘新石器遗址等，收集到一大批新石器至汉唐时期的地方遗物，现今都保存于我们师大博物馆。

在教学方面，多年来积极参与并认真实践教学改革，参与部编教材《中国古代史》（十院校本）的编写，担任分册主编，自撰三章10万字，2002年获得教育部教材二等奖，是多年来全国发行量最大的古代史教材。1998年至2001年，主持教育部“高师教学计划改革”重点项目——“面向21世纪中国古代史课程教学内容和体系改革与实践”（全国历史学科仅两项重点），该项目成果2001年获安徽省教学成果一等奖。1995年后任省级重点学科——中国古代史学科带头人，1998年主持中国古代史省级和国家级精品课程，2005年后又三次获得省教学成果二等奖。2013年主持并参与中国古代史精品资源共享课程建设，现已获得教育部审批。多年来，为安徽师大历史专业的中国古代史学科得以继续引领整个历史学科，并在全国产生重大影响，贡献了力量。主编完成《中国传统文化史概论》《中国文化史》等教材的编撰和多媒体课件的制作。

我在科学研究方面选择了一条比较适合自己的道路，将考古学与民俗学、古文字学、传统史学相结合，这样既便于发挥所学专业的特长，又可在一定程度上避免单纯靠文献治史功力不足的缺憾。总共发表论文106篇，主编、独著、合著20多本著作，省部级以上科研成果奖5项（其中一、二等奖各2项，三等奖1项），省部级教学成果奖5项。我在科研方面的成就主要包括以下三个方面：

第一，20世纪80年代致力于长江流域早期文明的研究，力图突破传统史学理论和观念的束缚，从更为广阔的领域探索中华文明发轫之初的奥秘。1982年，我在学术界最早明确地提出并论证——新石器时代的长江流域决不落后于黄河流域。我认为这是两个并驾齐驱、平行发展的文化系统，也是我国最早的两个经济中心，生活在这两个地区的先民们以自己的辛勤劳动创造了各具特色的文化。先后发表了《长江流域的文明之花为何迟开》《文明起源与旱地农业》《“呰窳偷生”辨——兼谈汉代江南经济的特点》《试论亚洲文明发轫于旱粮农业区》《亚洲文字起源新探》等论文，其中《亚洲文字起源新探》获安徽省社科论文类二等奖。后来我将研究的范围从中国扩大到亚洲乃至世界，从中探求带有普遍性的历史规律。20世纪90年代以后，学术界已普遍接受长江流域也是中华文明摇篮的观点，认为中华文明在多个文化区域内孕育，“多元一体”的特征为学界接受，黄河中下游和长江中下游地区是最值得重点研究的地区。

第二，破解中国青铜时代铜源，即“江南铜”之谜。20世纪80年代以来，长江以南的皖南、赣西北和鄂东等江南地区陆续发现数十处商周至唐宋时期铜矿采冶遗址，引起学术界的关注。中原地区自古铜矿匮乏，商周时期勃兴的青铜铸造业的铜料来自何方？这是古史研究中的一个谜。经过对遗址和出土文物的考察，我对青铜时代铜源问题进行了深入的研究，发表《江南铜材和“金道锡行”初探》《论江南自古即为产铜地》《江南铜材新探》等论文，论证自古产铜之地莫盛于吴越之江南地区，即所谓的“吴越金锡”或“江南金锡”。汉代以后，江南铜的开发进入新的阶段，有名闻遐迩的“丹阳铜”，六朝至隋唐有盛极一时的“梅根冶”“梅根监”，宋代有四大铜监之一的永丰监，但具体的采冶地点、技术盛衰情况史佚其详。先后发表《“梅根冶”考辨》《丹阳铜、梅根冶、永丰监考》《古代铸钱中心梅根冶在池州考》等系列论文，并于2004年出版独著《江南铜研究——中国古代青铜铜源的探索》，清华大学教授、著名历史学家李学勤（夏商周断代工程首席科学家）主动提出为我撰写序言，在学术界产生很大反响，著作获得省社科优秀成果三等奖。2016获得国家社科后期资助项目“皖南早期历史文化专题研究”，2020年已结项。

第三，探研中国古代文化史、中国考试制度史和人才选拔制度。主编或参与撰写出版14部著作或教材。主要有：参编《安徽文化史》，该书由南京大学出版社出版，获省社科优秀成果一等奖；《中国历史上的人才选拔制度》第二完成人，该书由人民出版社出版，入选《国家社科基金优秀成果文库》，并在2008年获得省社科优秀成果一等奖；任《中国考试史文献集成》（第一卷）副主编，该书是教育部重点项目，全书十卷1200万字，由高等教育出版社出版；任《中国考试通史》（第一卷）主编，该书是教育部“九五”重点规划项目，由首都师范大学出版社出版。此外，还有《中国文化史》《中国传统文化论纲》《中华古玩通鉴》（四本）等，我个人撰写约150万字，另发表30多篇相关论文。

我退休以后受聘继续做师大博物馆和芜湖市博物馆的相关工作，并担任学院关工委常务副主任，曾兼任安徽省炎黄文化研究会副会长、中国先秦史学会常务理事等职，做一些力所能及的工作。

邱仲良先生访谈录

采访时间： 2019年4月10日
采访地点： 安徽深蓝律师事务所
受 访 人： 邱仲良
采 访 人： 梅　健
整 理 人： 田　影

邱仲良，男，1936年10月生，上海市人。1955年至1959年就读于华东政法学院（今华东政法大学）。1959年至1982年先后在重庆钢铁学校、重庆医科学院（今重庆医科大学）、安徽师大附属中学任教。1983年起，在安徽师大政教系工作，被评聘为副教授。任教期间出版教材多部。曾任安徽师大法律顾问、法学教研室主任，芜湖市检察院专家咨询委员会委员、法学会顾问。退休后任安徽深蓝律师事务所专职律师、顾问。

采访人：邱老师，您好！很高兴有机会采访您。首先请您回顾一下自己青年时期的求学经历。

邱仲良：我是1955年考上华东政法学院法律系，考这所大学的原因之一是我小时候比较喜欢看侦探小说，高中的时候就接触了一些这方面的书籍。另外，1953年我哥哥考入了华东政法学院，受哥哥的影响，我也报考了这所学校。

被录取之后，通过系统的学习，我才明白法律的重要意义。在大学一年级下学期和二年级上学期的时候，我们开设了刑法课程，一周四节课。在老师的讲解之后，还有两节讨论课。其中有一次，老师让我们分析的一个案例给我留下了深刻的印象：有一个生产队的民兵大队长，对涉嫌私自酿酒、偷税的人做调查，结果跟对方发生了争执。他离开之后不久就听到枪声，先前跟他争执的那个人死亡。后来的调查结果说那个人是这个民兵大队长打死的。理由之一是他回来的时间跟受害人死亡的时间吻合，理由之二是这个民兵大队长有枪，并且枪上有血迹。但是当时仍有很多情节都不吻合。后来这个民兵大队长就被枪毙了。实际上，这个民兵大队长跟受害人只是发生了争执而已，事情并没有恶化到杀死受害人的程度；枪上的血迹是打麻雀的时候沾上的，当时的科技水平虽然较低，但还是能查出来的。真实情况是，当时民兵大队长离开涉嫌偷税人回来的时候，受害人走到一个富农家的门口，发现屋里灯亮，原来是一伙土匪在商量抢劫事宜。这些土匪发现屋外有人，怕暴露目标，加上受害人反抗，于是就把他杀害了。但当时司法机关误认为这起命案是民兵大队长所为，导致错判。后虽平反，但生命已无法重生。这个案件让我认识到法律是关乎人命的，来不得半点马虎。在当时的历史条件下，我认识到办案必须实事求是，重视证据。

“文革”期间，我在安徽师大附属中学待过一段时间，“文革”之后学校落实党的知识分子政策，我被调回了安徽师大。回到师大之后，我就跟当时的系主任文秉模（后任我们学校的副校长）说，我还是要做我的本行工作，因为法律实在是太重要了。1978年十一届三中全会以后，党中央重新强调依法治国的方针——有法可依、有法必依、执法必严、违法必究。我记得彭真当委员长的时候就强调，法律面前人人平等。新中国成立初期，我们国家就重视依法治国，最典型的就是20世纪50年代的刘青山、张子善贪污案，虽然两人都是参加过长征的干部，但是依然被依法判处死刑。所以那个时候的法制观念有了进一步的提高。法律是为了社会的公平公正、为人民服务而存在的。我对法律的认识提高了，这与社会的形势、党的教育、党的政策等都有很大关系。这就是我选择报考法律专业的原因。

采访人：我们学校有一个安徽师大律师事务所，能跟我们说说您对这个律师事务所的了解吗？

邱仲良：当初设立安徽师大律师事务所的初衷是，政教系既然开设了法学课程，那就要有相关的实践活动，要理论联系实际，于是就想成立一个律师事务所，为学生提供实习的地方。当时我是法学教研室主任，1985年，商定成立律师事务所的时候只有四个老师（谢长根、王毅、黄尧山和我），我们都承担着两三门课的教学任务。我们觉得只学习理论知识是不够的，还要结合实际。当时虽然会组织一些义务的法律咨询活动，但是机会非常少，仅仅依靠这些是远远不够的。该所在成立之初还是受到了一些阻力，有人认为师范大学不应该成立律师事务所，应该聘请专职的律师，虽然学校领导支持我们的想法，但是由于一些阻力，律师事务所在当时没有成立。

国家重视普法教育、依法治国，随着政策的放宽，1996年，我们再次将成立律师事务所的想法提到议程上来。后来就成立了安徽师大律师事务所，因为当时不允许公办，只能搞合作制，之后更名为名诚律师事务所。该律师事务所成立初期，里面都是我们师大的教师，后来聘请了一些专职的律师。现在这个律师事务所发展得还不错，原来设在赭山校区西大门附近，后来遇到拆迁就搬到了学校医院的三楼（赭山校区），这都是校领导的支持以及院领导积极努力的结果。

采访人： 课程建设是保证教学质量的关键，我们师大法学系的课程建设具体情况是怎样的？

邱仲良： 我们师大的法学系是从原政教系中孕育成长起来的，政教系的前身为政治教育委员会。当时的政教系，后来先后改为政法与经济系、经济法政学院、政法学院，现在的法学院是从原政法学院中分离出来重新组建的新学院，这就是它的发展过程。

1985年，我校政教系主任文秉模说，要把我们系的“两个拳头”（一个是经济学，一个是法学）发展起来。但是具体实施起来很困难，因为我们当时法学方面课程只有70多个课时，开设的都是法学专业的基础理论课，而这些课时是远远不够的。此外，还开设了党史、政治经济学、马克思主义哲学等课程。我们主张应增加一些老百姓需要的、实践需要的课程，比如民法、刑法、诉讼法等。如果还有其他时间的话，就开设国际法，国际法是每周两个课时，民法、刑法、诉讼法等都是四个课时。这样整体算下来，我们的课程是130多个课时。后来，随着形势的发展以及普法教育的需要，增加了一些课时，还设立了法学专业。当时这个专业还不是一个独立的系科，而是一个两年制的人才培养方案，从1990年到1992年，培养出了很多优秀的学生。例如，当时的毕业生张巍后来是芜湖市弋江区法院民事法庭的庭长。还有王海云，自己办了律师事务所。这些例子都说明我们当时开设的专业是社会实践需要的，是符合社会需求的。1996年，学校成立了筹备组；1997年，法学专业开始了本科的招生工作。当然，这个过程很艰辛，我们学校的领导和法学系的老师都付出了很大的努力。现在法学院已经发展得很好，人才济济，硕果累累，成绩显著。这应归功于伟大的时代，党的坚强领导，老师们所付出的辛勤劳动。

当法学专业是法律专科的时候，我们开设了近30门课程，2000多个课时。当时我们师资力量比较薄弱，相关课程的老师就从公检法机关中邀请有一定理论造诣并且具有丰富实践经验的同志担任。我们当时没条件开设法医这门课，我读书的时候，全国只有华东政法学院有法医研究所。1990年到1992年，我们开设法律专业的时候，除了法医课程，其他的课程都开设了。比如犯罪侦查学，我们邀请了一位姓赵的队长，带着一只警犬来做实验，学生们都很感兴趣。当时系里的总课时是固定的，如果我们的课时增加，其他学科的课时就要减少。针对我们的2000多个课时，当时虽然有个别领导对我们有意见，但我们的课时还是按计划实行。所以法学系一路走来，是很不容易的。

采访人： 我们学校法学专业学位授权点建设取得突破，您能说说您了解的具体情况吗?

邱仲良： 我1997年退休的时候，法学专业还没有学位授权点，本科的教学工作，我参加了一年，但当时授予的是本科学士学位，硕士学位授予权是我退休之后他们争取到的。1990年到1992年这一届，法学是专科，1997年，法学专业升为本科。1992年到1997年，我们开设法学课，没有开设独立的专业。

总的来看，法学系的发展情况就是从坎坷走向了辉煌，现在发展得越来越好。现在的年轻人是很幸福的，我们也为他们高兴。我觉得这要归功于改革开放，更要归功于我们党依法治国的伟大战略，以及我们法学院全体领导和教师的努力。我们只是做了一些启蒙工作而已，主要还是后人努力的成果。

采访人： 您担任过安徽师大的法律顾问，在此方面您有什么可以分享的故事吗?

邱仲良： 我担任法律顾问是在20世纪80年代末到90年代初（1993年），当时我是我们师大法学教研室的主任，遇到法律纠纷问题的时候，学校就会找我们。

其中一个案例是因液化气调价而导致矛盾纠纷的问题，涉及100多名教师，他们委托我们打官司，最后打赢了，成功维护了我校教师的合法权益。另一个案例是我们师大曾出租了很多的房子，有一些人租了我们师大的门面房，但是拒付租金，为此我们打了多个官司，最后都胜诉了。还有一个案例是我们师大的一个学生有四门课不及格，当时根据学校的规定，学生有四门课不及格，是拿不到学位证书的，但是他要求学校给他颁发学位证书。当时有一个师范学院愿意接受他，解决他的工作问题，因为他的父亲是该师范学院的副教授。但因该学生未取得学位证书，该师范学院拒绝接纳。于是他父亲找到我校要求发学位证书给他儿子，遭拒后，他向法院提起行政诉讼，我们就打了这个官司，最后也胜诉了。

还有一个案例值得一提，这个案子一直到现在都没有解决，给我校造成了很大的损失。1992年，安徽师大与安徽新创置业有限公司签订了一份土地使用权转让合同。双方约定在学校赭山校区大门的西边（即现在的徽商城地块）建设住房，由学校出地皮，对方出资，建成后靠西侧的房屋给该企业，靠东侧的给师大，双方各有一半，一年内同步完成。但在实际履行合同过程中，对方很快把自己部分的住房建成，并且销售完毕。而属于师大的部分房屋，仅仅建设到两层就停工了，成了烂尾楼。在双方协商过程中，对方借口资金困难，要求学校出资200多万元人民币，才能完工。在双方协商无果的情况下，师大委托我们通过诉讼维护学校的合法权益。2014年，学校起诉对方，诉讼解除合同，要求对方承担违约责任，赔偿经济损失400余万元人民币。在庭审过程中，双方经过激烈辩论，法院最终依法做出了公正判决，支持了学校的诉求。这不仅维护了师大的合法权益，也缓解了师大教职工住房紧张的状况。遗憾的是，师大当时申请法院强制执行，至今没有得到落实，长达20多年所欠的400余万的赔偿款和逾期支付的利息共1000余万元。希望校领导能对此问题给予足够的重视。

采访人：对于我们师大法学院未来的发展，您有什么意见和建议？

邱仲良：学校比较重视对青年教师的培养，并且成立了教学督导团，组织一些老教师去听课、评课，与他们座谈。我在职期间有两个身份，一个是教师，另一个是律师，我就结合自己的经验来谈两点建议：

第一，我们现在的课程建设应该与社会实践相结合，要选择好的教材，吃透教材，同时要关注最新的科研成果。我们有很多同学考研究生，比如学生肖吕保考入了广东省警官学院，钱叶六考入了苏州大学法学院，谢海淀考入了中国科学院法学研究所等，他们很优秀。可以请考研成功的同学传授考试的经验和体会等，为后面考研的同学服务。

第二，要结合杂志、报纸上刊载的典型案例进行课堂教学。

我们法学院有法学会，假期会组织学生去社会实践，一年中社会实践的时间至少是1至2个月。我们专业的发展，要与国家的发展战略相结合，所以要为学生介绍一些新的典型案例。比如“套路贷”，当时最初出现的时候是按民事案件处理的，报案的话，公安局不一定会处理。后来全国发生了多起类似的案件，国家就出台了相关的法律政策。像这类案件要及时地向学生讲解，既要避免上当受骗，又要理论联系实际，组织讨论，引起学生的兴趣和重视。要发展好教育，就要让学生有兴趣，学生如果没有兴趣，老师再怎么讲大道理也没效果。学生有了兴趣之后，才会将课堂上学到的一般知识进一步上升到理论的层面，实现从感性认识到理性认识的转变。

采访人： 您除了担任律师，还坚持教学，培养了一批又一批学生，可谓桃李满天下。您对我们师大法学院的学生有什么建议和期望？

邱仲良： 除了理论要联系实际之外，同学们要多看一些国外的书籍。从我做律师的角度来看，不仅要掌握法律条文，还要从别处吸取经验。学生的知识面必须要广，因为不管你是当律师还是去法院、检察院工作，很多时候都会涉及一些边缘科学。比如专利权的问题和医疗纠纷的问题，会涉及许多边缘学科；要有逻辑思维（形式逻辑、辩证逻辑等），这就会涉及哲学问题，要有哲学思维。

此外，还要掌握每门课程的理论体系。除了要掌握法律条文，还要理解条文背后的立法精神。教师不能仅仅是给学生灌输知识，还要给学生拐杖，让他们自己学会走路。要掌握最新的理论成果、立法精神和最新的案例，丰富自己的经验，不能死读书。

同学们要坚持正确的政治方向，坚决拥护党的领导；要崇尚法律，严格按照宪法和法律办事，捍卫公平正义；要终生为民，不忘初心，坚守自己的方向。希望我们法学院所有学生都前途辉煌！

王守恒先生访谈录

采访时间： 2019年4月13日

采访地点： 赭山校区教育科学学院办公室

受 访 人： 王守恒

采 访 人： 梅　健

整 理 人： 田　影

王守恒，男，1951年12月生，安徽肥东人，中共党员，教授，硕士生导师。1977年7月从安徽师大中文系毕业留校至教育系任教。曾任安徽师大教育系主任、教育科学学院副院长。现任安徽师大教学督导团副团长。主持省部级以上研究课题多项，发表论文多篇，出版专著、教材多部，成果分获第四届全国教育图书二等奖、安徽省高等学校优秀教学成果一等奖、安徽省优秀教育科研成果二等奖。被评为安徽省优秀教师、安徽师大首届教学名师。

采访人：王老师，您好！我们很高兴有机会采访您。首先请您谈谈考入安徽师大后的学习情况，经历过哪些印象深刻的事情？

王守恒：我是1974年9月入学的，从在校学习到毕业留校工作至今已有45年，今年是我们学校建校91周年，我大致经历了学校发展历史进程中的一半时光。现在回想起来，有很多感慨。

“文革”期间，全国高校停止招生，1970年，高校虽然恢复了招生，但是学制不确定、不统一，频繁的政治运动对教学的冲击很大。我们学校在这样的大背景中，很难不受影响。但是我们学校毕竟是一所建校历史比较悠久，有着厚重文化积淀的大学，所以刚入学时我的整体感觉是，学校的教学秩序还是比较稳定的。虽然当时宣传“工农兵学员要上大学、管大学、改造大学”，但是对于我来讲，获得这样一个学习的机会是非常难得的，我们来上大学就要学好本专业的理论知识，掌握从事实际工作的能力。进校之后，中文系的领导就向我们介绍了这三年的专业教学计划（当时的学制是三年），包括开设的课程、课堂教学时数、社会实践活动等，各个环节都做了比较系统的安排。然后就按照这个教学计划来开展各种各样的教学活动。

在中文系学习的过程中，有两点让我印象非常深刻：

第一，我们中文系的师资力量是非常强的。我记得当时中文系的教师有120多人，而当时安徽大学中文系的教师只有30多人。我们在学习过程中，中国古代文学是按照断代史来讲的，授课老师都是各自领域的专家，如先秦文学是蒋立甫等老师教的，唐宋文学是余恕成等老师教的，明清文学是赵庆元等老师教的。赵老师对于明清文学特别是对《红楼梦》等古典小说的研究很有影响，他是我们心目中的偶像，上课时的讲稿都被当作珍贵资料抄下来认真学习。所以我觉得当时中文系的师资力量在省内是首屈一指的，在国内同类型的高校中也是名列前茅的。当时高校恢复招生不久，学校的招生规模比较小，我们1974级进校时一共招了800多人，全校学生一共2000人左右。学校的宿舍、食堂等设施还是能够满足基本需求的。但是当时教师的住房比较紧张，因为我们看到有的中文系老师就住在现在教学楼陶行知塑像前边草坪上搭建的简易房中（后来在20世纪90年代拆掉了）。1970年，中国科学技术大学从北京下迁到合肥，省里决定把合肥师院校舍等让给中国科学技术大学办学，这样合肥师院部分专业就合并到当时的安徽工农大学，所以教师的住房就显得很紧张。

第二，系里非常注重教学的实践环节。比如在课堂教学中，除了老师的讲授之外，还鼓励学生走上讲台。在校学习的三年中，我一直担任班级的学习委员，所以获得过一次上讲台的机会。我们的现代文学老师刘元树先生（四川人，后来调到安徽大学，其后又调到成都的西南民族大学）给我布置了一个任务，让我讲授鲁迅的一篇文章，记得是《华德焚书异同论》，要讲一个上午，我感到压力很大。随后，除了我自己搜集了一些材料、撰写讲稿之外，刘老师还提供了大量的相关资料给我参考，多次帮我修改讲稿、指导试讲，非常负责任。讲课结束之后，刘老师给予我充分的肯定和热情的鼓励。我觉得这不仅让我的从教能力得到了锻炼，更增强了我的自信。

我们汉语言文学专业有一门写作课。教学不仅是在书斋和课堂里进行，有时我们还会深入社会生活的一线去搜集材料，开展写作训练。1977年1月，我们系里开展纪念周总理逝世一周年活动。周总理在1958年元月6日曾经到肥西县肥光高级农业生产合作社视察，还专门访问了农业生产合作社办的一所小学——肥光小学。系里安排刘普林老师带领我和其他两位同学到肥光，主要是访问当年那些周总理接见过的社员和师生。回来之后在刘老师的指导下，分工撰写了《人民的好总理　群众的贴心人——记周总理对肥光农业社的访问》一文（文章共四个部分，我执笔撰写第一、第二部分），后来在1977年第一期《安徽师大学报》（哲学社会科学版）上发表了，署名是“中文系工农兵学员写作组”，虽然没有具体的署名，但是作为参与者对于我们来说已是一种很大的激励和实际的历练。

我们的教育实习是去皖南的歙县。当时系里对于教育实习是非常重视的，不仅要求辅导员在各个实习点来回巡视，还要求专业的老师驻点指导，当学生遇到问题的时候，可以随时帮助解决。这种做法对于如今的师范专业教育实习有借鉴意义。当然，从反思的角度来看，教学中不是没有缺憾，比如教学内容的系统性相对比较薄弱，教学受政治运动的冲击比较多；但是从教学实践环节安排来看，当时有些做法还是值得我们总结和借鉴的。

1977年7月，我们毕业之际，正值安徽省委主要领导调整，我们到10月才正式分配工作，但留校名单在7月就已确定了，我被留校分到了教育学科教研室（当时还不叫教育系）。因为当时学校正在筹备教育系的恢复工作，说是“恢复”是因为从历史的角度来看，1928年，我们学校的前身省立安徽大学成立的时候文法学院中就有一个系叫哲学教育系，到1932年改为教育系，1939年安徽大学在抗日战争期间停办，教育系不复存在；1942年从新创办的安徽省立师范专科学校到其后的安徽学院，其中都有教育科和教育系；1946年，安徽学院从合肥搬至芜湖赭山，同年，国立安徽大学在安庆复校，其中仍然有哲学教育系；1949年12月，国立安徽大学从安庆搬到了芜湖，与安徽学院合并，成立了新的安徽大学，仍然设有教育系。1952年，我们的一位教育系校友王策三先生考取了中国人民大学研究生，毕业后去了北京师范大学工作，后来成为国内非常著名的教学论专家。1953年，全国高校院系调整，当时教育部决定，每个大区（比如华东、华南、华北等）只保留一所师范大学的教育系，这样华东地区只保留了华东师范大学的教育系，安徽大学的教育系就停办了，教育系三年级的学生整体转到华东师范大学教育系就读。1958年，合肥师院成立以后也曾于1960年办了教育系，但是时间不长，到1962年停办，教育系学生被转到了政教系。所以，在“文革”结束以后，为了满足师范教育发展对教育学科专业人才的需求，学校就开始谋划教育系的恢复工作，当然首先就是要组建师资队伍。我就是在这样的情况下被分配到教育系工作的，几十年来与教育学结下了不解之缘。

采访人：关于我们师大教育系（现为教育科学学院）本科专业的申报与建设工作，您能通过具体事例来谈谈吗？

王守恒：1977年，我留校工作，被分到教育学科教研室，1980年教育系恢复。留校工作之后，学校对我们青年教师的成长是非常重视的。1980年到1981年，学校派我去北京师范大学进修，导师是著名的教育哲学专家黄济教授。在此期间，我进修了教育学专业的主干课程，得到了黄济教授的悉心指导。1985年，经过学校推荐和入学考试，我又去了华东师范大学的教育系研究生课程进修班学习，导师是著名的教育学家瞿葆奎教授，任课教师中包括叶澜、张人杰、孙培育、陈桂生等著名专家。通过一系列的进修学习和教学实践，逐步适应了教育学科的教学和研究工作。1993年起，我开始担任教育系的副主任，1999年担任教育系主任。2000年3月，教育科学学院组建以后，我担任教育科学学院副院长兼教育学系主任。从担任教育系的副系主任到系主任再到教育科学学院副院长的十多年间，我一直都在分管教学工作。在这个过程中，我一直比较关注的一件事就是新专业的申报以及已有专业的建设与改造。高等院校是培养人才的，而人才培养的基础是专业。纵观我们教育系的办学过程，发展的道路是比较曲折的，其中的一个重要原因就是专业的社会适应性问题。

长期以来，我们教育系的专业面比较窄，专业也比较单一，很难适应社会对于人才的多元化需求，所以我在教育系从事教学管理期间，比较注重专业的申报及对教育系传统专业的改造。1993年，我们国家开始从计划经济逐步向社会主义市场经济转变。在这个转变的过程中，市场营销、企业策划、企业人力资源管理、心理健康教育等问题实际上都是和心理学密切相关的，所以1993年我们就开始向省教委打报告申办应用心理学专业（当时还只是专科）。那个时候教育管理计划色彩很浓，行政部门对于新专业申报的管控非常严格，我们就采取了一个变通的办法，与广州的一家叫现代教育科学研究所的单位合办，并且协议我们招收的应用心理学专业学生，将来一半在本省就业，一半到广州就业，这样就拓展了我们学生的就业渠道，后来省教委就批准了。1994年，我们就正式开办了应用心理学专业（专科）。这一届学生于1996年毕业。前几年这一届学生毕业20周年返校的时候，我们发现当时的这60名学生，现在有的在做心理学教学和咨询的工作，有的做了县委宣传部副部长，还有的成了现在我们安徽省的特级教师，发展得都比较好。这说明我们当时申报心理学专业是适应了新的发展背景下社会对于心理学专业人才需求的。通过教学经验和师资力量的积累，1998年我们就及时申报了心理学的本科专业，1999年正式获得教育部的批准，2000年心理学本科专业正式招生，这在安徽省是首例，也是当时国内为数不多的开设心理学本科专业的高校。经过十多年的发展，现在我们的心理学专业发展的势头很好，如今还分化出应用心理学专业，前几年是两个本科专业同时招生。当初专业申报时，教育行政部门的审批是相当严格的，但是我们做了很多的调研，提供了大量的支撑材料，最后获得了批准，这是非常不容易的。

同时，从20世纪90年代中期开始，我们注重对传统的教育学专业的改造，当时叫学校教育专业，1998年，在新的本科专业目录里才改为教育学专业，之前都是称为学校教育专业。按照当时的人才培养定位，学校教育专业主要培养的是师范学校的教育学、心理学教师，但随着师范学校布局调整和师资力量的饱和，特别是对于教师学历的要求也随之提升，我们现在的本科专业的学生，毕业之后要到师范学校去担任教育学和心理学的教师，这是不太可能的。我们就在传统学校教育专业的基础上拓展了一个方向——教育管理，希望我们的学生通过对教育学科和管理学科的学习，来掌握教育管理，包括学校管理、教育行政管理这些理论知识和方法，使他们将来能够从事学校的管理，包括教育行政管理的工作。1996年，经过充分的分析和论证，我们在学校教育专业适时增设了教育管理方向，并获得了省教委的批准，1997年秋季正式招生。这是对于传统的专业人才培养方案的改造与拓展。

1999年，高校扩招以后，我省很多师范学校与高校合作，培养专科层次的小学教师，不少学生毕业之后还有进一步深造的意愿，所以，2002年我们就申报了专升本的初等教育专业，招生对象就是师范学校跟其他院校合作招收的大专层次的学生，当然也包括师专的毕业生，培养的主要目标是本科学历的小学教师。2003年，我们就进一步明确申报小学教育专业，2004年，获得教育部批准，开始招收小学教育专业的学生，这实际上也是一个尝试，希望能够进一步拓展我们专业的方向，满足基础教育对于高质量师资的需求。当然，中文系、数学系也可以培养小学教师，但是我们学院培养的小学教师有自己的优势，比较注重对学生进行教育学科理论和教学技能方面的训练。另外，我们与相关院系合作，注重学科知识方面的教学，这是一种复合型的培养模式。从2016年开始，省教育厅给学校下达了招生指标，招收小学教育专业学生，这些学生毕业之后都是要回到生源地，也就是定向培养。现在农村由于人口流动大，有很多规模很小的学校，这些规模很小的学校对于教师的要求就比较全面，不仅要会教语文，还要会教英语、音乐等，这就是我们要培养的所谓“全科型的小学教师”。2016年开始招生，计划是每年50人左右，属于省教育厅的专项计划。这让我觉得我们当初申报的小学教育专业，确实是适应了新的教育发展态势下对于教师素质的新要求，也为我们现在培养全科型的小学教师奠定了良好的基础。

当然，我们在注重对传统专业改造、拓展的同时，也注重教育学专业的建设工作。2002年，学校开展了“特优强专业”项目建设，当时我作为专业负责人积极申报并获批学校第一批“特优强专业”建设。经过从2002年到2006年的一个周期的建设，在师资队伍建设和教学成果等方面都有了很大的进展。2006年，由朱家存教授牵头申报了国家特色专业，获得了教育部批准，这与前期“特优强专业”项目建设成果的积累不无关系。从2007年开始，到如今经过了十几年的建设，教育学专业的优势和特色比较明显，在我们学校的专业建设中已成为一大亮点，这是我们的优质资源，而且我们培养的学生质量也比较高。前两天，我们第一届国家特色专业毕业的两位学生回母校，他们一位在浙江传媒学院工作，一位在浙江水利水电学院工作，发展得都很好，这显示了我们专业建设的成效，因为判断一个专业的建设成效就是要看这个专业的人才培养质量。

谈到专业建设，我觉得学院的专业发展确实还有许多工作要做，有许多问题需要思考。比如，如何加强专业内涵的建设，如何确定专业培养目标以更好地适应社会及教育发展的需求等，总之，我们的专业建设任重而道远。

采访人：担任教育系主任和教育科学学院副院长期间，您在教育科学学院的教师队伍建设方面主要做了哪些工作？

王守恒：在我们教育系、教育科学学院办学的过程中，我觉得我们师资队伍的建设任务还是比较艰巨的。比如，在教育系办学时期，专业教师队伍人数比较少，仅30多人，特别是高级职称和高学历的教师比较短缺。从20世纪90年代到现在，经过20多年的发展，我们教育科学学院的教师队伍确实发生了很大变化，特别是教授的人数在成倍增长，专任教授就有20多人，这是一个不断积累和建设的过程。

在我担任教育系主任的时候，我们的教师中还没有拥有博士学位的。2000年，青年教师姚运标老师想报考北京师范大学的博士生，因为当时系里教师人手不足，我劝他等两年再说，但在他的一再要求下，系里还是满足了他的愿望。为了稳定人才，学校要求在职的老师读博士是要签订合同的，并且要有担保人，姚老师让我为他担保。当时我正好分了一套学校的福利房，我就用这一套福利房为他作了担保。2003年，姚老师按期毕业以后回校工作，当时他是我们教育科学学院的第一位博士，十多年来在教师岗位上潜心育人、默默奉献，深受学生好评，2017年被评为第一届安徽师大“最受欢迎的教师”。现在我们教育科学学院的青年教师大部分都已经是博士或正在攻读博士学位，与教育系办学时期不可同日而语，我觉得这就是我们专业发展优势之所在。

采访人： 您对我们教育科学学院的工作和今后的发展有什么建议？

王守恒： 2000年初，学校进行内部管理体制改革，决定把教育系、教育技术系（时称电化教育系）、高等教育研究室三家合并为一个新的学院——教育科学学院。经过近20年的发展，现在应该是教育科学学院发展的最好时期，这是几代人共同努力都希望看到的结果。2018年，我们教育学一级学科博士点申报成功，就是一个重要的标志。从教育科学学院学位点的发展情况来看，教育系在1986年就招收了教育史硕士生，当时是和华中师范大学、福建师范大学联合培养的。当年我们有不少著名的教育专家，比如教育史方向的戴本博教授、中国教育史的柳之榘教授，他们从1986年就开始指导硕士生，这些硕士生毕业以后，大多成了著名的学者。比如戴本博老师指导的黄福涛，现在是日本广岛大学的终身教授，柳之榘老师指导的中国教育史研究生李军，现在是加拿大西安大略大学的终身教授。但是1989年这届硕士生毕业以后，因为没有获得硕士学位的授予权，就没有再继续招生了，这是非常遗憾的事情，但也为以后的硕士点申报和研究生培养奠定了一定的基础。20世纪90年代以后，从教育系到教育科学学院都非常重视学位点的申报与建设，经过多年的努力，1998年，教育学原理正式获得了学位点的授权，同年，也获得了教育硕士专业学位授予权，这是安徽省第一个教育学科类的硕士学位授权点，作为参与者，我曾为之奋斗过、努力过，因此感到特别自豪和荣幸。

从教育系到教育科学学院的发展过程来看，教育科学学院要走一个内涵式的发展道路，不能盲目扩张规模，要清醒地认识到人才市场的需求，否则，学生的就业会出现困难。

所以我的建议是：教育科学学院一是要顶天，要做出一些开创性的研究成果，对中国的教育特别是对我们安徽的教育改革与发展提供有指导意义的研究成果，最好要成立一个像教育研究院这样的组织来整合各种研究力量。现在回想起来，我觉得教育科学学院组建之初，在整合资源的过程中仍存在一些缺憾。比如，当初的独立建制单位高等教育研究室和1985年我省教育厅专门批准成立正处级建制的科研组织——教育科学研究所，在学院资源整合的过程中，这些研究组织都被边缘化了，这就在一定意义上缺乏了对科研活动的制度和人员保障。过去我们在总结安徽师大办学特色的时候，提到基础教育是服务引领型的，随着我们办学实力的提升，如果要更多地引领基础教育的发展，就要拿出更多有价值的原创性的研究成果，这离不开制度和人员保障。

二是要立地。要密切关注基础教育实际的发展，参与基础教育改革的进程，这是一个问题的两个方面。如果我们只关在书斋里做学问而不关注教育实践的话，这种学问的价值是有限的，而且这种发展从某种意义上来说是不可持续的。我们的副院长辛治洋教授，最近几年一直在研究少年儿童组织教育问题，并亲自“下水”，从今年起每周都去安徽师大附属小学讲授道德与法治课，在具体的授课中了解基础教育的实际情况。我觉得这不仅是科学研究的路径，而且是对基础教育的主动参与，某种意义上来说是对基础教育发展的指导。

总的来说，教育科学学院的发展要走内涵式的发展道路，发展的路径是两条，一个是顶天，一个是立地，如何兼顾这两个方面还需要多加探索。学院在赭山校区，首先地理位置非常好，其次文化积淀非常深厚，在彰显我们学校的办学特色方面大有作为，希望学校多多给予支持。

采访人：您对安徽师大的青年学子有什么期望和建议？

王守恒：作为师范大学的学生，一定要夯实自己的学科基础，这一点非常重要。虽然当代科学知识发展很快，但是知识的基础还是比较稳定的，教育类专业是研究如何培养人的学问，涉及很多与人的发展的相关学科，是跨学科的综合性专业，对于学生综合素质的要求非常高。所以，师范大学的学生特别是教育类专业的学生要拓展自己的专业基础。当然对于其他专业的学生来讲，这一点同样重要。

另外，要注意培养自主学习的能力，要有创新意识和创造精神，要有一种敢于超越前人的气质，这样才能把学到的知识灵活运用，并在此基础上有所发明，有所创造。

我认为，我们的学生在大学期间要注意做到“三个过渡”：首先是做到从灌输型学习向自主型学习过渡，这就要求学生要有自主学习的能力；其次是要做好从基础理论知识学习向专业理论知识学习的过渡，大学人才的培养是分专业来进行的，除了要学习专业知识，还要学习一般的科学文化知识，要把基础理论知识的学习过渡到专业理论知识的学习，这对于提升专业实践能力是很必要的；学生在学校是一个学习者，但是这个过程是有限的，最终要走向社会，所以最后是要实现从一个学习者到工作者的过渡，这就要求学生要有进取精神和创新创业的能力。

谢长根先生访谈录

采访时间： 2019年4月12日
采访地点： 深蓝律师事务所
受 访 人： 谢长根
采 访 人： 秦晓宇
整 理 人： 魏思兰

谢长根，男，1938年2月生，江苏仪征人。1956年至1961年在北京大学法律学系学习，毕业后自愿到西藏阿里地区工作。1982年起任教于安徽师大政教系、政法与经济系、经济法政学院，先后讲授民法、婚姻法、刑法学、刑事诉讼法、法学概念等课程。撰写论文多篇，其中《疑罪处理原则初探》一文获中国法学会1988年优秀法学论文三等奖。曾获安徽师大第二课堂最佳指导奖，1995被评为全国优秀教师。

采访人：谢老师，您好！我们很高兴有机会采访您。您毕业后是怎么来到我们学校任教的？当时我校法学学科发展和课程设置的情况怎么样？有什么具体的事件和我们分享吗？

谢长根：在芜湖赭山这片宝地上的老安徽大学，经历一系列变迁，最终定格为安徽师大，但是当时没有法律系。大概是1981年，只在政教系设有法律概论教研室，最初由刘志正老师主讲法律概论这门课，我和邱仲良老师是1982年来校的。

五年大学期间，学的是法律。1961年毕业之际，当时，响应国家号召，到最艰苦的地方去、到边疆去、到祖国最需要的地方去，先个人志报志愿、由领导统一分配。我与同寝室同学史焕章、李国光和崔敏四人填志愿时把西藏需要的四个名额承包了。崔敏同学因系独生子和需要照料老人，未能如愿。最后，史焕章、李国光分配到西藏拉萨，我分配到更高的地方——西藏阿里。我最初在阿里分工委社会部（公安）工作。1965年为筹备成立西藏自治区，组建阿里地区中级人民法院，我就留在法院工作。

安徽师大最初没有法律系。在1981年的时候，学校根据改革开放初期“一手抓经济建设，一手抓法制建设”的方针，以及国家教委根据大学课程设置要学习一些法律知识的规定，设置了一门法学概论课程，所以我们法学院的建设最初是从法学概论这门课开始的。在1982年前后，担任法学概论教学工作的先后有三个老教师，分别是刘志正老师、邱仲良老师和我。此外，我们还带了两位年轻教师，这两位年轻教师都是非法律专业出身，后来经过深造才慢慢加入我们的教学工作。我们三个老教师都是科班出身，刘志正老师和邱仲良老师1959年毕业于华东政法学院，我是1961年毕业于北京大学法律学系，就这样我们三个人带着两位年轻教师就开始了全校的法学概论课程的教学工作。

当时我们的法学教研室设在政教系，我们的法学概论课程对于政教系的学生来说，是应该当作主课必修的，但实际上这门课程在课时量的分配上并不占主要成分。这门课程对于全校其他系的学生来说，是围绕着政治思想教育而开设的，与当时的社会实情相结合。

我们在当时的环境下创办、建设我们师大的法律系，可以说是我们三个人的共同愿望。邱仲良老师从大学毕业之后就去了重庆医学院从事教学工作，之后在安徽师大附属中学担任政治课程的教学工作，1982年才来到安徽师大任教。我是1961年毕业之后在西藏阿里地区从事政法工作，这一待就是20年。

我背负了14年的冤案，1981年平反之后，组织上恢复了我的名誉，但是我面临着将要干什么工作的困扰。当时西藏那边想要我继续留在西藏工作，但这个时候我是很茫然的。我没有明确拒绝，只是希望我能内调。时任阿里地委的组织部部长原先是我们的翻译，也是藏族干部，他说："这段时间你吃了不少苦，现在事情解决了，应该恢复你的身份。可是内调的事情现在还不好解决，我可以给你批个假，开个一年半的长假。"于是，我就利用这个长假机会去了北京，找到崔敏，在北京的其他同学都来看望我，很多同学都奋战在教育战线，他们很关心我，建议了三条道路给我选择：一是继续做政法工作；二是下海经商；三是上讲台当老师。

我选择改行上讲台，是经过慎重考虑的。1981年，改革开放初期，邓小平总结历史经验教训，提出必须一手抓经济建设，一手抓法制建设。很及时，很正确。我的想法是，法制建设不仅要有法可依，更要有法必依、执法必严、违法必究。在现实生活中，要在各行各业切实贯彻法律，把一切都纳入法治轨道，维护社会的公平和正义，维护社会稳定和国家事业发展。实践证明，法律制度再完善，如果得不到贯彻实施，等于形同虚设的废纸。但是，彻底贯彻实施法律，谁来担当？关键是要有一支专业的、忠于宪法和法律的人才队伍。这在当时是很稀缺的人才。要抓法制建设，首先要抓法律人才的教育培养，这是当务之急。我选择上讲台当老师，就是想为培养法律人才做点力所能及的事情。为此，我先后在北京大学、北京公安大学进行自修，做教学准备，随后，跟随我大学时的班主任王勇飞老师到河北大学，参与筹建法律系工作。这时又面临选择安身之所的问题，到哪里安定自己的工作？考虑再三，要叶落归根，回芜湖。1938年，我出生不久，父母带我逃难到芜湖，成长在芜湖。自1956年从芜湖市第四中学（安徽师范大学附属中学前身的萃文中学）去北京求学，到1982年回到芜湖，虽然时隔20多年，但我自幼成长在芜湖，思乡之情难以割舍，所以我选择回到家乡——芜湖。

说起回到安徽师大，也是有曲折的。我给我们师大人事科写了一封毛遂自荐的信，当时人事科回复我，目前学校不需要法律专业的老师。但我没有放弃，辗转联系到了政教系主任，老主任很看好我，希望我留在安徽师大。但这个时候我的编制还在西藏阿里，西藏那边也想要留我，不准我内调。

因为我的人事关系还在西藏那边，所以从1982年到1985年，我在学校义务教学，不取一分钱。虽然是义务教学，但当时的系主任了解我情况，他对我一直都很关心、很爱护。我也不让学院或学校报销我的交通费和餐食费，领导要给我补助，都被我拒绝了，我只想做好工作，其他的以后再说。

我来到安徽师大，只有一个愿望，那就是指导学生，实现自己的价值，没有想过其他的。这就是我到安徽师大的初衷，并且抱着这个初衷一直走下去。我把全部的精力都放在学生和教学活动上。上课陪学生，课余陪学生，晚上还要关心他们的自习情况。经常是一二十个学生坐在我家一起讨论交流，有时人多的时候，有的学生都坐到了地上，即使这样，我们都乐此不疲。此外，我经常陪他们一起在食堂吃饭，顺便解答他们在课堂上的疑惑。这样我和学生有了很多的交流机会，可以帮助我了解学生的需求，也因此和学生建立了深厚的感情。

我最开心的时候是参加十年、十五年、二十年毕业生返校聚会，我的法学教学对他们能有帮助，能让他们的人生受益，甚至能改变他们很多人的命运，真是太欣慰了。那些年我们没有法律系，可是通过一代代人的努力，我们师大走出去了一批又一批的法学人才，我感到十分自豪。1997年，我去华东政法大学的时候，那边的研究生院老师很疑惑地问我："你们没有法律专业，怎么考来了那么多法学的研究生？"他说有的专业一年只招8个研究生，但是我们安徽师大就考去了4个，这是很突出的成绩，相当厉害的，并且有很多学生是高分考进去的。我们没有高超的教学技巧，我只感谢我们师大的好学风，感谢我们师大的学生拥有通过刻苦努力改变自己命运的钻研精神。更可喜的是，从安徽师大政教系走出了一批法学人才，有教授，有律师，有市县的法院院长、检察院检察长，有全国十佳法官、检察官，还有最高法院的法官，等等。

采访人：您提到我们师大一直以来学风都很好，有什么印象深刻的事情可以说明这一点吗？

谢长根：以前，学校规定是晚上九点半熄灯，但教室依然灯火通明，每个同学都点着蜡烛，有的点一根，有的点两根，整个教室都十分亮堂，我称之为深夜的“烛光精神”。学生只有通过刻苦钻研，学习真本领，才能改变自己的命运，成为国家需要的人才。我们师大为什么能培养出一批又一批优秀的研究生，原因就在这里。

在我执教期间，有的时候，晚上十一二点，我都会去教室看望我的学生，去看看他们的学习情况，尤其是考研的学生，也因此我和学生建立了深厚的感情。学生说很感谢受我的教导，我觉得他们的精神也鼓励了我。这份师生情谊是我从教这些年最大的收获。看着学生刻苦努力，通过学习改变自己的命运，就是对我最大的鼓舞。我只是为学生做了力所能及的事情，但是学生却记住了我的小小付出，这让我感到很幸福。

采访人：在您执教期间，安徽师大建设法律系，都经历了什么？您和您的团队做出什么贡献？遇到过什么困难？

谢长根：为创建安师大法律系，我们尊敬的文秉模老师、刘志正老师、邱仲良老师都为之操劳过许多、付出了许多。我们应该记住他们、感谢他们。同时，也要感谢我校德育教研室常年教授法律概论课的彭凤莲、万尚庆、陈旭玲等各位老师所付出的努力，也要感谢政教系的刘勇、李路根、李胜利等老师。

我们政教系法律教研室是从法学概论这门课逐步发展出来的。一门课的课时有限，刘志正老师、邱仲良老师和我都不满足于启蒙的法学概论教学，我们商量改进，上课时尽量拓宽教学内容，尽量按照法学本科的课程要求来帮助学生拓展法学知识。之后又建议系领导、校领导，并得到认可逐步利用课时以外的业余时间，在政教系法学概论课必修的基础上另外开设法学辅修专业。一经开设，报名听课的学生就很多，除政教系本科生外，外系的不少学生也报名参加。与此同时，我们在1989年通过高考招生试办了法学大专班，在校内进行全日制法学教学，也曾开办过从山东油田和海南地区招收学员的全日制法律大专班。此外，我们开门办学，专业老师走出去，配合多个地市的法院、检察院、公安等单位以及部队，为提高在职干警和官兵的专业素质需要，开办了为数不少的校外法律大专班。所有这一切，既培养和提高了广大学员的专业素质，又丰富了我们的教学活动，提高了我们的办学能力，为创建法律系做了师资队伍、课程设置上的准备，同时也不断扩大了安徽师大法学教学在社会上的影响。

1984年，我们在学校成立了学生专业社团——法学会，这在当时是国内高校少有的学生专业社团。这个社团一直坚持走到今天，已有30多年的历史。法学会以政教系学生为主，吸收了校内各系热爱法学的学生，坚持“走出去，请进来”的理论联系实际和深入社会的学习原则和方法，把校外政法机关的精英和能手请到学校来兼课，辅导学生学习；同时，我们在校外兼课，把我们的学生带出校门，融入社会，接触实践，和社会建立紧密的联系。几乎每个学生，政教系和法学会都要筹办一期模拟法庭活动；每学期都要带学生上街举办一至两次向群众宣传普及法律的咨询活动。时任校长沈家仕曾亲临我们的法律咨询现场，勉励同学们努力学好法律知识，热情服务社会。这些活动丰富了学生学习内容，也扩大了我们师大法学学科、法学专业在社会上的影响。在那段时期，社会上常常有人若是需要请律师，帮助诉讼、打官司，都会来安徽师大请法学老师和法学会的学生，做他们的代理人或辩护人。我感到这是属于我们法学老师和法学会的光荣。

从办学方向来说，我们政教系在不断为创建法律专业做准备。早在1986年，根据国家的发展需要，当时的系主任文秉模老师就提出政教系要坚持办好思想政治教育学科，同时，要抓好两个出路，一个是经济，一个是法律。所以我们就开始酝酿筹建法律专业的事宜。但当时开办法律专业存在一个很大的问题，法律专业是非师范专业，如何保证学生毕业的工作分配？这个问题是我们无法解决的很大障碍。法律专业的创建进程就此耽误下来了，这一耽误就是10年。但是我们一直在努力，没有放弃要创办法律专业。最终在1998年，在校领导重视和推动下，申报批准设立法律专业，招收本科生，设立法律系，成立经济法政学院。然后又分设经济学院和政法学院，到2013年政法学院又分设政治学院（马克思主义学院）和法学院。这一过程，证明了文秉模老师1986年的先知先觉是精准的。

在这个准备过程中，我们集聚了一批师资力量。当时华东政法学院的党委书记、院长是我上学时上下铺同学，我们是一起去西藏的。他曾有意把华东政法学院在校外的工作会议安排到芜湖开，是为了趁机会关心和帮助我的工作，他还找到我们校长，提出如果安徽师大要建立法律系，华东政法学院愿意提供师资人才等方面的帮助。当时，北京大学法学院的院长也是我的同学，愿意就我校建立法律系提供援助。安徽大学法学院院长、南昌大学法学院院长以及复旦大学法学院院长，都是我们北京大学同年级的老同学，大家都提出愿意为安徽师大法律系的建立提供援助。但是，当时因为校内存在的上述设立非师范的障碍没有能突破，所以建立法律系就被耽误下来了，一直延迟到1998年才正式设立法律专业，成立法律系。

学校在1996年组建经济法政学院，1998年法律系开始招生，但师生比之间面临着一个尖锐的矛盾。我们三个老教师都面临退休，年轻的教师大多二三十岁，有的甚至不是科班出身，正是青黄不接的状态，就这个情况来说，法律系的起步面临着一个困境，师资力量比较薄弱。通过我们师大法律系老师们的共同努力，法律系的建设一年比一年好。法律系从政教系脱离出来经历了安徽师大经济法政学院、政法学院。2008年，彭凤莲教授担任政法学院副院长，法律系在她的带领下，在校内外年轻教师们的共同努力下，发展得越来越好，师资队伍不断壮大，令人欣慰。

对于我来说，虽然退休了，但还是和年轻教师们紧紧联系在一起，和同学们也没有断了联系，直到现在我仍然保持着和同学们的密切联系，包括课外辅导、给他们办讲座，以及介绍他们来我们所里实习。另外，我还担任学校关工委的工作。我很乐意与同学们在一起，这是我最大的乐趣。虽然现在在律师所我是律师，但我的身份还是教师。我们律师所有很多律师都是我们的学生，有的是我自己的学生，有的是我同学的学生，有的是我学生的学生。跟他们在一起学习、工作、交流，精神愉快，受益匪浅，仿佛我也年轻了许多。

采访人：您在我们师大从教多年，在此期间我们师大政教系、法律系资金的来源发生了较大变化，创收收入成为收入中的一部分，您对系里的创收工作有什么特殊的印象？

谢长根：我们法学院恢复得比较晚，等到法学院正式开始有创收的时候，我已经退休了。此前，我们唯一的创收就是办班，这个办班就是校外的各种培训班、辅导班、大专班，这是主渠道。

此外，出版图书这一渠道也给学院带来了创收。我们三个老教师在安徽师大扛起法律教学这面旗帜的时候，正好是全国普及法律教育的时候，但当时并没有相关的普法书籍。刘志正老师提出，经过“文革”之后，大家都需要学习法律知识，但是法律教材欠缺，我们可以自己编写普及法律知识的教材。我们编写了《刑事疑案试析》《法律知识汇编》，还编写了一本《法律小辞典》。此外，刘志正老师还编写了《刑法学》，我们还和其他院校共同编写《法学概论》。这套普法的《法律知识汇编》和《刑事疑案试析》畅销全国，征订的人很多。有一次，我们专门给武汉批发商派出了两辆长十多米的挂车，并亲自押送五万多册书到武汉。从法学教学来说，这一次发行书籍是最大的创收。

说到教师创收问题，创收多少钱其实都是微不足道的价值。教师的教学和学校的培养，真正创造的价值，应当看培养的人才，即合格的人才、优秀的人才有多少。到安徽师大从事法律教育，我愿意为学生付出一切，最大的愿望就是学生成才。我们政教系在创建法律系的过程中，培养出了一大批得到社会认可的、优秀的法律人才，这是了不起的教学成果，其社会价值是难以估量的，远不是创造一点经济效益可比拟的。

采访人：您自退休至今，坚持参与一些社会活动，用法律服务社会，继续做贡献，为人生添彩，您的这些经历能跟我们分享吗？

谢长根：在我们法律系成立初期，我还坚持工作了一两年。邱仲良老师是1997年退休的，那时候法律系还没有成立。我退休之后，芜湖建立了两个律师事务所，我给他们当顾问，和他们一起奋战。一个是安徽纬纶律师事务所，一个是安徽深蓝律师事务所，这是芜湖仅有的两个国家级律师事务所，安徽深蓝律师事务所的成立时间较早，有20多年的历史。我继续在岗位上做些力所能及的事情，关心我们的学生，提供他们所需要的法律帮助和法律援助，我们律师事务所开展的所有法律接待和咨询都是免费的，有的时候当代理人、辩护人都是尽量少收费用，因为我们不是为了赚钱，而是为了实现自我满足，实现自己的价值。我在西藏的工作单位就是在公检法部门，所以回到芜湖之后我跟公检法部门的联系比较多。我在1982年的时候就和芜湖师范学校就业法律顾问处有过接触，所以为什么后来我把学生带上街头和律师事务所一起向市民普及法律知识和提供法律咨询，这其中是有渊源的。我认为这样做可以让学生和社会联系、和社会接触，从而更好地为社会服务。同时，我自己也能从中学到如何理论联系实际，这是教学过程中一个必不可少的环节。

忆往昔，学习法律、践行法律、法律教育、法律服务，十八岁成年之后，这一生都没有离开“法”字，不解之缘，注定生在法途不言退。有生之年，继续以一技之长服务社会，生活不息、工作不止。

退休之后，我还参加了学校关工委的工作。我很喜欢关工委的工作，喜欢和同学们待在一起，他们都像是我的孩子，孩子们遇到了困难，我能帮的都会想办法予以帮助。在我看来，关工委的工作不仅仅是和年轻的师生保持交流，还要和他们探讨做人做事的道理，让年轻教师从思想上提升自己，明确如何做好本职工作，如何做好学生的榜样，小事见人品。所以，我希望年轻的教师们能身体力行地教导学生，而不只是站在讲台上满堂灌输；学生们要在搞好自己学习的同时树立正确的世界观、人生观和价值观，为以后的人生打好基础。

采访人：您从事法律工作多年，有哪些亲手办理的令您至今难以忘怀的案件？其中有哪些故事，可以举一个例子说说吗？

谢长根：我从教师岗位上退休后的二十年专职律师生涯中，酸甜苦辣一言难尽。二十年中经办了无数起案件，其中，最难忘的是对一起“弑父焚尸”案的无罪辩护。之所以难忘，是因为这个案件被两次错判有罪，历经波折，最终由安徽省高级人民法院宣告无罪。

2004年7月1日早晨，我刚到办公室，就见到一男一女两位青年，一进门就“扑通”一声跪在地上哭着说道：“谢老师，求您救救我们弟弟一命。”一问才知道，他们的弟弟高某甲当时已经被认定为杀人犯，并且已经登报被关押了。一则以“祸起萧墙　儿子怒杀害父亲”为题的新闻称，这两名青年的父亲高某乙在自家祖坟地被打伤后点火焚烧，后经医院抢救无效后死亡。两位青年哭着说弟弟确实是被冤枉的，弟弟是绝对不会把父亲烧死的。我当时没有立刻做出判断，而是在和他们简单交流之后，就一起去了案发现场，要证明他们的弟弟高某甲是被冤枉的还要看证据。出发前我叫上了邱仲良老师，因为邱仲良老师是民法方面的专家，这个案子的办理，离不开邱仲良老师的帮助。

经过现场查看和询问周边的人之后，我的办案经验告诉我，这个现场不是第一现场，这个案件可能确实是个冤假错案。从现场回来后，我就赶往看守所会见了已被认定的杀人犯高某甲。我们之间隔了一道铁窗，他垂着头，满脸疲态。我问他为什么要杀父亲，他却迟迟不肯回答。我说：“我今天来作为你的辩护人，你需要和我讲实话，我要维护你的合法权益，无论你是有罪还是无罪。”我再次问道：“你为什么要杀你父亲?”他望望我，眼里充满了疑惑。我说：“我可以维护你的合法权益，是你杀的要实事求是地处理，不是你杀的就要为你申冤。”小伙子突然哭着说：“不是我杀的!”我质问他：“那为什么你已经供认不讳了，而且交待清楚了犯罪过程和杀人工具。”他说那些都不是真的，并讲了四个字“没有办法”。我心里暗下决心一定要查明真相。

于是，我们就从证据下手，分析和研究杀人动机、犯罪工具、犯罪现场、因果关系等问题。据了解，高某甲平时人很好，父子关系也很好，高某甲并没有犯罪动机。随后，我们通过核实证据、请教专家等各种途径来发现案中的诸多疑点，并查明有罪供述是如何作出的。公安机关所作的14次讯问笔录，高某甲有13次供述他把父亲打伤后焚烧，至于如何打伤、用什么工具、怎么烧的、用什么燃料等每次供述都不相同且前后矛盾。关于焚烧的燃料，高某甲先说是“酒”，后改为“酒精”，最后又改说是“油”。至于装燃料的容器，他先说是“大肚子古井酒瓶”，后改为“啤酒瓶”，再次追问时又改口说是“矿泉水瓶，烧掉了”，从这些交代来看，实际上都是在追逼之下任意编造的，没有其他证据能够印证。与此同时，我们走访、请教了有关专家，对证据提出质疑。起诉书指控高某甲是用“助燃物”焚烧父亲的，却没有说明这个“助燃物”究竟是什么。《物证检验报告》记载：现场提取泥土中检出C19—C24直链烷烃。请教化学专家后得知，C19—C24之间的物质是含16个以上碳原子的烷烃，均是固体。高某甲供述他“焚尸”所用的是“油”，油是液体，同《物证检验报告》存在明显的矛盾。《物证检验报告》称，死者皮肤、现场中心的泥土、现场中心的焦状物均未检出汽油、煤油、柴油、重柴油和酒精的成分。这又推翻了所谓高某甲从家中拿“油”去焚尸的指控。关于装油的容器，《物证检验报告》是根据公安机关送交的塑料瓶做焚烧模拟实验，但是高某甲交代的是“矿泉水瓶”，从未说过“塑料瓶”，“塑料瓶”的原料是聚酯塑料，而矿泉水瓶的原料多是聚丙烯、聚乙烯，而不是聚酯塑料。因此，该《物证检验报告》与高某甲所作有罪供述对不上茬口，与案情不具有关联性。

更为重要的是，我们深入调查后发现了足以否定全案的关键事实。2004年7月1日第一次到案发现场走访时，听村医介绍抢救经过时说，高某乙曾对陪同抢救的堂兄弟断断续续地回答：“暗害……用棍子打……两个人……不认识……油烧的。”经进一步深入了解后证实，被害人高某乙在临终前确实这样说过，这一事实情节足以推翻对高某甲“弑父焚尸”的指控。

2005年1月31日的法庭上，控辩双方在法庭上进行激辩，当时的场景，颇为耐人寻味。出庭支持公诉的检察官除了宣读起诉书外，还宣读了一份《公诉意见书》。《公诉意见书》的核心内容是，被告人作了有罪供述，即“承认先将其父亲打昏后，倒上酒（油）引燃焚烧的基本事实”。在这句话中，究竟是用“酒”还是用“油”引燃焚烧并没有查清，就作有罪认定，难以令人信服。2005年3月5日，法院作出了高某甲犯故意杀人罪，判处有期徒刑15年，剥夺政治权利5年的刑事判决。高某甲随即提起上诉。

安徽省高级人民法院受理上诉后，经审理，认为本案一审判决认定的部分事实不清，证据不足，要求撤销原判决，发回重审。2005年7月11日，原法院再次认定被告人高某甲犯故意杀人罪，判处有期徒刑15年，剥夺政治权利5年。高某甲当场表示不服，再次提出上诉。

2005年10月25日，安徽省高级人民法院对本案进行了开庭审理，辩护人从实体上、程序上和证据采信方面论证了对高某甲的定罪缺乏依据，应当宣判无罪。合议庭本着对法律负责，对当事人负责的精神，以严肃、认真的态度，耐心听取了辩护意见。安徽省人民检察院出庭的检察官当庭发表的出庭意见，也认为原判认定高某甲故意杀人的事实不清、证据不足。由于控辩双方的意见一致，这就为法院对此案改判扫清了障碍。

2005年11月14日，安徽省高级人民法院作出判决书，撤销原判，宣告高某甲无罪。至此，历时1年零7个月的艰难诉讼终告结束，总算是为无辜的高某甲洗清了不白之冤。

我和你们说这个案件，是想让你们能通过这样一起案件，认识到一场冤案会造成多么大的伤害，这样不公平、不公正的现象，会产生多么大的社会负面影响。法律是公平正义的，这样的冤假错案会让人们怀疑法律的公正性，但是冤假错案的存在并不能否认法律的公平正义。我作为一名律师，深切体会到无论面对多大的压力，律师都要撑得住，顶得住，要坚持不懈，刻苦钻研，才能维护法治的尊严。希望你们能够认识到律师对维护社会的公平公正有着多么重要的作用，也希望我们师大走出来的莘莘学子，能为维护国家宪法和法律正确实施，为维护社会公平正义、维护国家长治久安、建设法制国家和法制社会努力工作，多做贡献。

采访人：您对我们学校现在的在职教师有什么寄语？

谢长根：我虽然退休了，但是和现在的在职教师们仍有较多的联系。我们学院的院长彭凤莲对我很关心，我有什么问题都会跟她反映。副院长周俊强是我的学生，所以我们也经常在一起交流。我们学院在知识产权这一块，无论是课程设置，还是教学成果，都做得比较好，在安徽省比较有名。说起来还是十多年前的事，有位毕业于数学专业、半路学法的老师，和我说话很投机，我们经常在一起聊天，他把我当作他的父亲，我也把他当作我的孩子，从我们的交流中他认识到，当时的知识产权保护与研究存在薄弱环节，还是一块未开发的"绿洲"，可以利用这个机会去争取占领这一块领域。功夫不负有心人，他通过自己十几年的努力，终于成为知识产权领域的领军人物。假如我们每个教师都有这样的抱负，有这样的奋斗目标，那么，我们都能成为某个领域的领头人。

此外，教师要珍惜教师这个职业，没有学生的存在，教师的职业就不存在了。我们要一切以学生为主，不辜负教师这个职业，肩负起应有的责任。在我们心中，怎样去教育学生？怎样去教书育人？怎样去实现自己的价值？这些都是教师们应该思考的问题。我们在阅人之前要学会阅己，要不断提升自己的能力，在做一个合格的法律教师之前，把自己培养成为一个守法、护法的人，要用法律的标准来衡量自己的一切。

杨钰芳先生访谈录

采访时间： 2019年1月5日

采访地点： 杨钰芳先生寓所

受 访 人： 杨钰芳

采 访 人： 梅　健

整 理 人： 田　影

杨钰芳，女，1930年10月生，江苏无锡人，副教授。1954年至1958年在安徽师院物理系学习，曾担任北京市第一届“教育与生产劳动相结合展览会”讲解员。毕业后分配在芜湖师范学校任教，后调入芜湖市第二中学。“文革”期间下放到繁昌县孙村公社。“文革”后到芜湖市第二十七中学工作，后调回芜湖师范学校。先后被授予芜湖市“三八”红旗手、优秀班主任、优秀教师等称号。曾任芜湖市物理学会理事。

采访人：杨老师，您好！我们很高兴能有机会采访您。据我们了解，您是江苏无锡人，当初您为什么选择报考安徽师院？

杨钰芳：真实的情况是，我们当时连安徽师院都不知道。我是江苏省无锡师范学校毕业的，师范生原则上都要工作两年才能考大学。我们毕业那年，允许我们一部分年龄小一点、成绩好一点的学生参加统一考试。当时参加统考是不分文理科的，能够被安徽师院录取挺高兴的，因为毕竟上了大学了。

采访人：20世纪50年代，您考入安徽师院，当时的安徽师院是什么样子的？

杨钰芳：我是1954年来到安徽师院，1958年毕业的。1954年入学的时候，全国发大水，安徽省是个重灾区，芜湖更是重灾区。因为长江决堤，导致整个芜湖城区都在一片汪洋之中，很多灾民为了逃生都到地势比较高的地方避难。我们学校的校区是在赭山的脚下，地势比较高，因此，很多灾民都来到我们学校——操场、礼堂、宿舍、教室等，他们不仅自己来，而且他们养的鸡、鸭、羊、猪等也跟着来了。我们刚来的时候看到破破烂烂的操场，还有灾民，就觉得这里太不像学校，反而像灾民收容所，但是当时也是没办法，天灾无情。本来的中山路，也就是现在的步行街，都被淹了，都是用盆划过去的。一直到九月底，大水才慢慢退去，灾民也陆续回到自己家中，学校就花了很大的力气来整修，那时才有点学校的样子，当时学校的环境还是很差的。

我们女生住的宿舍，就是几间小平房，既没有卫生间，也没有水龙头，我们洗脸都是到外面排队，用冷水洗脸；厕所也是在外面，我们女生胆子小，夜里都是结伴而行去厕所。

全校同学都在一个食堂吃饭，食堂很大很宽敞，并且放了很多八仙桌，八个人一桌。我们都觉得很高兴，因为师范生都比较贫困，而上师范学院不要学费，还供应伙食。当时同学们都很穷，到冬天，学校就买很多稻草，发给每个班级的同学，我们把这些稻草垫在床底下，上面铺一层单被作为垫子睡。被子是自己从家里带来的，有的是一床，多的是两床，但都不暖和。后来条件逐渐改善，学校给我们每个人发了草垫子。从稻草变成了草垫子，我们已经觉得好多了，因为草垫子毕竟干净一些。

采访人：您在安徽师院物理系学习了四年，对学校的课程安排有什么特殊印象？学校的变化给您最大的感受是什么？

杨钰芳：当时在校生的人数很少，我们物理系大一、大二、大三三个年级加起来不到一百人。教室是在艺术系大楼后面的一座小楼上，条件还算好，但是地板已经烂掉了，我们四十多个同学就在这里的教室上课。实验室也在这个小楼里，物理、化学学科都需要做实验，我们做实验是四个人一组，实验室的器材设备比较陈旧。

四年里，学校每一年都有很大的变化。到1958年毕业的时候，我们赶上了末班车，住进了新的女生宿舍，男生也住进了新的男生宿舍。教室搬进了新的大楼，就是现在的田家炳楼后面的那个教学楼。当时才盖的时候是四层大楼，光线非常明亮，我们都很高兴。操场也改变了，我们来的时候操场只有两个篮球架，后来条件就好多了。另外，实验室的条件也逐渐改善了，四年里我们真实感受到校园的变化非常之大。

采访人：您在安徽师院读书时，学习和生活条件都非常艰苦，您和您的同学都有什么样的课外活动？

杨钰芳：我们1954年刚进校的时候，虽然条件很差，但是文艺活动很丰富，所以都很高兴。学校经常组织文艺汇演，每一年都有两次，还有诗歌朗诵比赛、音乐比赛等。艺术系的老师、学生周末也会来唱歌、开音乐会，我们都愿意去听。

除此之外，我们还经常去五四堂——专门为青年教师和大学生建造的一个文娱活动场所，参加周末举办的交谊舞会。刚开始我们都不会跳舞，就站在旁边看师兄师姐们跳。当时的说法是：大一的时候旁边站，大二的时候试试看，大三大四就经常去跳了。

周末的时候，我们会去大众电影院看电影，当时放映的有《武训传》《天仙配》等，我们都很喜欢看。

学校为我们提供的文艺活动是很丰富多彩的。大概是1956年的元旦，学校花了很大的心思准备节目，元旦前夜，大礼堂里先是文艺汇演，持续到十点钟左右，汇演结束以后，舞会就开始了，大家边叫边闹，都很高兴，一直到十二点。新年开始了……我们就在大礼堂里又蹦又跳。舞会过后学校还有活动，在大众电影院给我们包了两场电影（现在这个电影院已经面目全非了）。第一场电影从一点钟看到三点钟，第二场电影从三点钟看到五点钟，我们五点多回校的时候都兴奋极了。当时并没有因为经济条件差而失落，相反，我们呈现了年轻人该有的活泼个性。

当时，谈恋爱并不影响我们的学习，我们一直热爱学习，把学习看得很重要。对于我们的老师，我们都是非常尊敬的。上课从来不轻易逃课、旷课，即使感冒、发烧等，也都坚持上课。那个年代的大学生很单纯。

采访人：您在安徽师院学习的四年，有没有遇到让您印象极其深刻的人？

杨钰芳：我印象最深的是教我们普通物理的老师——吴锐。吴锐老师是法国留学生，他是居里夫人的学生，我们都很尊敬他。吴老师上课时一丝不苟，逻辑性很强，条理清晰，他是我们一辈子也不会忘的老师，严谨的教学态度是我们学习的榜样。

我们的同学中安徽人多一些，进校的时候年龄都差不多，十九、二十岁。我们物理系这个班有四位同学是调干生，他们在解放战争的时候就是团长、营长、通讯员、勤务员等，被称为“红小鬼”。他们都是带着工资来读书的，年龄比我们大一些。他们的学习基础不好，中华人民共和国成立以后国家培养他们：先让他们上芜湖工农速成中学，用一年的时间读完初中，再用一年的时间读完高中，所以基础不好，但他们学习都很努力，很刻苦。有一个同学没有跟我们一起毕业，其他三个同学都跟我们一起毕业了。我们同学在一起的时间还是很开心的。

采访人：在安徽师院读书期间，您所经历过的运动是什么？哪些事情给您留下了深刻印象？

杨钰芳：我们师范学院除了学习、文娱活动以外，经过了几次运动，我们都自觉听党的话。一个是爱国卫生运动。因为1954年发大水，1955年发生流行性感冒，所以1955年下半年开展了爱国卫生运动。每一个班级，每一个宿舍，每一个星期都要大扫除，还要评比，流动小红旗会插到第一名的班级上。我们都很积极地进行大扫除劳动，把边边角角打扫得一尘不染。这就是爱国卫生运动。

另一个是除“四害”运动。除“四害”就是除掉苍蝇、蚊子、麻雀和老鼠。学校要求我们每人每天交一只老鼠，这个任务对我们来说是很艰巨的。我们都年轻，都愿意去做。

还有一个是1957年的反右派斗争。那一年，我们都在忙于实习，看参考书、备课、写教案、试讲等，我们都无暇顾及。我当时是在安徽师大附属中学实习，我的指导老师是陈善祥，他的物理教得相当好，我的两个孩子也是他教的。

采访人：从安徽师院毕业后，您有什么难忘的回忆或者经历吗？

杨钰芳：大学毕业后，我的工作是学校直接分配的。1955年，我就认识了我的先生，他是我们系里的政治辅导员。1959年，我们在北京登记结婚，他当时在北京师范大学进修，我刚好在北京担任“教育与生产劳动相结合展览会”安徽展馆的讲解员。我的哥哥姐姐都在北京工作，我的母亲正好在北京给他们带孩子。能在北京见到他，我是很开心的。学校考虑到我们的夫妻关系，拟把我们分一块儿，本来他已经是系副主任了，但是觉得两个人在一起工作不方便，我自己也不愿意，就把我分到了芜湖师范学校工作。芜湖师范学校是个中专学校，那个年代中专是很难考的，而且质量非常之好，我们的学生入学考试的成绩跟芜湖市第一中学、安徽师大附属中学都是持平的，那个时候的芜湖师范学校就是后来的芜湖市第十二中学前身。因为离家比较远，特别是有了孩子以后上班很不方便，我就提出调动工作，后来就到芜湖市第三中学工作。芜湖市第三中学是个完全中学，那个时候完全中学才下放，初级中学老师是不下放的，所以我随学校老师一起下放，在农村待了八九年。

当时农村老师的教学水平不是很好，学生的学习成绩也不好。所幸我的孩子已经养成良好的学习习惯，放了学就做作业，我们坐在一张桌子上，我坐一边备课，两个孩子坐另一边写作业。回芜湖以后，他们上安徽师大附属中学时成绩也没有落下来，还不断得奖。1979年，我的大儿子就顺利考取了华中理工学院，现在叫华中科技大学，而且那一年他考的成绩相当好，录取学校的老师特地跑到我家来点名要他。我的小儿子比大儿子小两岁，在农村的时候因为没有幼儿园，就跟在哥哥后面读书。1980年，我的小儿子考上了浙江大学。

“文革”结束以后，我先生就逐渐官复原职，并且补发了全部被扣留的工资，也当了系主任。1977年，我回到芜湖，当时芜湖师范学校已经被解散了。我和先生回来后，他被分到芜湖市第二十七中学，我于1977年至1979年在芜湖市第二十七中学任教。芜湖市第二十七中学原来是一所极其普通的初级中学，现在很有名了，与我们老师后来的努力是分不开的。

1979年，要重新规划建立芜湖师范学校，就把我们这些师范学校的老师都召唤回去了，所以我最后是在芜湖师范学校退休的。我从1979年到1995年一直在芜湖师范学校任教。这期间，学校里有很多老师都是安徽师大毕业的，我们学校距离安徽师大比较近，再加上学校的名声很不错，当时安徽师大的很多老师都希望子女能来我校工作。所以我们有时候调侃说，芜湖师范学校是安徽师大的第二附中。

我觉得我的母校的教育水平是很不错的，在教书育人方面，我们的老师给我们做了榜样，所以后来我们在自己的岗位上也是兢兢业业，多次被评为先进工作者、优秀班主任、“三八”红旗手等。我们安徽师大毕业的学生还是很不错的，虽然我没有为安徽师大增光彩、增荣誉，但是从来不给母校丢面子，都是兢兢业业地教学，认认真真地工作。

采访人：芜湖师范学校的工资待遇怎么样？与安徽师大之间有什么合作？您在芜湖师范学校工作多年，退休后看芜湖师范学校的角度有什么不同吗？

杨钰芳：我的先生崔老师就是安徽师大物理系的老师，他的级别比我高一级，年龄大一些，他当副教授的时候我是讲师，我当副教授的时候他已经是正教授了，所以他工资比我高一些。但是我的工资跟我同级别的老师相比，或者跟在安徽师大同级别的老师相比，可能比他们还高一些。因为有时候评奖评优的机会多一些，工资就多加一些。安徽师大的优秀教师比较多，或许受评奖名额的限制，机会相对少一些。

芜湖师范学校与安徽师大之间的合作主要还是在实习方面，安徽师大会派学生到芜湖师范学校实习。芜湖师范学校的老师很多都毕业于安徽师大，与安徽师大之间的关系是很密切的。

芜湖师范学校现在的规模很大，距离安徽师大花津校区也不太远。我们被邀请回去参观过两次，后来就没去过了。原来普师毕业就可以教小学，幼师毕业就可以教幼儿园，学生质量很好。

赵薇曾是我们芜湖师范学校的学生，我教过她物理。她的性格确实和她后来扮演的小燕子的性格一样，大大咧咧的。后来我们就没有跟她联系了，听说她回学校参观过一次，并捐款用于艺术大楼的维护与修缮。

周商克先生访谈录

采访时间：2019年6月24日

采访地点：赭山校区离退休教师活动中心

受 访 人：周商克

采 访 人：梅　健

整 理 人：田　影

周商克，男，1934年3月生，浙江海盐人。1949年至1951年在解放军华东军政大学、解放军华东通讯学校学习，毕业后历任志愿军十九兵团司令部电台区队报务员、解放军武威步兵学校通讯教员、重庆通讯技术学校排长等职。曾赴解放军沈阳高级通校学习。1964年起在合肥师院、安徽师大工作，先后担任历史系行政秘书，函授部副科长、科长、夜大部主任，副处级调研员，安徽师大关工委委员等职。发表论文170余篇，出版著作2部。

采访人：周老师，您好！很高兴有机会对您进行采访。首先请回忆一下您青少年时期的人生经历。

周商克：1934年阴历三月二十日，我出生在浙江省海盐县城。海盐于秦王政二十五年（公元前222年）设县，已有2200多年历史，古老的县城于1938年5月2日被日本侵略军放火焚烧，大火烧了十二昼夜，父亲用教书薪金购置的400平方米宅院在这次大火中被焚毁殆尽（《海盐县志》有记载）。我的童年是在背井离乡、颠沛流离的逃难生活中度过的。

日军侵占海盐时，母亲带着我和姐姐逃难至海宁县袁花镇，这一带盗匪很多，我家带了许多箱子，很重。一些人盯着这些箱子窃窃私语，以为里面一定是金银财宝。母亲机智地打开箱子，把里面的书拿出来晾晒，这才避免了一场可能发生的灾祸。我们继续逃难，渡过钱塘江，抵达余姚。1938年秋又乘船到达上海英租界，在一个只有六七平方米的亭子间住了下来。在上海这个亭子间，母亲在忙里忙外支撑家中生活的同时，还抽空教我识字和简单的算术，对我进行启蒙教育。1941年春天，母亲把我送到上海私立湖州旅沪小学读书。在这个小学，我从一年级下学期读到二年级上学期。

此时父亲已应聘到抗战期间筹建的国立中正大学教书（在江西泰和），1941年冬，父亲委托他的一个学生护送母亲、姐姐和我去江西。我们先乘火车到杭州，在出站时遇到日军搜查，日军男、女士兵各把守一个出口，男、女旅客从各自的出口通过。日本兵不但搜查行李，还要搜身。我因年龄小，就随母亲和姐姐一起走。从杭州往西，我们乘的是烧木炭的汽车，公路凹凸不平，汽车颠簸摇晃着前行，走走停停。母亲、姐姐和我都晕车，我们不断地呕吐，我感到五脏六腑都快吐出来了。到了江西境内，木炭汽车也没有了，我们只得步行，我和姐姐实在走不动，母亲只好雇人用箩筐一头挑着我，一头挑着姐姐走。母亲是1893年出生的，她和那个年代的妇女一样，小时候裹了足，她迈着两只粽子般大小的脚走几百里路，其痛苦是不言而喻的。我们历尽千辛万苦，终于到达江西国立中正大学战时临时校址。

国立中正大学在江西泰和杏岭一片荒原上盖了许多平房，用两层毛竹片编成墙，外面涂上泥巴和石灰。我家住房前面有一大片坟地，每当夜晚降临，坟地上闪烁的磷火，加上来回飞舞的萤火虫划出的道道亮光，构成了一幅奇异的夜景图。住地常有野兽出没，有一次晚上开门，一只小马般大的野兽正站在门口，把全家吓了一大跳。

我的大哥周式耕当时在国立中正大学农学院园艺系读书，他带着两个同学在我们家旁边的荒地上开垦出一个菜园，作为他们的实验园地。菜园里种了南瓜、冬瓜、茄子、豆角、番茄、辣椒等蔬菜。留给我印象最深的是各式品种的番茄，有黄色的、红色的、粉红的大番茄，还有樱桃般的小番茄和牛乳房形状的番茄等。大哥还在房前屋后种了许多蓖麻和大理菊、鸡冠花、迎春花、月月红、鸟萝等花卉。放学后，我和姐姐常到菜园帮忙松土、浇水，观察蔬菜发芽、生长、开花、结果的成长过程，这些不仅使我们增长了知识，又给我们的童年增添了欢乐。

在泰和杏岭，我在国立中正大学附属国民教育实习学校读书，至今保存着一份已经泛黄、用毛边纸油印的“国立中正大学附属国民教育实习学校学生成绩报告书”，成绩单开出的时间是民国三十四年一月二十一日。这是我在国立中正大学附属国民教育实习学校最后一学期——五年级上学期的成绩单。这学期共开设公民、国语、算术、社会、自然、劳作、美术、音乐、体育、英语等十门课。其中我的英语成绩最好，是98.8分；算术最差，只有60分；体育也只有60.8分；其他功课一般都在七八十分，总成绩为731分，这个成绩在班上排名第四。

父亲当时是国立中正大学文法学院的教授，担任社会教育系主任。当时著名儿童教育家陈鹤琴先生在泰和文江创办了一所幼稚师范学校。父亲与陈教授来往密切，常去幼稚师范学校参加一些学术研讨会。一次，父亲特地带着我去拜访陈教授，陈教授送给我两本他写的儿童读物，记得有一本书的书名是《哑巴会说话》，另一本书的书名记不清了。陈教授在这两本书的封面上用毛笔写着“商克小弟弟留念”并署名。1949年参军时，我将这两本书留在家中未带，以后不知下落。

无锡于1949年4月23日解放，这一年我15岁。我迫不及待地要参加解放军，报考了三野军政干部学校（后改名解放军华东军政大学），这关键的一步决定了我一生的道路。临近报到日期时，我开始悄悄地准备行装，因为担心打重了背包背不动，就把棉被里的棉花絮扒掉缝成夹被，又在枕头套里装上换洗衣服，既做包袱又做枕头，然后学着解放军的样子，打好一个背包，背包后面插上一双鞋。7月14日，我趁父母不在家，悄悄地背起背包不辞而别去解放军华东军政大学报到了。

我被编在解放军华东军政大学三总队十二团一营一连，临时驻地在无锡女子中学。女中学生宿舍是双层木板床，臭虫很多，夜里被咬得醒过来时，爬起来开灯一看，一大群吃得圆滚滚、红通通的臭虫正在四散奔逃。过了一段时间，我又在内衣裤里发现了虱子。老同志说这是“革命虫”，因为它和革命战争年代的艰苦生活紧密相关。其实消灭虱子是比较容易的，只要生活条件允许，勤换衣服、被子，将衣被用开水烫几次就解决了。

解放军华东军政大学的教学计划规定，政治课占70%，军事课占30%。政治课主要讲社会发展史，军事课则从立正、稍息、四面转法、齐步、正步、跑步开始，进行基本的队列训练。一个多月后，女子中学要开学了，按照上级指示，我们的驻地转移到常熟。那时汽车非常稀少，学员们打起背包，排着长队，徒步向常熟进发。这是我参军后第一次行军，这次行军对每个学员都是重大考验，我的脚底起了泡，仍忍着疼痛，一瘸一拐地坚持着。我们的区队长是抗日战争时期参加革命的老同志，他用针帮我把水泡挑破，再用一根头发穿过水泡两头，使泡内的液体不断流出，以减少疼痛。他还告诉我，行军时要尽量走直路，千万不能曲里拐弯地走，这样不仅累并且会多走一半的路。他教我休息时要把脚抬高使血液回流减轻疲劳。这一天我们起早贪黑走了十多个小时，大家虽十分疲惫，但终于胜利地到达目的地。

在常熟，我们住在寺庙里，大殿的地上铺上稻草，就成了我们的地铺，听报告时坐在自己的背包上，在膝盖上记笔记。几个月后，我们再次转移去解放军华东军政大学的总部所在地——南京。这回我们的驻地是原国民党陆军监狱，在原牢房的地上铺上稻草，每个房间正好住一个班。解放军华东军政大学的校长兼政委是赫赫有名的第三野战军司令陈毅，他曾在旧国防部的大操场上给我们作“为人民服务”为题的报告。他讲得很生动，那饶有风味的四川口音，声调抑扬顿挫、语言风趣幽默，报告密切结合当时青年人的思想实际，大家听了受到很大鼓舞。

我参加革命后，常常有人问我：“你有那么好的家庭环境，为什么不继续上学，而要参加革命，自找苦吃呢?”那是因为我亲眼看到国民党政府的腐败，是共产党的崇高革命理想吸引着我，是建设一个民主、平等、自由、富强的新中国的伟大目标鼓舞着我，我是自觉、坚定、无悔地跟着共产党，怀揣着伟大理想走上革命道路的。

采访人：据我们了解，您曾经参加过抗美援朝战争，请回忆一下您的这段经历。

周商克：我17岁进入朝鲜战场，21岁回国，我最美好的一段青春年华是在战场上度过的。

1950年3月，我从解放军华东军政大学结业后，按照组织安排，一些年龄小的学员转入解放军华东通讯学校学习报务，毕业后，我们50名同学被分配到东北军区总台任见习报务员。1951年夏，我和杨佩瑾等20人（杨佩瑾比我小一岁，他后来成为著名作家，担任江西省文联主席）奉命调往朝鲜前线志愿军十九兵团司令部工作。8月初我们乘火车到达安东，在经过鸭绿江桥时看到大桥两头部署了多门高射炮，炮口指向天空，随时准备打击来犯的敌机。进入朝鲜境内后，沿途看到的都是弹坑，公路边和山沟里堆满了被敌机炸毁的志愿军的卡车、炮车、吉普车等。当时美军每天出动900架次军机，其中只有10%用于支援前线作战，其余都用于攻击我军后方，美军还在我军交通要道口设定空中火力封锁区，封锁区内除白天外，每天夜晚敌机不断投放照明弹，照明弹用降落伞吊着，长久悬在空中，将黑夜照得如同白昼一般，如此每天24小时敌机不论是否发现目标都不停地轰炸扫射，妄图阻断志愿军后勤供应，抑制我军作战力量。我们的卡车在志愿军防空哨的指挥下走走停停。有一次，敌机可能发现了我们的卡车，一阵机枪扫射，在汽车旁腾起一股尘土，司机趁敌机尚未转回来迅速将车开进一片树林，我们与死神擦肩而过，躲过了这一劫。一天晚上，汽车突然减速停了下来，原来前面公路正中炸了一个大弹坑，有十多个朝鲜老乡（大部分是妇女）在弹坑中扛着一根粗圆木，让志愿军的汽车一辆辆慢慢通过，汽车一边的车轮子压在公路边上，另一边的车轮转动在这根用人的肩膀扛起的木头上，面对这情景，我的心中油然升起对勇敢、坚强的朝鲜人民的敬意。

汽车开到大同江边，司机说汽车有故障，不能往前开了，我们只得背上自己的背包下车，徒步向前线走去。沿途如能遇到志愿军部队，说明情况后会供给我们伙食，饱餐一顿，否则只能饿着肚子往前走。晚上或借宿朝鲜民房或住志愿军兵站。

那年夏季，恰逢朝鲜40年不遇的洪水，许多道路、桥梁被洪水冲毁，加上敌人疯狂进行“绞杀战”，天灾和人祸加在一起，给我方交通运输造成极大困难。一天傍晚，我们住进一个志愿军兵站，兵站住宿地及仓库位于山坡一侧，兵站的伙房则在对面山坡下（这是因为厨房冒出的烟可能招致敌机轰炸），两处相隔100多米，中间是一条山沟，路边停着吉普车，堆放着汽油桶和其他物资。这天晚上我们睡得迷迷糊糊的，隐约感觉下了一夜暴雨，第二天起床一看，干涸的山沟变成了汹涌奔腾的河流，原来路边停放的吉普车、汽油桶及其他物资已被洪水冲走。兵站的工作人员设法在河水的两边拴上一条粗绳，一位志愿军战士为了到河对面的伙房给我们取早餐，他挎了个竹篮，攀着这根绳子向对岸游去。他紧紧地抓着绳子，两手交替向前挪动，湍急的水流把他的身体抬了起来，当他游到一半时，虽竭尽全力仍抓不住绳子，最终被洪水卷走了。我们站在岸上的人眼睁睁地看着自己的战友被洪水冲走却无法救援，大家的心如刀绞一般。

我们这20名少年报务员（年龄最小的15岁，最大的只有18岁）在上有敌机轰炸、扫射，下有洪水肆虐和敌方特工出没的朝鲜战场，忍着饥饿，背着行李，一步步顽强地走向前线，没有人退缩，没有人叫苦。我的脚底起了泡，在继续行军过程中，水泡里面进了泥沙等脏物，逐渐形成鸡眼，仍强忍着钻心般的疼痛坚持往前走。经过十多天艰难的跋涉，行走近300公里，终于到达离前线约40公里的志愿军十九兵团司令部。

如今，我们这些当年的志愿军小战士都已进入耄耋之年，当我们偶尔相聚，回首往事时，当年艰难上前线的经历和在战火中度过的青春岁月，成了我们一生中最珍贵、最难忘却的一段记忆。

我1951年进入朝鲜战场，1955年奉调回国学习，经历了四年腥风血雨的战场生活。1952年秋，中国人民赴朝鲜慰问团到我所在的十九兵团司令部慰问时，赠给每个志愿军战士一个慰问袋，袋内有一只印着“赠给最可爱的人”字样的搪瓷茶杯、一本紫色布面的纪念册、一块印着“中国人民赴朝鲜慰问团赠”的白色丝织手绢、两条毛巾、一斤水果糖、一条光荣牌香烟及针线包等物品。

针线包是用农村自织土布手工精心缝制的，上面用各种丝线绣了“勇敢杀敌”四个字。布盖呈半梨形，绲了边，中间缝了一个用布条编织的纽扣，背面有一个布环，可以套在皮带上。志愿军战士作战时军服常常遭到严重损坏，由于朝鲜山多、树多，平时我们穿行在树林中也常常被树枝刮破衣服，因而针线包成了志愿军战士随身携带的一件必不可少的物品。我回国后工作调动频繁，许多东西都丢失了，但60多年前从战场上带回来的针线包却一直珍藏着。我离休后担任安徽师大关工委委员，是芜湖市关工委革命传统报告团和安徽师大关工委报告团报告员，经常给大学生、中学生、小学生讲抗美援朝战争的历史。每当我向同学们展示从朝鲜战场上带回来的针线包等实物时，同学们都带着几分崇敬，饶有兴趣地观看这些半个多世纪前战场上使用过的物品。

采访人：您的父亲周辛是一位杰出的爱国教育家，能否谈谈他的有关情况？

周商克：1911年的辛亥革命，虽然推翻了清朝的封建统治，但积弱积贫的中国内忧外患，经济濒临破产，国家处在生死存亡的关键时期。这时，一批优秀的爱国知识分子先后从西方国家留学回来，目睹最底层的劳动人民过着贫困、愚昧、受压迫的悲惨生活，深切感受到发达国家与落后中国的强烈反差，他们怀着一颗忧国忧民的爱国心和强烈的责任感，感到自己负有不可推卸的拯救落后中国的历史使命。那时，80%以上的劳动人民是文盲，他们认识到要改变中国贫穷落后的面貌必须从普及教育入手，展开民族自救运动。他们从内心发出了“教育救国”的呼号，并以实际行动开展平民教育，创办乡村教育试验区，努力践行“教育救国”的理想。“教育救国”成为时代潮流，成为当时爱国知识分子的一个“中国梦”。

如今，在苏州大学博物馆内，有一个我父亲的展柜，大照片下写的说明文字，对他创办乡村教育试验区，长期研究、实践社会教育的历史贡献作了简要介绍。父亲周辛（1891—1966），原名周廷珍，号葆儒，教育学家、社会教育家。20世纪20年代在南洋爪哇、苏门答腊、泗水等地担任中华学校校长，1929年6月去英国爱丁堡大学教育研究班进修，1931年7月回国，先后在国立暨南大学、国立中山大学、国立中正大学、江苏省立教育学院等大学担任教授、社会教育系主任。父亲在广州、山东邹平、江苏无锡创办和领导乡村教育试验区，积极进行社会教育研究，在各种刊物上发表教育论文百余篇。他舍弃了著名大学的高薪聘请，告别了大都市的优越生活，脱去西装和皮鞋，提出“知识界下乡去”的口号，奔赴农村、走向田野，为实现孙中山“唤起民众”遗嘱，为扫除文盲、普及文化知识扎实工作。当时《基础教育》杂志的编辑在编者按语中盛赞父亲是一位“实干的教育家”。抗日战争胜利后，他亲自制定联合国科教文组织在中国设立基本教育试验区的工作规划和详细的实施计划，继续开展民众教育工作。

解放战争中，父亲在无锡工作时，接触到共产党人和马克思主义，认识到只有推翻腐朽的社会制度，建立人民当家作主的新社会，才能彻底改变国家和人民的命运，才能真正做到普及教育，提高人民文化知识水平，实现复兴中华民族，建设强盛中国的梦想。于是父亲积极参加共产党领导的革命活动，并在无锡解放前加入中国共产党。

1952年，父亲调到安徽师院（今安徽师大学前身）工作，担任专科部主任，被选为中共安徽省第一届党代会代表、安徽省第三届人大代表。1958年调至合肥师院任教育系主任、教育学科教研室主任、党支部书记，兼任安徽省教育学会副主席、安徽省心理学会主席。1966年6月13日，父亲周辛在“文革”中因遭受迫害含冤辞世，母亲金欧廉也遭此不幸。

1980年6月13日，安徽师大隆重召开周辛同志追悼会，参加追悼会者有三百余人，陈丕显、刘季平、项南、董纯才、许杰、包厚昌、张执一、钟民等十多位国家和省部级领导及许多教育家、科学家发来唁电、唁函，送了花圈。其中项南同志在亲笔书写的唁函中说：“接到五月廿三日筹委会的讣告，我才知道周辛同志早在一九六六年就被迫害致死，使我感到突然，也感到十分悲痛。不见周辛同志已快三十年了，他是一个忠于党的教育事业、勤勤恳恳工作的老同志，对于他，我是非常怀念的。”原江苏省立教育学院学生、时任浙江日报社社长吴尧民等一批省级机关干部在唁函中写道：“周葆儒同志于解放前在江苏省教育学院任教授，是我们的好老师。他对教育工作认真负责，循循善诱，为人诚恳正直，积极支持进步学生运动，他热爱中国共产党、热爱社会主义，极端痛恨国民党反动派。解放前江苏省教育学院历次反蒋爱国运动，周葆儒同志始终站在最前列。”

我父亲自1917年至1966年，一直从事教育工作，曾先后在10所高等学校担任教职，他对社会教育、教育学、教育史都有深入的研究。他治学严谨、勤勤恳恳，他严于律己、宽以待人、真诚团结同志、热情指导青年教师，他对工作极其认真负责、一丝不苟，为我国教育事业献出了毕生精力，是老一辈爱国知识分子的杰出代表。

采访人：我们还了解，您曾经在我们师大函授部工作过。一段经历，就是一段回忆，在此方面您有什么故事可以与我们分享吗？

周商克：“文革”结束后，培训中学教师成了当务之急，安徽师大函授部及时恢复了面向中学教师的函授生招生，中文、数学、物理、化学各系成立了函授教研室。我们除了组织教师到各地面授外，还有一项工作量很大的事就是寄发教材，平均每人要承担二三百名函授生的教材寄发任务。当时的教材和自学辅导材料大部分是函授教师自己编写，由校印刷厂印刷的。大家先将牛皮纸裁好，写上地址、姓名，贴上邮局的挂号签，填写好寄发清单，再将教材包起来，用细麻绳扎紧，然后装上板车，由我们几个稍年轻的男同志拉着送到邮局寄出，每学期总要寄发许多次。

不论酷暑严寒、刮风下雨，我们都默默地做着这些简单琐碎的半体力劳动的工作。捆教材用的细麻绳用量很大，都是成捆买来，使用时极容易扯乱，往往是愈拽愈乱，愈拽愈紧，急得浑身冒汗。极具耐心的李岩大姐（她是1938年经长途跋涉去延安参加革命的老干部）就把大捆麻绳绕成一小团一小团的，方便大家使用。我们的工作室是七八个人办公的大房间，热闹得很。有位仁兄，工作极认真，只是话多，总说自己是“万无一失”，这句话成了他的口头禅。但包的教材多了，难免会出错，往往是他念念有词地说自己“万无一失”时，话音未落却发现教材总数少了一本或多了一本，引来大家捧腹大笑。这时一位专管教材的女同志，每次都能火眼金睛地从数百包看似同样大小的教材包中找出哪包多了一本或少了一本，大大减轻了大批返工的麻烦。

那几年的夏天特别热，当时不但没有空调，而且连电风扇都是奢侈品，只有学校会议室有两台老式吊扇。我们在一座抗日战争期间建造的原是日本军营的二楼工作，在十分闷热的房间里捆扎教材，汗水湿透了衣裳，额头上的汗珠雨点般地落在牛皮纸包的教材上。大伙儿工作累了，就由几位女将出面，软硬兼施，讲好话，搜口袋，撺掇函授部主任刘恃读请客。由于将近20年没有加工资，那时40多岁的中年干部、教师月工资只有五六十元，刘教授的工资要比我们高一两倍。当敲竹杠得逞后，必有自告奋勇者以飞快的速度跑到二街买来耿福兴烧饼，大家一边说笑一边吃，那种和谐欢欣的气氛，真是“味道好极了”！

那时中学教师培训的当务之急是补缺、补差，开展重点面授。那时我在函授部做教学管理工作，常常组织各个专业的教师马不停蹄地到全省各面授点讲课，眼见函授生如饥似渴地听课、记笔记，刻苦学习的情形十分感人。每次面授都是我带队，我尽量安排好教师和函授生的食宿，并在上课时随班听课，了解教学情况。我和老师们不断出差，虽很劳累，但大家的心情很愉快，为我国的教育事业，为提高人民科学、文化水平贡献了自己的一分力量。

采访人：您在我们师大函授部工作的时候，有过什么令您印象深刻的人和事？

周商克：“文革”后期，下放干部陆续调回原工作单位，我也由下放地阜阳县插花公社调回安徽师大，分配在函授部工作。函授部的任务是对本省在职中学教师进行培训，开展高等函授教育。1984年，我们第一次招收大专起点的本科班，我担任中文班班主任。这个班有220多人。函授生的第一次面授是利用寒假举行的，我们选择了一间大阶梯教室上课。学员都是来自各地的中学教师，年龄一般在三四十岁。由于“文革”对教育事业的影响，长期以来在职教师失去了学习、提高的机会，因此在面授时大家都集中精力听讲，如饥似渴地学习。

为了了解教学情况，我经常到班上听课，每当教师将黑板写满需要擦黑板的时候，总能看到一位个子高高的坐在前排的学员，迅速走上讲台为教师擦黑板，到了休息的时候，他端来一脸盆清水，拿着一条毛巾，请教师洗去手上的粉笔灰。听班长说，他叫胡正高，是蚌埠市回民小学的教师。我心里有些纳闷，怎么这个班还有小学教师呢？按照当时的教师学历资格规定，中等师范毕业生教小学，大学专科毕业生教初中，大学本科毕业生教高中，他已经具备大专文化水平，怎么还在教小学，而且还要进修本科呢？

第二次面授的时候，胡正高找我，说他的毛巾太旧实在不好意思拿给老师用，建议用公款买一条毛巾和一块香皂给老师课间休息的时候洗手用。我立即同意了他的请求，并感谢他为老师所做的服务，同时检讨了自己的考虑不周。顺便我们聊了起来，了解了一些他的情况。他说因有一个哥哥在美国经商，“文革”中一直被下放劳动，20世纪70年代末才调回县城安排了一个小学教师的职务。他非常珍视这次函授学习的机会，下决心刻苦学习提高自己。他还深有体会地说，老师讲课是很辛苦的，他做这一点小事微不足道。

第三次面授时，我看到他比过去瘦了，还注意到他每次来面授时穿的都是旧衣服，又见到他在食堂总是买最便宜的蔬菜吃。那时我们的函授生不缴学费，只缴书本费。函授生参加面授的来往路费和住宿费有部分学校可以报销，从教师培训费中开支。我问他是不是经济上很困难，他低着头不说话。停了一会，他对我说：“您是班主任，我应该把实情告诉您。我爱人是工人，家里有三个孩子，都在上学。靠我们微薄的工资勉强维持，平时都是紧巴巴的，因此每次面授前我都到医院卖血，用卖血的钱来支付参加面授的路费和住宿费，吃饭就只能尽量省一些了。”我的眼睛湿润了，心里很难受。我从口袋里掏出30元钱递给他，但被他拒绝了。他说：“我哥哥写信来要我去美国和他一起做生意，并说要寄钱给我，都被我谢绝了，我现在怎么会要老师的钱呢？”我说，这30元钱就算借给他的，以后他有钱了再还给我。他摇摇头，终于没有接受。我从内心佩服他，这真是一个有骨气的人啊！

我们师大的函授教育，由于教育对象是在职中学教师，考虑到学期中间面授要影响中学的教学，因此每学期只面授一次，并且是利用寒暑假进行的。1984级函授中文班的第四次面授，我因另有任务没有参加。第五次面授时，胡正高高兴地告诉我，由于他教学成绩突出，被授予先进教育工作者称号，蚌埠市教育局准备调他去中学任教，并说调好工作后，通信地址要更改，到时候再给我写信。我为他高兴，并向他表示祝贺。

这个班的第六次面授也是最后一次面授是1987年暑假，我见到胡正高时，发现他更瘦了，神情也很忧郁。他原本要调去中学的那个名额，被别人顶替了。我安慰他不要为暂时的挫折灰心，一个人只要有本事，勤勤恳恳地工作，总会得到肯定，会被安排在适当的工作岗位上发挥作用的。

1988年冬天，我到蚌埠市出差，遇到1984级中文班班长，他沉痛地告诉我，胡正高已经不幸去世了。他说，最后一次面授时胡正高已检查出患了癌症，是带病坚持听课的，回蚌埠后不久就去世了。安徽师大发给他的本科毕业证书，可惜他去世前竟未能见到。我是一个饱经生活磨难的人，成人以后从未掉过泪，这时竟泪水盈眶，顺着面颊流了下来。班长告诉我，当时曾给我打过电话，因我出差在外未接到电话。1984级中文班在蚌埠市的几个同班同学凑了些钱，帮助他家人为他办了后事。胡正高去世时还不足40岁。我想，胡正高是因为贫病交加去世的，是因为劳累加上忧郁去世的，一个贫苦的优秀教师死了，一颗被长期压抑的心脏停止了跳动。

胡正高去世已经很多年了，那一段面授期间的往事历历在目，让我难以忘却，每当想起他，我心里总是非常难过。

采访人：提高函授教学质量的关键是什么？您能不能谈一下我校函授部当年的有关工作情况吗？

周商克：我曾长期从事函授教学管理、研究工作，深切体会到，认真抓好函授教学的各个教学环节是保证函授教学质量的关键。

“文革”结束后，我校恢复了在职中学教师函授教育，这对提高中学教学水平非常必要。每当函授生集中面授时，看到学员们如饥似渴的求知目光和刻苦努力的学习态度，我内心十分感动，认识到组织好函授教学，提高函授教学质量，是自己义不容辞的责任。但是，函授教学是以自学为主的，中学教师平时有繁重的教学工作，每学期只能集中面授一次。怎样提高函授教学水平，保证函授教学质量，是我们面临的重要课题。

1980年9月，国务院发出228号文件转发教育部《关于大力发展高等学校函授教育和夜大学的意见》。这个文件对高等学校办函授教育和夜大学提出了明确要求，也解决了函授生和夜大学毕业生承认学历的问题，大大提高了函授、夜大学学员的学习积极性，对我们从事高等函授教育工作的同志是很大的鼓舞和鞭策，这就要求我们必须提高函授教学质量，保证毕业生达到相当于全日制高等学校同类专业的毕业水平。

高等函授教育是我国高等教育的重要组成部分，它与全日制教育一样，是规范化、制度化的正规高等学历教育。函授教育是有组织、有计划、有领导、有严格管理并以自学为主的教学形式。函授教育在长期教育实践中，形成了由自学、面授（含实验、实习）、辅导答疑、作业、考试考查等主要教学环节组成的完整的教学过程。教学双方认真严格地抓好这五个教学基本环节，是提高函授教学水平，保证函授教学质量的主要手段。

为了加强对函授教学各环节的指导与管理，我撰写了《谈谈函授教学的几个基本环节》《函授教学中的自学》《函授教学中的面授》《函授教学中的辅导答疑》《函授教学中的作业》《加强考试管理，严格考试纪律》六篇系列论文，先后在我校《成人教育通讯》、浙江师范大学《高师函授》、西北师范大学《高师函授》期刊上发表，对规范函授教学管理，提高函授教育质量起到了积极作用。

但是仅有理论指导是不够的，还必须制定切实可行的措施，建立一整套覆盖各教学环节的管理制度，认真、严格地组织函授教学全过程。比如，在自学管理上，我们要求函授生在自学指导书的引导下按照教学进度学好每一门课程，并印发了《自学情况记载表》，要求函授生如实填写，每月汇报一次。《自学情况记载表》能够有效地督促函授生自学，使教师及时掌握函授生自学情况，为教师改进教学方法，有针对性地指导函授生自学提供依据。我们又统一印制《自学提问卡片》发给函授生，函授生在自学中遇到疑难问题可以随时记录下来寄给任课教师。任课教师收到提问卡片后，直接在卡片上解答，在一周内寄回给提问的函授生。我们还定期组织教师巡回辅导，检查自学情况，答疑解难，了解并解决函授生在自学过程中存在的问题。

同样，对面授、辅导答疑、作业等教学环节，我们根据函授教学的特点，分别对任课教师和函授生提出明确要求，制定具体落实措施。这些在上述六篇论文中都作了详细论述。这里要特别提到的就是严格考试制度、严肃考试纪律问题。《关于大力发展高等学校函授教育和夜大学的意见》指出："要建立严格的考试制度，保证毕业生达到相当于全日制高等学校同类专业的水平。"考试是函授教学的重要环节，函授教育各专业按照教学计划设置的各门课程的考试，必须真实、全面地反映学员掌握知识与技能的效果。一方面，我们要求教师在复习阶段不得划定复习范围，命题不能低于全日制高等学校同学科水平，并能覆盖该课程三分之二以上章节。每一学科必须同时出三份同水平的试题（A卷、B卷、C卷），由函授部确定一份用于考试，另两份留作补考用。另一方面，我们狠抓考场纪律，加强考试管理。

严格的考试纪律，不单是为了保证教学质量，要求学员遵守考试纪律，也是对学员的道德品质教育和遵纪守法教育。尤其我们高师函授教育的对象都是在职中学教师，严肃考试纪律对养成良好的师德、教书育人，可以起到积极的促进作用。严格的考试纪律还能促使函授生端正学习态度，打消某些学员企图靠作弊侥幸过关的心理，促使学员平时刻苦学习。公平、公正的考试，也是为了调动学员的学习积极性，做到在成绩面前人人平等。

对于在考试时违纪舞弊的函授生，其试卷一律作废，成绩以零分记载。如不认识错误，不做书面检查，不能给予补考。我们对考试作弊者严肃、及时查处，对端正考风起到了良好的作用。1984年元月，1980级函授生毕业考试时，有22名考生作弊，我们除将试卷作废，责令作弊学员写出检查外，还发了通报，并根据作弊情节和认识错误的态度，分别作了严肃处理。省教育厅肯定了我们的做法，及时发文将我校《关于函授八〇级毕业考试作弊情况及处理意见》转发给全省各高等学校函授部，夜大学，各类成人高等学校，各地、市、县教育局。教育部主办的《高师函授》全文转载了安徽省教育厅的这个文件。这次对舞弊考生的处理影响很大，受到各级教育行政部门的交口称赞，一些教育部门的领导赞誉我校函授教育含金量高，是一块“金字招牌”，这是对我校从事函授教育工作同志的鼓励和鞭策。

我校自1956年举办函授教育以来，经过几代师生的不懈努力，曾取得过较好的成绩，愿安徽师大的函授教育越办越好，为我省教育事业的发展做出应有的贡献。

朱典淼先生访谈录

采访时间： 2018年11月1日

采访地点： 朱典淼先生寓所

受 访 人： 朱典淼

采 访 人： 梅　建

整 理 人： 田　影

朱典淼，男，1940年生，安徽休宁人。早年毕业于芜湖师专，并留校任教，后在合肥师院进修两年。历任芜湖市委宣传部副部长、市文联主席、市教委主任、芜湖师专党委书记等职。先后在报刊发表作品数百篇，出版《石头情思》《人学四论》《名流世家》《岁月回眸》等专著。2016年，将珍藏多年的名人字画与砚台共72件无偿捐献给安徽师大教育基金会，由安徽师大博物馆收藏。

采访人：朱老师，您好！非常荣幸能请到您接受我们的访谈。您早年毕业于芜湖师范专科学校，并留校任教，请谈谈您的求学经历好吗？

朱典淼：首先，谢谢你们的光临。我是徽州人，徽州有一句谚语："前世不修，生在徽州十三四岁，往外一丢。"徽州人自小在外经商，磨炼出刻苦耐劳的好品格。徽州是一个好地方，山清水秀，养育了不少人才。我觉得出生在这个地方，是非常幸运的。我的家乡在月潭，是休宁县的月潭村。这个月潭距离屯溪20多公里。新安江的一条支流叫率水，率水就是从屯溪流入新安江的。率水是从皖南的深山冲决而出，发源于六股尖，经过大山，流到了一个盆地，这就是我的家乡月潭。率水流到月潭以后，形成一个深潭，这个深潭像一弯明月，于是取了一个非常有诗意的名字叫月潭。我小时候是在月潭村小学读书的。小学毕业以后，我伯母的大女婿吴嗣恒时任徽州师范学校的教导副主任，他写信说，徽州师范学校要招收初师。所谓初师，就是初中初等师范，小学毕业以后参加考试，经过三年的培训，再当小学教师。1953年，那时教师非常匮缺，急需大量的小学教师。这样经过初师的三年培训就有了一批新的小学教师。我和我的两位堂姐都去报考徽州师范学校。那一年，徽州师范学校录取了165名学生，但报考的有5000多人。那次报考的人中，我的两个堂姐没有录取，而我荣幸地被录取了。我是一个山里娃子，考试成绩并不太理想，录取时排在第111名，当时有甲、乙、丙、丁四个班，我因此被分在丙班。在徽州师范学校这一所很有文化根基的学校里，我得到了很好的培养，并且开阔了眼界。我在三年的初中读书生涯中，学业有了很大的长进。

后来，学校挑选了一批优秀的学生报考高中，我又荣幸地被选上，参加了中师的招考。这次招考中，我的成绩大幅度提高了，录取时排名前十，因此被分到了中师的甲班。通过中师三年的培训，一部分人去当初中老师了。这个时候，芜湖师专成立，是由芜湖地区、徽州地区、宣城地区、巢湖地区四个地区共同组建的。芜湖师专招生的时候就从这四个地区的师范学校中选择一批学业优良的学生。我在徽州师范学校，就被选到了芜湖师专。当时我因为中文成绩比较突出，所以就分在芜湖师专中文专业学习。我在芜湖师专的学习，以及后来派到合肥师院的学习，我觉得“师范”两个字对我的影响很深刻。

我在徽州师范学校读书时，校长是王世杰。他是一位教育专家，曾经是安徽省教育厅的副厅长。他在对我们新生讲话时说道：“你们来到师范学校，读这个师范学校，一定要知道什么叫‘师范’，学高为师，身正为范。这是你们的座右铭，你们一生都要牢记，并且要努力地做到。”这个“学高为师，身正为范”影响了我的一生。这对我提出了两个要求，一个是在品行上要端正，要身正，品德要高；另一个是在学习上要刻苦，也就是学习要好。要提高学术水平，就要努力求知，不断充实自己。我时时刻刻都记着这句话。

在求学过程中，我觉得有两点对我影响很大，一个是名师的指点，我有幸在学习过程中遇到几位好老师，比如，我在徽州师范学校读书的时候，校长王世杰是一位教育专家，他亲自给我们讲外国历史，让我学到了很多知识。比如说法国的热月政变、拿破仑等这样一些事件、一些人物，大大开拓了我的眼界，而且他讲课非常生动，到现在我还清楚地记得。我在芜湖师专学习的时候，芜湖师专也有很多优秀的老师，比如，程以人老师是东南大学外语系毕业的，不仅外语好，而且古文也很好。20世纪30年代，他曾经在武汉和著名作家茅盾同事，共同主编武汉的《国民日报》文艺副刊，他经常拿学生的习作来讲解写作的得与失，主张写作要像说话一样，真实地表达自己的思想。他反对那些滥用辞藻，好高骛远的做法。他甚至很幽默地说，冬天要搽雪花膏，但雪花膏应该搽在脸上，而不是搽在脚板上。意思是说，用词要得当，把词用到恰当的位置上。还有一位老师叫王正传，是四川大学毕业的，他教我们古典文学，从先秦文学讲到明清文学，诸多名篇他都倒背如流，他讲话时要言不烦，语言非常简练、精确。他的上课内容就是一篇很好的讲稿。这些老师的言传身教对我有很大的影响。

另一个是“学高为师，身正为范”的座右铭，使我产生了奋发向上的求知欲望，让我终生受用。只有不断奋发向上，不断自我求知，才能成为一个完满的人，一个踏实的人，一个有作为的人。这些就是我在求学中的体会。我觉得一个人的求学阶段是一个很重要的阶段，会为一个人的将来打下坚实的基础。

我觉得我很荣幸，在这个阶段遇见了这么多好老师，受到了良好的教育。

采访人：能分享一下您任教的经历吗？对于自己的教学最大的感受是什么？

朱典淼：作为一名教师，我后来被派到合肥师院学习，合肥师院的一些名师，比如说当时中文系的宛明灏教授、张涤华教授、祖保泉教授，他们的课我都听过，得到了很好的启发和帮助。后来我从合肥师院回到芜湖师专后，担任文艺理论课的教学。我在教学中最大的感受就是，作为一名教师，要做到“认真”二字，认真地对待自己讲授的内容，认真地对待学生。因为作为一名教师，不但自己要懂，而且要让学生懂。首先要自己知，自己不知去教别人，那是笑话。自己知了以后如果不懂得把自己的知变成别人的知，同样也不是一位好老师。所以，我总是认真地思考，多看一些与自己所学的课程和专业相关的资料，不断地充实自己；同时了解学生的状况，研究自己的教育对象，尽量把自己的知变成学生的知，满足教育对象的需求。我是努力朝这个方向去做的。

采访人：您曾长期在芜湖师专工作，有什么印象深刻的事情与我们分享吗？芜湖师专整体并入安徽师大，有关情况能不能跟我们具体谈谈？

朱典淼：芜湖师专是1958年创办的，先是借宣城师范学校的校址办学，接着在芜湖北郊大盛铺的一片农田中劳动建校，兴办起一所师范高等专科学校。教师是从各地中学中选拔的一批优秀教师，还有从应届大学毕业生中选拔的一些优秀者。

芜湖师专在办学过程中曾数度易名，芜湖中学教师进修学校就是它的曾用名。1977年恢复高考，芜湖师专恢复招生。在办学进程中，有中文专业、数学专业、外语专业，进而兴办了物理专业、化学专业、体育专业。

1998年，芜湖师专办学40周年。40年中，学校为国家培养了一批又一批中学教师，其中不乏佼佼者，如江淮青年十杰之一、全国教育系统劳动模范蒯世定，全国优秀教师谢咸敬，高级教师、舒城第一中学校长李炳文等。还有在名牌大学任教的著名学者，如复旦大学哲学系西方哲学教研室主任张汝伦，南京大学哲学系自然辩证法教研室主任鲁品越等。

由于芜湖师专与安徽师大同属高等师范性质，在同一地区中，有资源重复的问题，省教育厅经研究，决定将芜湖师专整体并入安徽师大。自2005年开始实施，芜湖师专各专业分别对口并入安徽师大。芜湖师专的一些年轻干部，继续在新的岗位上发挥良好作用。如今，李裕鑫任社会合作处处长，刘晓宇任学生处处长，王峰任环境科学与工程学院党委书记，陈秀庆任经济管理学院党委书记。芜湖师专的并入，给安徽师大增添了新的力量。

安徽师大在芜湖师专办学的原址兴办了独立的学院，即皖江学院。目前，皖江学院文理兼收，面向社会需求，成为我省一所知名的独立学院。

采访人：您历任芜湖师专党委书记、芜湖市委宣传部副部长、市文联主席、市教委主任等职，始终奋斗在宣传和教育的第一线，能不能分享一下工作感悟和心得？

朱典淼：我最大的体会就是要热爱任何工作。教育家们大多认为，热爱是最好的老师。只有热爱自己的工作，才会满腔热情地学，才会不知辛苦地学，才能不断地往前发展。对于我来说，入职以后就是要热爱自己的事业，热爱自己的岗位，热爱自己的工作，这样才能以满腔的热情去对待工作，才能在工作中想出点子，把它做好。如果觉得自己的工作索然无味，那是做不好工作的，就不会成为这个岗位上出色的人才。习近平总书记对党员干部提了三点要求，即“忠诚、干净、担当”。忠诚，就是要无限地忠于自己的事业；干净，就是要无私地献出自己的一切；担当，就是要勇于担当。这三点要求都包括热爱工作之意。我们要忠诚地对待工作，干净地对待工作，工作中要勇于担当，如此，才能在工作中出彩，而不是庸庸碌碌过一生。

我在市委宣传部当副部长时，主要负责宣传文化新闻工作。文化创造美好，美好需要文化，在文化建设方面，力争创造有特色的文化活动，从而更好地理解文化自信。我于1983年到市委宣传部任职，1984年组织了一个全市的大活动，叫“千家万户赛春联”。我觉得这个活动很有特色，它是传统文化的集中反映，而且与老百姓有着千丝万缕的联系。当时我们用了两句话来确定活动的立意：抒百姓之心声，绘时代之风云。前一句是说，通过千家万户赛春联活动，抒百姓之心声，即抒发老百姓的心里话，让老百姓把自己的期盼、愿望和寄托写在春联上。后一句是说，把时代的变化、时代的色彩反映在春联上。这两句话也是赛春联活动的出发点和落脚点。我们就在报纸上登了这个启事，欢迎大家投稿。先后收到了很多春联，然后评选，评出最佳春联，最后请书法家把最佳春联写出来，在市文化馆展览。现场前来参观的人们络绎不绝。另外，还给军属、烈属、五好家庭送上春联。这个活动引起了比较大的社会反响，贴近老百姓的生活，受到老百姓的欢迎。所以，这个活动从1984年开始一直持续到现在，进而成为我国文化部评定的具有地方特色的文化活动品牌。现在，不仅有芜湖本地人参赛，还有北京、上海、浙江、江苏等地的参赛者寄来作品。每年的最佳春联评选活动，我都会去参加，跟他们在一起，评出最佳春联。评选以后，春联被刊登在报纸上，组织专家讲解春联获奖的理由。这就普及了传统文化，使老百姓在活动中得到了精神上的体验。所以，在工作中，要有自己的思路，要有自己的创新。

又如，我在芜湖市担任教育委员会主任时，就想到教育要靠教师。2018年9月全国教育大会上，习近平总书记强调，教师是教育的主导者。离开了教师，还有什么教育呢？学校把学生招来，就是靠教师去培养，所以教师是教育运转的主导力量。我考虑到芜湖市有一些名师，如数学名师朱宝菊、语文名师蔡澄清等岁数大了，不能永远站在讲台上，必须后继有人，需要有年轻人脱颖而出，来接这些名师的班，因此，我主张学校要有新的名师，要培养出新生力量。为此，我在芜湖市教委组织了一个活动，叫“教坛新秀评选活动”。在全市开展教坛新秀评选活动，旨在让佼佼者能够脱颖而出。参评的教坛新秀要提供教案，并进行现场教学。时任分管市长、教委负责人等都要去听参赛者的课堂教学，然后组织评选委员会评选出最佳教师，即“教坛新秀”。当年评选出十位教坛新秀。现任芜湖市第一中学校长的庞定亚，当时在芜湖市第一中学任教，就是一个普通的年轻教师，但因为教案写得非常好，工工整整，化学图画得非常精致，而且课上得很不错，就被评为教坛新秀。他由于评上了教坛新秀，后来脱颖而出，成了芜湖市第一中学的副校长，现为芜湖市第一中学校长、党委书记、教育部聘请的国家督学。这个活动让这些教坛新秀脱颖而出，进而认识到自己身上的责任更大，从此会更加努力地工作，为教育事业贡献力量，他们也因此成了芜湖市教育界的名人。因为这个活动取得了很大成功，后来省教育厅决定在全省推广，吸收了芜湖的经验，选出省级教坛新秀。这说明我们在工作中要有自己的思路，要结合实际创造性地开展工作。

采访人：据我们了解，您有“四好”，即书籍、石头、字画、集邮，对收藏更是一往情深，儒雅好学，兴趣广泛，先后在报刊发表作品数百篇，出版《石头情思》等专著。请结合自己的体验，简要谈谈这些作品表达了您对中国传统文化怎样的思想感情？

朱典淼：文化是什么？著名的作家梁晓声在谈到文化时说，文化是植根于内心的修养。一个人的一举一动、一言一行，体现了其内在的涵养。他认为，文化是无需提醒的自觉。这种自觉是自己完全觉得应该这样去做，不需要别人的提醒，他不是提线木偶，需要别人拉着才有动作。文化深入人心之后，会自然而然地去表现出来。他还认为，文化是为别人着想的善举。如果人有了文化，就懂得自己是一个群体中的一员，就懂得“一个篱笆三个桩”，一个人的成功需要数人来帮助，所以要有奉献于他人的爱心。有这种文化做根底，自然就会有善举，有助人为乐的精神。中国的传统文化是博大精深的，让人受益匪浅，所以，我对传统文化有很深的情感，在我写的书中，都包含着我对传统文化的感悟。我写的书，无论是《石头情思》《岁月回眸》，还是《名流世家》，都是对中国传统文化的感悟，都是对中国传统文化深层次的对话和交流。

中国传统文化对我影响特别深，究其原因，我觉得有两点：

一是我的家乡对我的影响。我出生在徽州，徽州是一个传统文化底蕴深厚之地。当时黟县的西递（村），建有一个履福堂。履福堂内挂着一副对联，上联为：几百年人家无非积善。这户人家能延续几百年，是由于行善的结果。一个人行善以后才有存在的根基，赠人玫瑰，手有余香，帮助了别人，实际也是成全了自己。下联是：第一等好事只是读书。这户人家把读书看成是人间第一等的好事。读书是什么，读书是求知，求知之后才能不断地发展，只有不断地求知才能不断地完善、不断地进步。所以，这一副对联实际上是这户人家的家训。该家训教育子女们、儿孙们一定要做到两点：一要积善、行善，二要读书、求知。他们把读书和行善作为子孙今后发展中必须遵循的准则，这两点实质上体现了传统文化的精髓。在我自己家里大厅挂的匾额“庆善堂”，也有一副对联：欲高门第须为善，教好儿孙必读书。就是欲高门第须行善、积德，想要把孩子教育好就要让他们读书。我之所以热爱传统文化，之所以传播传统文化，与从小受到的徽文化影响是分不开的。

二是我的家庭对我的影响。我的父亲在我6岁时就去世了，是母亲把我带大的。徽州的女孩子都让读书，“教好儿孙必读书”。所以，我的母亲上过几年私塾，也会背一些唐诗宋词。比如，千家诗中的“云淡风轻近午天，傍花随柳过前川。时人不识余心乐，将谓偷闲学少年”。小时候我躺在母亲的怀里，她一边哄着我睡觉，一边哼着这些诗，我就是生活在这样的文化氛围中，受到她潜移默化的影响。我的祖父是一位中医，他深谙新安医学之道，医术很高，很多村子的村民都抬着病人来我家看病。我的祖父既热爱医学，又喜欢收藏，除了堆积如山的医学书，还有一些珍贵的字画。我从小就看到我家堂屋里挂着唐伯虎的《仕女图》和郑板桥的经典《竹子》。所以，我受到传统文化的熏陶是比较深的，我喜爱收藏就是从那个时候开始的。

采访人：您出版好几本专著，这其中有什么故事吗？

朱典淼：我曾出版过几本专著。最近，我把我的作品分别送给了芜湖市第一中学和安徽师大附属中学，让这两所学校的学子们也能看到。因为我觉得我的书对他们增长见识、提高素养是有所帮助的。

我的书《石头情思》中的“石头”实际上是一种文化，我是把石头视为文化的一项内容来写的。比如书中谈到了“名人与石头”，因为许多名人喜欢石头，如大书法家米芾拜奇石为兄；大文豪苏东坡喜欢捡石；新中国成立以后，首任最高人民法院院长沈钧儒每到一处总要捡那里的石头，他的房间里面摆满了石头，还把自己的房间取名为“与石居”；周总理也喜欢石头，他曾到雨花台捡雨花石，以表达对牺牲战友的悼念，在周总理看来，雨花石当中滴滴的红色是烈士的鲜血凝结而成。

石头与历史有着密切的关系，人类的历史有些是用石头记载的。人类最早就依靠石头生存，如用石斧、石刀等打击动物、分解动物，取得自己的肉食。新石器时代、旧石器时代，石头与人有着密切的关系，是人的生活中不可缺少的一部分。后来，人们的生活慢慢富裕起来，就开始欣赏石头了。此外，石头还是一种不可或缺的景观元素。比如，人们说起黄山就想到飞来石，说到桂林就想到象鼻石。石头是与文化密切联系在一起的，我就把相关石头收集在一起，从文化的角度来分析石头，石头中有情也有思，因此名为《石头情思》。另外，我喜欢和名人接触，喜欢到著名景点去看看。我在芜湖市委宣传部工作的时候，经常接待一些来访的著名人士，如著名的画家、作家等，还写下了一些人物访问记，在报纸上发表了。比如，著名的摄影家吴印咸，给毛主席在延安拍了很多好照片。毛主席在抗大讲演时，膝盖上有补丁的那张照片就是吴印咸拍的。吴印咸还拍了《马路天使》《红旗谱》等电影。全国摄影艺术讨论会在芜湖召开，吴印咸亲临芜湖，我就写了一篇吴印咸来芜印象记，是芜湖当代文化史的一份重要史料。

此外，我很喜欢旅行，曾到过雁荡山、华山、五岳、新疆、海南等地。我觉得饱览山河，能够开阔胸襟，开拓见识，而且把这些写下来还可以和别人分享。《岁月回眸》这本书就是回顾过去，由曾在报纸上发表的游记，人物访问记，对我的老师、亲人、朋友的一些回忆性的文章汇集而成。《岁月回眸》一书最近已由安徽师范大学出版社出版发行，在社会上收到了比较好的反响。比如，浙江新华书店网认为，这本书就像一位老人在跟我们交谈他的游览心得，他的往日追思，让我们在今日快节奏的生活中能够得到心灵上的慰藉。

《名流世家》这本书记录了26个著名家族，包括孔氏家族（孔氏家族被誉为中华第一家族）、杭州的钱氏家族（钱学森家族）等。我花了几年的时间搜集了这些家族有关的史料，进行撰写。在撰写过程中，就好像和这些杰出人物对话，我自己受到教育，相信写出来别人读了以后也会受益。

采访人：在您看来，现在的安徽师大有什么特色？您对安徽师大有什么特殊的印象？

朱典淼：我对安徽师大的印象是很深的，我觉得安徽师大有以下三个特点：

第一，安徽师大有悠久的办学历史。因为从1928年安徽大学创建，到1949年国立安徽大学从安庆搬到芜湖，再到后来改名安徽师大，这个历史一直是衔接的，所以安徽师大90年的办学历史是薪火相传的，没有中断过。她的办学历史长达90年，在我国高校办学历史上是比较长的。这么多年的办学积淀，形成了丰富的办学经验，为今后办好安徽师大奠定了厚实的基础。

第二，安徽师大有美好的办学环境。赭山校区校舍在芜湖的陶塘之滨，赭山脚下，那是很美的。新建的花津校区，花津河从校内流过，绿化很好，还有颇具特色的敬文图书馆。还有一个校区为皖江学院，所有这一切都形成了一个非常优美的办学环境。安徽师大曾在中国网上被评为“中国十大最美丽的大学”之一。

第三，安徽师大有良好的办学氛围。安徽师大的学术气氛和学习气氛很浓，学校特别重视打造精品课程，这是提高教学质量的重要途径。除了抓好课堂教学以外，学校还利用课余时间开展了丰富多彩的社团活动。师大校园的社团很多，学生可以根据自己的兴趣、需要去选择参加社团，通过课外社团活动得到进一步的发展。另外，师大学生社团组织的志愿者爱心服务，让学生奉献爱心，做得很不错，开展志愿者爱心服务活动，对培养大学生的美德有着重要的意义。曾有媒体报道了安徽师大108位大学生10年爱心接力的故事，这个爱心接力，情暖人间，感动了社会，中央电视台“新闻30分”对他们的事迹进行了专门采访和专题报道，他们的事迹是很突出的。我希望我们师大能把这些优良传统延续下去。

采访人：在我们师大，令您印象深刻的人有哪些，能否具体谈谈？

朱典淼：印象最深的人就是祖保泉教授。我曾经在《大江晚报》上写了一篇散文《祖保泉先生二三事》。祖保泉先生是我的大学指导老师，对我在芜湖师专的工作非常支持。比如，我曾经在九华山举办了一次全国性的师范专科学校文艺理论研讨会，他应邀参加，并给与会者讲解《文心雕龙》，引起强烈反响，得到了各地师专的文艺理论者的好评。祖保泉先生是中国当代著名“龙学”专家，他没有因自己工作很忙而拒绝我的邀请。我写《文学简论》这本书，还请祖保泉先生题写了书名，他的字写得非常好。他欣然接受了我的请求，横着写四个字，竖着写四个字，让我在书名排版时选取。我觉得我们师大老师是肯于提携后者的，是乐于帮助别人的，这一点给我的印象是很深刻的。

采访人：您对现在的师大办学和师生有什么期望和建议？

朱典淼：我们师大校训是8个字，即“厚德、重教、博学、笃行”。“厚德”意在立德上下功夫；“重教”体现了师大特点，师范大学应该重视教育，热爱教育；“博学”很重要，学无止境，我们只有在不断的学习中，才能做好自己的工作，才能适应社会发展的需要，才能不落于他人之后；“笃行”重在“行”上下功夫，这就是我说的一切要通过时间来检验，要在实践中创造自己的业绩，让业绩在实践中放出异彩。

对于我们师大今后的发展，我的建议是：立足一个“创”字，讲究一个“实”字。现分别说明如下：

立足一个“创”字，指的是学校要想加快发展，就要明确自己的办学目标和追求，这个目标和追求就是求新创优。古人说“苟日新，日日新，又日新”，意思是说，如果能够一天新，就应保持天天新，新了还要更新。我们师大每天都要呈现新的面貌，要创造新的业绩，创造成名牌高师。安徽师大过去在全国就有一定的影响，现在更应该努力建成全国一流的高等师范院校。安徽师大要创造品牌学科，培育出高质量的人才。安徽师大人才辈出，从这所学校走出了众多院士、长江学者、博士生导师。我是学中文的，对文学院比较了解，文学院拥有很多全国知名的教授，如宛敏灏、祖保泉等。北京大学著名教授朱良志，就是从安徽师大调到北京大学的，他在中国古典美学研究领域很有造诣。此外，胡晓明是华东师范大学一位有名的教授，他和朱良志都是祖保泉先生的硕士研究生，他们均来自安徽师大。

讲究一个“实”字，指的是不要把学校的建设和发展只停留在口头上，应在“实”字上下功夫，要将之落实于创新实践中，落实到实践行动中。正如马克思所说，一步实际行动比一打纲领更重要。习近平总书记指出，空谈误国，实干兴邦。实干才能兴邦，同样的道理，实干才能兴校，我们师大人要在行动上多下功夫，讲究一个“实”字，用心、用情、用力做好教育这个千秋工程。

我送给青年师生的三句话是：立德为先，学而不厌，争创一流。

立德为先。要把育人放在首位，把立身修德放在首位。一个人如果没有好的品德，即使有满身的学问，也会走上邪路。所以，首先要立定自己的志向，锤炼自己的品德，做一个好人，然后才能更好地完成自己的学业，更好地锤炼自己的本领，报效于社会。青年教师要把立德、修身作为终身课题。曾经有两个在美国留学读研的高材生，就读于美国著名大学，师从著名导师，在这两个研究生即将毕业时，导师需要留下一个人作为他的助手在他的实验室工作，这就意味着这两个研究生中就有一个将被淘汰。其实，被淘汰是自然的事情，如果被淘汰，世上还有好多路，总能找到自己能走的路。然而被淘汰的那个研究生怀恨在心，偷偷买了一支枪，打死了导师和另一个研究生，最后开枪打死自己。他不仅毁灭了自己，而且毁灭了别人。这是多年前的事了，是一个血的惨痛教训，这说明人不立德是不行的，光有智商没有情商也是不行的。青年师生既要有智商也要有情商，要懂得自己为什么活着，应该如何对待别人，这是立德的重要性使然。

学而不厌。尽管几千年来人类的知识已积累很多，在这个知识大爆炸的年代里，知识就像茫茫大海，没有边界。青年师生要有广阔的胸怀，要不断地去探索，不断地求知。只有在不断探索和求知的过程中才能使自己丰富起来、充实起来，得到别人的尊敬，为别人多做好事。所以，学而不厌，也叫终身求知。可以用鲁迅的名言“倘能生存，仍要学习”加以理解。假如我还能生存，那我生存一天，就要学习一天。现在我还在不断地学习，每天至少坚持四个小时看书读报，吸取我所需要的知识。除了学习专业知识，还要学习其他知识，仅仅懂得本专业的知识是很不够的。伟大的人大多是跨学科的人、知识丰满的人、通识的人、知识渊博的人。比如说华罗庚，他理行，文也行，他既是一个著名的数论家，又是一个诗人。又如，钱学森被誉为中国的“火箭之父”，他是空气动力学家，音乐上也有很高的素养，他很喜欢西方的古典音乐。我觉得，学而不厌就是学无止境，从不感到满足，人人皆学，处处能学，时时可学，所谓处处留心皆学问。

争创一流。我们现在处在一个日新月异、你追我赶的时代，充满竞争的时代，每一个人都要有争先向上的欲望，这样才能走在攀登者队伍的前列，才能创造出最好的业绩。一个没有创优意识的人，是一个没有生活动力的人，要做一件事就要努力把它做好，而且要做到最好。只有时刻保持争创一流的意识，才能促使自己做拼命三郎，从而把自己的工作做好。

附　录

陶富源先生笔谈实录

陶富源，男，1944年11月生，江苏海安人，中共党员，教授，博士生导师。1969年7月毕业于北京大学哲学系。现任中国历史唯物主义学会常务理事、中国人学学会常务理事。曾任国家社会科学基金学科评审组专家。享受国务院政府特殊津贴。曾获全国模范教师、省级教学名师、省十大杰出教师、省五一劳动奖章等荣誉称号。主持和完成国家社会科学基金项目3项。独撰和合作出版著作、译作13部，发表论文200多篇。获曾宪梓教育基金会高等师范院校教师三等奖、省部级教学科研成果一等奖等奖项10多项。

1976年在张拐

一

1976年，是中华人民共和国历史上极为特殊的一年。这一年，周恩来、朱德、毛泽东相继离我们而去。国失梁柱，天地为悲，而“四人帮”图谋抢班夺权，气焰正盛，国人心头愁云密布。

也就在这一年，作为驻张拐大队基本路线教育宣传队的我们，以上述三位伟人为榜样，化悲痛为力量，胸怀党国、心忧人民，在力所能及的范围内，尽量减轻极“左”路线的危害，从而干了一些顺应当地民心之事。现在看来，在那样的年代，这不失为一个小小的奇迹。这个奇迹就是在一个常闹饥荒的地方，领导社员大力发展生产，致使全大队粮食产量一年增长百万多斤，即全大队3000多人，人均增长330多斤，而这相当于每人半年多的口粮。因此，我们也获得了群众的真诚拥戴。

张拐地处安徽省芜湖县万春圩东部边缘，是当年张镇公社下属的一个大队。“圩”或“圩区”是在低洼湿地，四周筑堤，排干堤内之水，加以开垦而成。万春圩为北宋时代所垦。圩区最怕的是水患，一旦遭受连日暴雨，或内水排泄不及，或外水破堤而入，圩区则成汪洋泽国。这样，不仅粮食颗粒无收，而且还会危及人畜安全。张拐大队又处万春圩较低地段，因而难免三年两头遭灾。加之长期以来，大队干部领导不力，张拐成了那一带出了名的后进大队，不少百姓处于深度贫困之中。

1975年11月下旬，接到中共芜湖（现为宣城）地委通知，要以芜湖师专委派人员为主，组建一支基本路线教育宣传队。我作为该校哲学教师，被列入其中，并被委以宣传队秘书之职。我们一行9人（王俊杰、王万远、周俊、周荣鑫、苏学卿、华一德、车学书、唐德明和我），在时任芜湖师专党委副书记王俊杰的领导下，于12月18日上午，从学校出发，坐上送我们去的卡车，来到张镇公社集中。驻公社宣传队领导发表了讲话，吃过午饭以后，我们便于当日下午背着行李，步行来到张拐大队。从此，我们开始了在当地的基本路线教育工作。

二

王俊杰是早年参加革命的一位老同志，河北束鹿人，于1928年出生于当地税局的一个小职员家庭，8岁丧父，主要靠其母纺织和变卖家产艰难度日。抗日战争爆发以后，共产党来到了他的家乡，他受到党的教育，从此走上了革命道路。他于1939年参加中共抗日少年先锋队，并于1946年加入中国共产党。1949年随解放军南下，先后担任徽州地区（现黄山市）休宁县粮食局局长、休宁县副县长。王俊杰只有小学文化程度，但他一生坚持自学，并向有学问的人虚心求教。在一些年中，他甚至屈领导之尊，执弟子之礼，利用晚上时间，每周一到两次到一位普通教师家中听其授课。由此，他的文化和理论水平不断得到提高，加之工作认真，对党忠诚，于是他被上级信任，调往中学（屯溪初中、屯溪女中）担任校长，1958年又被调到大学（芜湖师专）担任分管教学的副校长。

三

我于1971年3月来到芜湖师专工作，其时王俊杰早已官复原职。在这次下乡从事宣传队的工作以前，他作为领导，我作为普通教师，我们之间已经相识相知，也有一些直接交往。因为他的办公室与我的办公室（兼卧室）在同一层楼上，因而在楼梯和楼道里不时照面并打个招呼。除此以外，他也偶尔来到我的房间，或探讨一些理论问题，或要一点茶叶（他忘带了），或往杯里续一些开水（他办公室的暖水瓶空了）。我那时是教工排球队队长，我们排球队一般是利用下午课外活动时间，一周集中训练几次。他下午5点左右下班回家，路过排球场地，有时也会放下手中提包，与我们一起玩玩排球。当时他给我的印象就是一位工作上勤勤恳恳、学习上善于思考、日常交往中笑意迎人的好领导。加之，他作为老革命，又一头白发（后来我得知，他是少白头），因此我对他心怀敬意。不过他对我也似有好感。这里的"似"只是一种直觉，因为在我的回忆中，他从来没有当面表扬过我。可能在他看来，在我们之间这样做，那就有些"外道"。不过，我被任命为宣传队秘书这件事，虽然是学校党委的决定，但我猜想，按照一般工作程序，多半是作为队长的他的提议。这也可视为他对我颇有好感的一种间接证明。但总体来说，我们那时相知不深，关系也谈不上亲密。我们真正成为朋友，并进而视为"知己"，是从在张拐一起工作开始的。

在张拐，我们共住一室，一同工作、一起散步，可谓形影不离，无话不谈。在这过程中，我走近了他，他也走近了我。

所谓我走近了他，是指在我的心目中，他已不仅是过去我所了解的一般的好干部、一个好老头，而且是一个对自己要求很严、党性很高的好干部。从严于律己来说，他为了和农民打成一片，一身农民打扮，晴天一双布鞋、雨天一双胶鞋，下水田干活时，则是打着赤脚。在张拐的一年里，我们工作队没有收过一份礼，除在离村的前一天晚上，与大队干部告别吃过一顿饭以外，没有吃过一次请（我们是自办伙食），真正做到了不拿群众一针一线。其他工作队队员不时有人因事请假，可王俊杰从没有一次因私离队。1976年春节，他安排别人回家过节，却把自己和我，以及另一位队员周俊同志（曾参加过皖南新四军）一同留下来，说要与农民一起过年。在这期间，他还协助大队干部，为安排好军烈属、五保户、困难户的生活而操劳奔波。总之，他操心工作、操心群众，就是很少操心自己。他的党性极强，集中表现在他的"唯实"和"唯民"的作风和品格方面。

所谓他走进了我，是指在他的心目中，我不仅是一个大学教师，而且是一个有着深厚农民情怀的大学教师。我是农民的儿子，那时我的母亲和妻子都还在江苏农村（1980年落实政策迁来芜湖），是日出而作、日落而息的挣工分吃饭的农民。我家的亲戚也都是农民。我曾经的中小学同学，有不少也是留在当地当农民，或是拿工分的农村基层干部。我分配到大学工作以后，每年寒暑假都要回到农村老家，帮助家里打理农活。因此，我对农村、农民、农事比较了解，对农民有着深厚感情，在如何看待和解决农村的种种问题上，能提供一些有参考价值的见解。王俊杰对我的这些见解，颇为重视，这与他在这一方面存在短板有关（他在这以前一直没有从事过农村工作）。因此，从这个意义上可以说，在宣传队工作期间，我不仅是听他使唤的秘书，而且还成为他的得力助手，甚至是某种程度的智囊。

四

从事任何社会工作，总要发现问题、分析问题，并解决问题。这其中，解决问题是目的，（正确）分析问题是关键，发现问题是前提。但问题有真假之别、大小之分。在宣传队工作期间，王俊杰队长经常挂在嘴边的话就是要重视群众反映和揭发的问题，但一定要重证据、重调查研究，要分清两类不同性质的矛盾（敌我矛盾和人民内部矛盾），绝不能造成冤假错案。因此，群众所揭发的大队干部的那些问题，他往往要亲自过问，找知情人、当事人谈话，了解核实情况，仔细查看票据，甚至派人外出调查。

在宣传队工作期间，发生过这样一件事。我们大队有一位女青年因邻里纠纷，不断上访，从公社上到县里，以至闹到县委召开的农业学大寨动员会上，造成了恶劣影响。于是，县公安局局长带着一帮警察来村里抓人。这位女青年躲入麦子已长到半人高的麦地里，结果逃脱。可这位局长为了推卸责任，竟诬说我村一位姓汪的生产队长妨碍执法，致使犯人逃脱，于是要捉拿问罪。其实，这位生产队长当时正领着群众在水田里插秧，看见警察抓人，只说了一句，人民内部矛盾，何必抓人。王俊杰了解此情况后，要我立即写报告，向县委反映，说明真相，从而避免了这位生产队长的牢狱之灾。后来不久这位县公安局局长即被调离，并受降职处分。

在宣传队工作期间，对干部中存在的问题，比如个别干部的作风、干部之间的团结、干群之间的矛盾以及党员老年化等的问题，我们都是通过组织学习、热情帮助和严格要求来加以解决。比如党员老年化问题，就是通过开办入党积极分子学习班，展开教育，从而陆续吸收了一些优秀中青年入党，这些人不久成为大队各级干部的后备人选。正是通过这样认真细致的工作，理顺了干部之间、干群之间以及群众之间的种种关系，从而为生产发展提供了政治条件。

五

农村基层的一切工作都是为了发展农业生产，改善人民生活。在这方面，我们驻村工作队与大队干部一起，围绕生产发展，主要做了三件事，即帮群众解燃眉之急、疏现实之困、破长久之忧。

所谓解燃眉之急，是指进村以后，通过调查，我们发现有85%左右的农民家庭口粮短缺、青黄不接，不少农民面有饥色。此事紧急，我们工作队经过积极努力，及时得到了上级支持，下拨了一批救济钱粮，从而调动了农民的积极性，使生活和生产得以正常进行。这件事快速拉近了我们和群众的距离。另外，上文提到的我们工作队的队员周俊同志是我校的一位有相当丰富经验的校医，他把药箱带去农村，指导大队的赤脚医生，并和他们一起给农民看病、治病，这消息传得快，这件事快速增进了我们与群众的感情。

所谓疏现实之困，是指救济钱粮只能解一时饥荒，而要改善生活，消除贫困，只有大力发展生产。在这方面，我们工作队协助大队干部主要抓了三个方面的工作。一是不违农时，即在农忙时节，停止一切与农业生产无关的活动，全体动员、全力投入。我们工作队员下到田间地头，与农民一起参加农业劳动，抢收抢种。二是提高干部领导和管理生产的能力，即注意总结经验，表扬先进，以带动一般。比如，抢收抢种的进度、质量及时加以掌握，对先进者利用村头广播加以表扬。三是推广科学种田。组织有知识的农民和下放知青积极参加公社和县里组织的农技培训班学习，回村后，组织推广、落实。

所谓破长久之忧，就是在驻公社宣传队和公社党委的领导下，利用农闲时间，开展水利建设大会战，即把原先一条又浅又窄的小河沟，拓宽和深挖为一条有利排灌的大水渠。我们驻村工作队和大队干部一起动员农民积极参加，以生产队为单位落实责任，分片包干，做好后勤保障工作，并实行奖惩政策。我们驻村工作队除个别留家烧饭的人外，全部来到工地参加劳动。工作队中最年长的队员王万远同志，以及一位五十开外的抗日战争时期的老同志，都来到工地，为大家加油鼓劲；年近半百的队长王俊杰，则下到沟底挖泥装运；队里的两位老大姐，苏大姐和华大姐也不落后，与男队员一起参加劳动；我们这些稍年轻的队员就更不用说了。尽管我们与农民不同，没有土方量要求，但一天劳作下来，也是腰酸背痛，夜里稍有恢复，第二天一大早还得上工。这对我们这些常年坐办公室的人来说，确实是一个不小的考验。何况王俊杰已是上了岁数的人。不过，经过20多天的奋战，这一造福后代的工程终于如期完成，并在当年就发挥了效益。

由于驻村工作队指导思想正确，大队干部领导有力，人心和顺，上下一致，加之风调雨顺，全大队庄稼长势喜人。广大农民走在地头，乐在心头。收获季节，一位老农对我说，从打记事起，就没见过收获这么多的粮食。我所分管的生产队，这一年还获得了特大丰收。农民分得了许多粮食，一些农民家的箩筐装满了，粮袋装满了，还是没装完，干脆就把分得的粮食临时堆放在堂屋中。

粮食获得了丰收，农民没有忘记为国家做贡献。先是要交作为农业税的“公粮”，然后要卖“统购粮”，后来又接到上级号召，希望农民再卖一些“光荣粮”，以支援国家建设。我把这个号召与生产队长说了说，让他回去组织讨论，并说，如果大家不愿意，就算了。说心里话，我对此没有抱太大希望，因为农民饿肚子饿怕了，好不容易取得一个大丰收，要他们再卖“光荣粮”，这个工作不好做。然而我低估了农民的觉悟。不多一会儿，队长来告诉我，大家一致赞同再卖一些“光荣粮”。本村农民也懂得抓住机会在乡邻面前表现自己，他们在稻箩上插上写有“光荣粮”三个字的红纸小旗，由20多位青壮年农民，扁担悠悠，挑着装满稻谷的箩筐，和着步点，喊着整齐嘹亮的劳动号子，在通往粮站的乡村道上，大步而来。看到这一幕，我心生感慨：在早春时节，因分配救济粮还曾斤斤计较的农民，不到一年就变得如此豪迈大方，这是物质变精神啊！

1976年底，我们在张拐的工作临近结束。在离村的前一天，我们工作队的全体同志到各分管的生产队走庄串户，对共同战斗过一年的乡亲们，作最后一次走访和告别。芜湖师专领导派来卡车接我们，校长办公室还派人带来放映机，在晚上给农民放了一场电影。第二天吃完早饭，我们一行正准备坐车启程，猛然间，从四面八方涌来不下2000人，男男女女，老老少少，人们穿着走亲戚才穿的衣服，分列道路的两旁，敲锣打鼓，掌声震耳，与我们依依话别。情儿牵牵，车行缓缓，原本从大队部到走上圩区的公路最多不过20分钟路程，结果汽车足足开了40多分钟。我们的农民兄弟太好了，其实我们只是做了一些该做的事。这使我们深刻领悟到，得民心者得天下，民心就是最大的政治。然而人民需要组织、需要领导，特别是一个地区、一个单位的第一把手，尤为重要。在这个意义上说，如果没有王俊杰这位好队长，也就没有我们工作队与张拐干群一起所创造的生产奇迹。几十年来，张拐农民欢送我们离村的热烈场面，已成为令我兴奋的永不褪去的记忆。

六

回校以后，我仍当我的大学老师。不久，王俊杰被调往中共芜湖地委党校任副校长，后又任中共宣城地委宣传部副部长。刚开始几年，张拐大队曾有一些干部和群众到学校来看望我们这些工作队队员。我们都视之为朋友，给予热情招待。王俊杰调离学校以后，我们之间一直保持联系，并像走亲戚似的常有往来。自然是我去看他的次数多，他偶尔也到我家来做客。因为芜湖师专在芜湖市远郊，我的两个孩子那时在市区上中学，当时学校还没有接送车，因而早晚来回很不方便，有一段时间无偿地借住在他家的一处小房子里，得到他和家人的许多关怀和照顾。这一恩德令我们全家至今铭记。交往一直持续到2013年他去世。这种真诚的交往是人世间最为难得、最为珍贵的东西，令人回味、令人陶醉。难怪古人会感叹：人生得一知己足矣！我们原宣传队的王万远、周俊同志也先后离去。

清明时节雨纷纷，今又清明思故人。忆想当年，权作此文，以表达对王俊杰和上述两位同志的怀念。

（本文系作者应约于2019年4月5日为《赭麓记忆：安徽师范大学口述实录（第三辑）》撰稿。）

我与宜庆先生

这几十年来，我所认识和结交的人不在少数。其中，不乏德高望重之人。宜庆先生，作为我的良师益友，获此赞誉，当属名副其实。我甚至认为，当年的芜湖师专（2005年并入安徽师大）因有宜庆先生，而有了道德高标；因有宜庆先生，而更显精神品位。

一

宜庆，姓卢，名宜庆，别名静园，安徽六安县人，1901年9月18日生于一个知识分子家庭。其父担任过30多年的中小学教员，对子女管束极严，卢老曾对我说，小时没少挨他父亲的板子。后来，他自己懂得要刻苦学习，从而于1925年8月以优异成绩考入现南京大学的前身国立东南大学教育系。其间，北伐战争爆发。北伐军于1927年1月推进到长江下游，卢老受革命热情感染，于1927年1月至1928年1月休学投军，担任北伐军独立第5师宣传员。其后，返校复读于校名已获变更的南京第四中山大学，不久又更名为国立中央大学，并于1931年1月毕业。

从那以后，卢老一直从事教育工作。1949年以前，曾辗转于皖东、皖西、皖中、皖南等地，往返于安徽、广西、上海等地，先后供职于14所中等学校、1所高校和省教育领导机关（1946年5月—1948年12月，任安徽省教育厅督学主任科长兼秘书）。卢老在学校或是担任教员，或是教务主任，或是校长，其中在安徽学院先后晋升为讲师、副教授。

卢老曾有一次与我谈及1949年以前频繁的工作单位变动。他说，那是为生活所迫，不得已的事。那时教师工作不稳定，生活无保障。社会的长期动荡，对教育事业冲击太大。因办学经费难筹，加之学生流失，因而降薪欠薪、办学规模缩减，以致学校停办等事时有发生。另外，校方往往凭关系用人，你纵有才德，又能奈何，只得走人。那时学校教员失业以后，找工作不易。况且每次搬迁，拖家带口，舟车劳顿，辛苦异常。

他说1949年以后好了，社会安定，人民政府对发展教育事业十分重视，教师工作稳定，生活有了保障，因而在这方面教师个人无须费心劳神。他说，1949年以前的18年间，他先后换过16个工作单位，差不多平均一年换一个。1949年以后的几十年，他只调动过两次工作，一是从徽州师范学校调入屯溪女中，二是从屯溪女中调入芜湖师专。而这两次调动，都不是个人原因，而是工作需要，组织安排。

芜湖师专曾于1981年10月召开过一次庆祝老教工从事教育工作30年大会。会上卢老即席发言，以自己的亲身经历说明新旧社会两重天，批判国民党统治下教育事业的腐败凋零，歌颂新中国的教育事业，特别是改革开放以来教育战线的大好形势，并谆谆告诫青年，要有社会使命感，要珍惜自己的青春年华。一位饱经沧桑的耄耋老人，这一番发自肺腑、有着深厚历史内涵的讲话，使在座的人为之动容，深受教育。

二

从中华人民共和国成立到改革开放，有两次大的运动，一是1957年的反右派斗争扩大化，二是1966年开始的“文革”，对于教育战线影响很大。这两次运动卢老不但没有受到冲击，而且在两次运动高潮过去不久，还“高升”了（一是从屯溪女中调入大学芜湖师专，二是从芜湖师专中文科主任提拔为校副校长）。有一次，我在与卢老的交谈中探问其故。他说，他是一个从旧社会过来的、有历史问题①的知识分子，党和政府仍委他以重任。中国共产党以国士待他，他当以国士报之。因而几十年来，他只求做好工作，别无他求。他说，看淡名利，不争不夺，也就避免了许多是非。可话锋一转，他又说，为了做好工作，该讲的还得讲，不能怕得罪人。因此，他被时任校党委副书记的李世庸

① 这里所谓历史问题，先生当时一语带过，没有细说，我也不便多问，直到作此文时，查看先生档案才知道，先生曾于1927年加入过国民党，1935年加入过复兴社，1938年2月放弃登记，自动脱离。中华人民共和国成立以后，先生对这些历史问题都向组织作了如实汇报，得到了谅解，并给予了“不予追究”的政治结论。

夸赞为“急公好义”[①]，当然有人嫌他“较真”。不过，他说，不管是给领导提意见，还是对自己的下属进行批评，都不要说过头话，对事不对人，分清主流和支流。卢老的这一自我守持，可从曾是他下属的三位教师合写的一篇文章中得到佐证。该文写道：“卢老为人清廉正直……，他敢言别人之不言，却从不‘打棍子’。”[②]

我曾问卢老何以能做到如此。卢老说，这得感谢1952年对（从旧社会过来的）知识分子所进行的教育改造运动。当时参加学习的不少人起初对这一运动不感兴趣，有抵触情绪，认为这是组织上在“为难”自己，而他则利用这次学习教育的机会，认认真真读了几本书。其中就有毛主席的《实践论》《矛盾论》，特别是《矛盾论》的学习，使他受到很大教益。生平第一次懂得要用唯物辩证法的观点看问题，不然工作要吃大亏，个人也要吃大亏。他举例说，1957年，有的人被划为“右派”，其实并不是真的“反党”，而是思想方法不对，把党的工作中作为缺点的“芝麻”夸大成了“西瓜”，且言辞过激，结果造成了不应有的损失。这损失不仅是个人的，也是国家的。

三

卢老终究是一位学者、一个教师。他热爱教育事业，关心爱护学生。他从事教育工作55年，培养了一批又一批人才，学生敬仰他、钦佩他、感谢他。在他退休以后，还有不少学生前来看望，其中有的年已半百专程从外省来看他老人家。有学生来看他，卢老有时邀我前去作陪。席间相谈，学生对卢老情之真真、爱之诚诚，给我留下了深刻印象。

这里还有一事要提及的，卢老在“文革”中之所以没有受到冲击，除了因他在解放初加入民盟，曾担任过屯溪市民盟主委以及后来任省民盟顾问及省政协委员，从而使他作为民主党派人士受到保护以外，还因为他所处的小环境比较好。即他作为主任的芜湖师专中文科，人际关系比较和谐，风气清正，秩序井然。虽然他对下属、对学生要求严格，但并非出于私念，而是满怀真情，因而他与他们之间没有落下怨恨，而且在“文革”中还得到了他们的保护。

在他退休以后，并没有像常人那样“不在其位，不谋其政”，或“多一事，

① 李世庸：《勤奋耕耘，诲人不倦》，《芜湖师专报》，1988年1月25日。

② 王家禄，翟大炳，高树榕：《悼念卢老先生》，《芜湖师专报》，1988年1月25日。

不如少一事”，他对学生的关心依然情真意切。比如，当看到学生浪费粮食，把吃剩的米饭、馒头倒在泔水桶里，或看到学生一边洗衣服，一边让自来水哗哗流淌而不关水龙头等现象时，他会难以忍受，会毫不犹豫地前去制止，并予以教诲。当学生不以为然时，他还会大声疾呼，甚至到了疾言厉色的程度，真可谓“爱之愈深，责之愈严”。

四

卢老关心政治，1949年以前已对共产党形成了肯定的认识。这表现在，他身在白区，却默许自己的大女儿卢秉正于1948年10月，即著名的淮海战役打响前夕，跟着中国共产党，从此走上了革命道路。鉴于卢老的一贯表现，1979年4月的一天，学校分管组织工作的党委副书记李世庸找到我。李书记看我与卢老走得近，要我以我的方式探询一下，他是否有加入中国共产党的意愿。我知道，当时中国共产党的各地组织正在进行吸收社会名流和贤达之士加入党的工作。接到这个任务后，我随即来到卢老家中探询。卢老以凝重的神情对我说：“我不够条件，再说，年岁大了，入了党也不能发挥一个党员的作用，那又何必呢？”卢老心目中的党员条件是什么？他说了一句至今让我难以忘怀的话：“共产党员是为了共产党不要命的人。”并由此扯出了先前从未与我谈及的、他所经历的一段往事。

卢老的妹夫周同礽，曾于1926年加入中国共产党，后任中共安徽省六安县委书记，因在白区从事地下工作，1934年秋遭国民党反动当局逮捕，被投入南京监狱。卢老得知这一消息后，当即筹集400块大洋，前往南京疏通关系，使其得以从南京监狱转入安庆监狱。他在狱中经受各种折磨，终不屈服，因查无实据，关押三年后被予以释放。

出狱以后，卢老把他接来自己家中，让其避祸养病。卢老说，刚来时，他身体虚弱，人瘦得脱形，几乎只剩下一副骨头架子，风一吹都会倒下。他和老伴通过种种关系，延请医生为之治病，精心加以护理，几个月下来，其身体渐有起色。可不久，他执意要辞别远去，说要寻找自己的组织。卢老夫妇挽留不住，只得由他而去。1938年6月，他在去往中共安徽地下省委汇报工作的途中，遭日本飞机轰炸，不幸牺牲，后被追任为革命烈士。卢老感叹道：“他这样的人才是真正的共产党员，我不够资格。”

当时，我作为一名年轻的共产党员，在听党外一位老知识分子讲述他对“共产党员”这一称号的真诚理解，以及不经意间所谈及的、在白色恐怖下冒着巨大风险救助一位共产党人的感人事迹，我受到深深教育。面对这样一个心地纯真的老人，除了敬重以外，我还能说什么呢？什么都无须说。事后，我把与卢老的谈话过程，如实向李副书记作了汇报，他听后也十分感动。

五

卢老自称他不够资格成为共产党员，可在我看来，他那近乎苛刻的律己精神，值得我们每个共产党员学习，并为之敬佩。

卢老在学校领导岗位上工作几十年，从来都是公私分明，不因私动用公家一张纸、一个信封。不仅如此，他为了减轻学校负担，还多次放弃他本该享受的种种待遇。有以下几件事，在那时的芜湖师专传为美谈。

1959年，卢老的夫人徐世慧先生从当涂一所中学（中教八级）退休。当涂县民政局拨给她半立方米木材，作为安家之用。在那个物资紧缺的年代，木材可是稀罕之物，更何况还是赠送的。卢老夫妇得知这档子事以后，告知学校（芜湖师专）把木材运回，并说他们家无此需要，放着也是浪费，还是留给学校使用。为了能对两位老人有所补偿，当时校长办公室准备选取两件适用的家具送去。在征求意见时，又被老人婉言谢绝。

在那个艰苦的年代，芜湖师专没有自己的澡堂，因而师生员工冬天洗澡困难，人们通常是坐来回10多公里的公共汽车，来到市区澡堂洗澡。鉴于卢老已是80高龄的老人，行动极为不便，学校领导作出决定，派吉普车来回接送（学校当时只有一辆吉普车），但遭老人一口回绝。他说，他个人洗澡，哪能让学校派车，这千万使不得；他外出洗澡，有外孙陪着，不碍事，请领导放心①。

20世纪80年代，芜湖师专先后建成了一栋教授住宅楼和三栋讲师住宅楼。按相关分房条件，先生完全可以享受一套。先生当时所住的是20多年前芜湖师专建校期间所建的两间小平房，十分简陋，室内既无自来水，也无厕所。有一次我到他家，谈及分房之事。他说，学校后勤部门早已派人来征求过意见，我已告知，决定放弃。听他这么一说，我为之惋惜，这么好的机会，怎么说放

① 参见胡学发：《卢老师是我们学习的好榜样》，《芜湖师专报》，1988年1月25日。

弃就放弃呢？我不解。他说，老房子住惯了，有感情，不想搬。另外，在职人员都有沉重的工作和生活负担，而他早已退闲在家，还是先安排他们。

六

我与卢老结识较晚，我于1971年分配到芜湖师专工作。那年，卢老年高70，而我才27岁。当时他被分配在校图书馆负责图书借还，而我则是在马列室教书。因此，无论从年龄维度，还是从工作性质维度来看，我与卢老都不会有过多交集，当然更谈不上结成忘年之交，但事有凑巧，我俩因书结缘。

他工作的图书馆与我的办公室（兼卧室）同在一栋楼上。图书馆在一楼，我的办公室在三楼。图书馆里藏有一套我所喜爱的《马克思恩格斯全集》，还有一套《列宁全集》，以及其他各种文史类图书。1980年以前，我母亲和妻儿的户口尚未迁来芜湖。因而那些年，我是一个人在学校生活，家庭琐事不多，故有大量空闲时间可以用来读书学习。

顺便说一句，从1971年到1980年的十年间，是我一生中读书最多、涉猎学科最广的一个时期。在这一时期，我是三天两头跑校图书馆，或借还书，或查资料，卢老很喜欢我这股子学习的劲头，一来二往，也就熟识起来。

另外，当时图书馆的工作人员只有几位老人，干重体力活，确实有些力不从心。卢老因与我熟识，我又年轻，故而不时被临时抓差，帮助他们到芜湖市新华书店去购书、运书。当时学校没有交通车，只能坐外面的公共汽车。在市区，从新华书店出发，把书送上汽车，然后坐车到芜湖师专站，把成捆的书卸下，再运送到校图书馆，这来来回回、一上一下，可是一个体力活。卢老为了表示感谢，不时地邀我到他家做客。其实，主要不是吃饭，而是交谈。这种交谈进行过两三次以后，就从原先的外在客套进而深化为内心的交流，于是就加深了彼此信赖。

所谈内容不是鸡毛蒜皮，或家长里短，而是工作、学习、人生经历和社会观感。卢老共有7个子女，除大女儿外，其他子女都在外地工作，他们来芜湖看卢老，我往往会应邀作陪，卢老把我作为他所信赖的朋友，隆重地介绍给他的子女。卢老的大女儿所关心的主要是老人家的生活起居。因此，卢老晚年时期，能与他经常进行思想交流的人，主要是我。我一开始没有意识到我在卢老心目中的分量。在卢老退休以后，我大体是每周去看望一次，卢老夫人这位常挂着蒙娜丽莎式微笑的知识女性，待人特别谦和客气。每次坐定，她都把预先准备好的茶点送上。有一周，记不起因何事耽搁没有去。隔一周再去时，卢老问我，你上一周没有来嘛？我随即作了解释。这次交谈结束以后，我告别卢老来到门外走廊上，送我的卢老夫人轻轻对我说："你上一周没有来，卢老想你。"听到此言，我为之一怔。看来每周一次与老人的交流交谈，已成为他生活中一个不可或缺的部分。人到老年，需要陪伴，特别是精神的陪伴。

其实，陪伴从来不是单向的，而是相互的。我很愿意与卢老交谈。他人生阅历丰富，见多识广，从他那里可以学到书本上学不到的许多真知灼见。

比如，1979年学校开展职称评审工作，按省教育厅有关文件规定，从年龄角度说，我作为老五届大学生只能参评助教，不能参评讲师，但我那时的教学和科研水平已达到评讲师的条件。正在为此纠结之际，卢老鼓励我，"不妨一试"，同时送我八个字"得之不喜，失之不忧"，他教我要平和地加以对待。后来，我如愿以偿，得以成功申报讲师职称，然而卢老送我的这八个字始终铭刻于心，成为我的座右铭。其后多少年来，这也成为我对学生进行教育的人生格言。

又比如，1985年4月，我想主动辞职，即从一度担任的芜湖师专校长的岗位上退下来，专心从事我所喜爱的教学和科研工作。我把这个想法告知卢老，卢老一开始有些不解，我向他作了解释。卢老沉默片刻，接着问我是否已经下定决心。我说已经思虑再三，下定决心了。他说："这么大的事你都能放得下，凭你的条件，一定能做出一番像样的学问来。"尽管什么是"像样的学问"，卢老当时没有说明，但他的这一席话还是给了我很大鼓舞，从而进一步坚定了我辞职的决心，并转而成为我前进的动力。卢老如果地下有知，我可以告慰的是：这几十年来，我一直在向他所期望的目标努力。

在我的人生道路上，卢老不仅像一个导师那样给我以思想指点，而且在生活上，还十分关心我的家人。当我的母亲妻儿于1980年按有关政策从江苏老家迁居芜湖不久，完全出乎我意料的是，在初来的一天晚上，已经80岁高龄的卢老和卢夫人一道来到我的家中看望，临走时还一再叮嘱："刚来，五口人生活不易，有什么麻烦事告诉我一声，不要见外。"那时，还真有一些事得到了卢老的真情关照。比如，孩子从农村学校来，外语水平低，卢老主动提出给孩子补习外语。孩子每次到他家补习，卢老夫人总是给孩子准备一些好吃的，像善待自己的孙辈一样。我的两个孩子是男孩，那时正处于长身体阶段，家中口粮比较紧张，卢老得知后，派人送来粮本（那时得凭粮本按计划购粮）。孩子上学，学费一时不凑手，又从卢老处借钱解急。在私人交往中，卢老就是这样一位十分珍惜情谊，不摆老者架子，给人带来温暖的人。

七

卢老虽然从图书馆的工作岗位上退休，但他退而不休。因为他还有一个心愿要实现，即把他多年积累的中国史文资料（略附外国的），加以补充、整理，汇编成册，以便为那些想了解一点历史、文学常识的读者提供方便。卢老基于我俩的友谊，以及对我平生所学的了解，决定选择我作为他的助手，来协助他完成这一工作。我当即表示：义不容辞。

随着工作的开展，我才逐渐体会到，这是一个以广泛知识积累为基础的、需要投入很大精力、花费很多时间，并要以极为认真细致的态度来加以对待的工作。因为其一，资料涉及的时间跨度大，往上要追溯到170万年以前的元谋人，往下则要叙述到1911年的辛亥革命；其二，资料包括的范围广，除了中外资料要兼顾以外，还要介绍一个时期的经济、政治、文化，以及历史年代、历史人物、历史事件等。说到底，这主要是一个功夫活。经过三年多夜以继日的紧张工作，《中国史文资料简编（外国的略附）》终于定稿，并于1983年6月由芜湖师专印刷厂印刷，供内部发行。全书分上、中、下三册，计50多万字。卢老在该书《前言》中，对我的工作给予了充分肯定。他说："陶富源同志在资料的搜集、补充、校对方面尽了很大心力。"

其实，这对我来说是一个跟在卢老后面学习和经受锻炼的过程。这表现在如下几个方面：一是通过参与这项工作，我过去所掌握的比较零散的历史、文学知识，得以丰富，并以时间为维度获得连贯；二是我从事的哲学研究及其成果获得了一定的历史、文化知识的支撑，从而平添了某种丰满性和历史感；三是切身领略了卢老治学严谨、一丝不苟的科学精神，以及他那老有所为和对读者高度负责的人格魅力，这些都使我从中受到感染。

令人宽慰的是，该书发行以后受到各方好评。另外，因写作此文，在查阅卢老档案时还发现，在1981年卢老恢复其副教授职称（前文有言，他在1949年以前已获副教授职称）时，有两位同行专家高度评价了《中国史文资料简编

（外国的略附）》一书，认为该书“史料筛选较为精当，有些考证也较有见地”，“反映了作者治学析肱之勤和厚实的文史基础”。

八

卢老病重期间，为节省学校开支，一再推迟住院，后来虽在学校领导和同事的一再劝说下住院治疗，但又一再提出，不要为他花费更多的人力、物力和财力。对前去探望的子女和亲友，卢老劝告他们要以事业为重，不能因此影响工作。我到医院去看望过他一次，可就这一次还遭到他的一顿训诫。我刚推开门，还没来得及开口，他看到我，即以不太高兴的口吻说：“你来干什么？你是个忙人，放着正事不干，凑什么热闹？赶紧给我回去。”在一般人看来，卢老的这一态度似乎有些不合常情，但我能理解。对他而言，做好担负的工作就是对他最好的慰问。

卢老于1988年1月12日去世，享年88岁。学校按照卢老生前嘱托：“丧事从简，不设灵堂、不受礼、不开追悼会”，只在芜湖市殡仪馆举行了一个遗体告别仪式。为了纪念卢老，1988年1月25日出版的《芜湖师专报》开辟专栏，以两个版面的篇幅，发表了芜湖师专师生员工总计12篇悼念文章，以表达对卢老的敬意与哀思。这在芜湖师专48年历史上，是仅有的一次。这其中也有我的一篇短文。现全文转录如下：

学习宜庆先生

卢宜庆先生离我们而去了。安徽教育界痛失一位老前辈，一位德高望重的良师、楷模！先生经历了中国近、现代史上巨大变化的八十多年，经过长期摸索，最终走上一条追求光明的人生之路。在那黑暗的旧社会，先生不畏风险，对投身革命的亲戚予以鼓励、关心和照顾。先生热爱新社会，热爱共产党，直到晚年仍是身在斗室，心关天下。

先生热爱教育事业，在这块园地上辛勤耕耘数十个春秋。先生以治校从严著称于同辈，其先后主持的学校，往往以良好校风誉满一方。

先生知识渊博，所览极多，以读书为乐，好学不倦。先生对工作极为负责，憎恶作伪，不容苟且。先生对自己要求极严，几达苛刻程度，从不多占和浪费国家一纸一墨。可以说，先生真正做到了在荣誉和利益面前不伸手。

一个多么可敬可爱的老人！

先生逝矣，但风范长存。先生的崇高精神将永远值得我们学习。

今年是中华人民共和国成立70周年，卢老所热爱和献身的新中国教育事业和其他事业一样，都取得了十分辉煌的成绩。在此欢庆之际，怀念先生，写下此文，以为告慰。

（本文系作者应约于2019年4月20日为《赭麓记忆：安徽师范大学口述实录（第三辑）》撰稿。）

从文先生手中接班

这里的“接班”，是指文秉模先生于1999年把他担任了17年，并为之付出巨大劳动和心血的安徽师大马克思主义哲学学科带头人的岗位，传递和托付于我。

一

与文先生相识以前不少年，我就听说过他的名字。这里还得从一本书说起。那是1974年下半年的某一天，我在芜湖师专（我那时的工作单位）图书馆的书架上，看到一本由商务印书馆出版的新书——《西欧近代哲学史》，我的眼睛为之一亮。这本书的出版，犹如一株出土嫩芽，带来了春天的信息，我为之欣喜。尽管在现在看来，这本书还留有那个时代不少“左”的痕迹，但仍不失为一本严谨的、洋洋大观的（该书40多万字）学术著作。

该书的署名为“安徽劳动大学《西欧近代哲学史》编写组”。看到这个署名，我又添一喜。原来是安徽人写的！作为一个安徽人，我感到一份骄傲。后经多方打听，才知道该书作者是文秉模、任吉悌、钱广华、金隆德等四人。这是我第一次听说文秉模先生和其他三位先生的名字。俗话说，“山不在高，有仙则名；水不在深，有龙则灵”。坐落在安徽宣城麻姑山下的安徽劳动大学，由此名声大振。于是，该校政治系遂成为安徽省的哲学重镇。与此同时，上述四位先生也就进入了安徽哲学界，进入那个时代为数不多的标志性人物的行列。

四年以后的1978年11月，全国外国哲学史会议在芜湖市芜湖饭店召开。此次会议由中国社会科学院与安徽劳动大学共同举办。这是改革开放初期召开的具有“开风气之新”的一次重要的全国性学术会议，因而有着特殊的历史意义，后来人们把它简称为“芜湖会议”。会期前后共四天，我那时因承担了很重的教学任务，一时安排不开，只参加了第一天的会议。文先生作为这个会议的倡导者和发起人之一，会上会下十分忙碌。我作为一个普通的与会者，不便前去打扰，只是经人指认，远远瞟了一眼：文先生中等偏上身材，头发梳得一丝不乱，衣着鲜亮，颇有风度。

又过了四年，即1982年，安徽劳动大学撤并，文先生被安排到安徽师大担任政教系主任。安徽师大与芜湖师专同在芜湖，因而在地理位置上我与文先生近了，但仍没有找到机会与之相见。

直到1984年，我在《安徽师大学报》（哲学社会科学版）第四期上发表了《坚持实践观与物质观的辩证统一》一文（在此前，我已在《哲学研究》《哲学动态》等刊物上发表过文章）。文先生看到此文，从而对我有了初步印象。何以见得？因为在此文发表后不久，即那年的11月，安徽省哲学年会在马鞍山市委党校召开。在报到大厅，我看见了文先生，并趋前向他自报家门，表达敬意。文先生听我说罢，“啊”了一声说，“你就是陶富源老师”，同时伸过手来与我相握。他边握边说：“你原来一表人才。你在《安徽师大学报》上发表的文章写得好，很有见解。”听文先生这一通夸奖，我一时不知所措。只是连声说：“谢谢！谢谢！”文先生随后约我，晚上有空到他房间聊聊，并告知了他的房间号码。

那天晚上，我如约来到文先生房间。打开门，往里一瞥，原来椅子上、床上已坐了好多人。附带说一句，在以后的交往中，我发现文先生很有魅力，用现在一句流行的话说，就是“很有人气”。只要他在，马上会以他为中心，形成一个气场。我进得门去，文先生把我介绍给在座的诸位，也把他们一一介绍给我。在他们散去以后，文先生把我留下，又聊了很长一段时间，聊得比较随意，从我毕业的学校、所学专业说到所教课程、研究方向，等等。最后，在临别时他叮嘱我，师大和师专要创造机会，加强交流。文先生长我11岁，且学养深厚，然毫无架子，温蕴和蔼、待人真诚，给我留下了深刻印象。

1991年，我评上了教授职称。从1992年开始，我被省教育厅聘为省高级职称评审专家。文先生多年担任省高级职称哲学评审组组长，我在他的领导下开展工作。这为我近距离了解文先生提供了一个窗口。

高级职称评审是一项极为重要而又复杂的工作。一是由于这项工作积累的经验不足，因而省教育厅相关文件对评审标准的制定还较为笼统；二是来自全省各个高校的评委，其所在学校的申报对象以及该校的领导对他们都有所期待，因而他们肩负压力而来。在这种情况下，如何统一大家的思想，如何在公平为先的基础上，把原则性与灵活性结合起来，这对评审组组长的人品和能力都是一个考验。

但文先生以他的公允、睿智、声望和胆识，使其中的许多关系得以理顺，很多矛盾得到化解。这一点为我所深深折服。在评审期间，文先生特别忙碌。他不仅要认真看每一份材料（主要是教授申报材料），做着阅读笔记，形成自己的判断，而且还利用会前会后、饭前饭后的一些休息时间，找相关评委私下沟通、交流自己的看法，做着深入细致的工作，以求消除分歧，统一认识。正因为会前会下做了大量的协调、化解工作，所以在会上往往容易形成一致意见。在这过程中，文先生与我交流比较多，很注意听取我对一些问题的看法，从而加深了他对我的了解和信任。与此同时，我对文先生也逐渐形成了一个新的看法：此乃大格局之人。

从1996年开始，我接替文先生出任省高级职称哲学评审组组长，历时8年。这期间，基本上是“萧规曹随”。即以文先生为榜样，坚持公平公正，认真对待和处理职称评审工作中的各种问题，为安徽高校的人才选拔和维护高级职称的学术尊严，尽了自己的一分力量。现在回忆起来，心中欣然。

在与文先生的交往中，我还发现文先生所好广泛，富有生活情趣。他喜爱运动，尤喜足球；他喜爱唱歌，因而在系里的晚会上，少不了他的深情演唱（苏联歌曲《莫斯科郊外的晚上》、朝鲜民歌《阿里郎》、日本民歌《四季歌》等，都是他的拿手曲目）；他喜欢朋友三五，把盏言欢；在外出开会之余，他喜爱给自己的老伴张老师挑上一两件衣服。有一次在苏州开会，他劝我，并帮我也给老伴选购了一件上衣。回来以后，我老伴一试穿，既合身又养眼。因而她夸文老师比我强，很会挑衣服。

不过，对文先生何以能成为大格局之人，我很长时间不得其解。直到文先生2008年驾鹤西去，人们陡然发现，损失巨大，于是纷纷追忆。由此，我才得以从各种渠道，逐渐知其身世，原来他是一个有过大起落，见过大世面之人。

二

文先生非我想象的出身书香门第，而是和我一样来自农村，且是贫苦农民之家。文先生原属朝鲜移民之子。1933年3月，他出生于我国东北鸭绿江朝鲜一侧的平安北道义州郡的一个农民家里。他在家中排行老二，上有一个姐姐，下有一个妹妹。五岁那年，母亲带着三个孩子，在老家忍饥挨饿，无以为生，不得不背井离乡来到中国东北，与在那里的父亲团聚。小小年纪就尝到了人间的辛酸，这是生活给小时候的文先生上的最早一课，也是后来激发他求学上进的最初动力。来到我国东北以后，生活虽然十分艰辛，但一家人总算团聚了。东北那地方，地广人稀，土地肥沃，只要勤劳就能得到丰厚的回报。后来，文先生一家在离牡丹江市十多公里的海南乡中兴村开荒种地、落户生根。

其父很有眼光，尽管家中十分贫穷，但还是省吃俭用，送自己唯一的儿子上学读书。13岁那年，文先生读完小学，家中再也无力支撑其继续读书，于是他只好辍学在家，帮助家里打理农活。然而对学习已产生浓厚兴趣的他，并不甘心如此下去。恰好这时，东北解放军来到了他的家乡，实行土地改革，并大力发展教育事业。于是，文先生才得以获得了继续上学的机会，从而顺利完成了自己的初中和高中学业。

在中学党、团组织的关心培养下，文先生因学习成绩优异和热心班级公共事务，被推选为学生会干部，于1949年2月加入新民主主义青年团（现为共青团）。并于1953年加入中国共产党，同年被选为牡丹江市第一届人大代表。这6年的中学生涯，不仅使文先生在学业上获得了极大长进，而且在人生境界、思想品德和组织能力等方面，都得到了锻炼和提升。这集中表现在：他已从往昔那个只知报父母之恩的农家孝子，成长为一个有着家国情怀、立志为祖国和人民奋斗的先进青年。相比于同龄人，青年文秉模显得更为成熟、豪迈，因而展现在他面前的路也更为广阔。

高中毕业后，文先生以高分考入东北师范大学政治教育系。可对他来说，好运才刚刚开始。在入学以后半年多的时间里，他又经过考试和选拔，被学校推荐为留苏预备生。接着，顺利通过了国家考试，于1954年9月来到北京，到北京外国语学院学习俄语。经过刻苦学习，他达到了出国要求，于是在1955年9月，被派往苏联留学，就读于莫斯科大学哲学系。一个乡下孩子，在5年多的时间里，从一个农村集镇来到中等城市牡丹江市，后又到省城长春，不久又来到首都北京，最后来到全世界第一个社会主义国家的首都莫斯科。这一过程，称其为火箭式腾飞也不为过。支撑这种腾飞的，除了外界条件，主要还有个人的努力。“机遇只会青睐有准备之人，成功只会降福有行动之人。”这句话千真万确。

苏联横跨欧亚两大洲，是东西文化的流转交汇之地。莫斯科大学为“俄国科学之父”罗蒙诺索夫于1755年创办。它不仅历史悠久，而且大师云集，是俄国顶尖高等学府，开设的课程丰富多样。文先生所在的哲学系，除开设了马克思主义哲学，特别是列宁哲学，以及外国哲学史、当代资产阶级哲学以外，还开设了多门自然科学和社会科学课程。比如，现代生物学基础、现代物理学基础、高等数学，以及伦理学、逻辑学、美学等。除了要学好系内开设的课程以外，文先生还到外系去听各种讲座。比如俄罗斯文学讲座、俄罗斯艺术讲座等。到了寒暑假，学校还组织学生或到工厂、农村劳动，或旅游，或休息。总之，莫斯科大学的生活丰富多彩，哲学系开设的课程，比较符合哲学人才成长的规律，即广基础、窄专业，或曰精通一门专业，但要有多元知识背景。在莫斯科大学的5年，文先生如饥似渴、刻苦学习。功夫不负苦心人，文先生收获满满。他曾说：“莫斯科大学的学习，使我打下了广泛而坚实的知识基础，开阔了学术视野，为我后来直到现在的学术生涯铺平了道路。”文先生于1960年通过了毕业论文答辩，获得了学校颁发的优秀毕业生证书（即“红皮证书”）。

文先生留学回国以后，被分配到合肥师院执教，虽然那时处于三年困难时期，食品极为短缺，但文先生还是以满腔热情投入工作，为学生开设了外国哲学史、马克思主义经典著作选读和专业俄语等多门课程。

1966年“文革”开始，文先生被扣上了“反动学术权威”等帽子，遭到迫害，长达三年有余。

文先生人生的这一大起落，真可谓是从云端抛入深渊。事情何以至此？文先生深陷痛苦，一时不得其解。但他并没有停止思考，也没有因此消沉。1987年，他在与一位采访者的谈话中回忆说，他利用这段时间，进一步认真学习了马克思主义著作和党的历史，从而更加坚定了他对马克思主义的科学信仰，坚信自己所走的路没有错，从而认定：尽管阴雨满天，但总会雨过天晴，经过这番折腾，否极泰来，中国的前途将会更好。

然而，对文先生来说，春天是逐渐来临的。1970年，文先生被分配到安徽劳动大学得以重获工作机会；1973年，从事学术研究，参加了《西欧近代哲学史》的编写工作；1974年，重新走上讲台，给学生授课。此时，文先生经多年积蓄和长期遭受压抑的能量一下子迸发出来，这种巨大能量的投射与那时工农兵大学生澎湃的求知热望相互碰撞，以至形成了蔚为壮观的景象。教室里，座位满满，过道挤挤；走廊上，前后相拥，水泄不通。文先生的讲课受到学生的热烈欢迎，在校园里引起轰动，从而获得了极大成功。

随着“四人帮”的倒台，春天终于来了。文先生以更加高昂的热情，拥抱生活，投入工作，奉献新的时代，由此他个人的命运也随之发生了彻底改变，真可谓阳和景明、一路花香。他分别于1978年和1986年成功晋升为副教授、教授，1985年被安徽省人民政府授予“省优秀教师”称号，1987年被提拔为安徽师大副校长，1992年享受国务院政府特殊津贴。

文先生给安徽师大政教系所做的一个重大学术贡献就是，在他的领导下，分别于1982年和1984年，成功申报了马克思主义哲学硕士点（以文先生为首）和中共党史硕士点（以黄德渊先生为首）。也正是为了马克思主义哲学硕士点的可持续发展，才有后来发生的我被引进安徽师大这件事，以致在文先生退休之时，我被他选定为接班人。

三

我于1995年离开芜湖师专调到安徽师大时，在芜湖师专已经工作了25年，且那时已50岁。自1991年评上教授，就陆续有一些本科院校，特别是知名高校与我联系，要我调入它们那里工作。特别是东南大学，不仅与我联系，而且开出优厚条件，在征得我个人同意后，还郑重给芜湖师专发来了商调函。

这些高校之所以如此，估计是看中了我的科研能力。因为在那时，我已在国家重点刊物上发表了30多篇论文，其中，在《哲学研究》发表了4篇。另外，因为“文革”，各大学都面临人才断层之虞，急需补救。然而我的请调要求，被当时芜湖师专一位主要领导以工作需要为名加以拒绝。不过，我的决心已定，想尽量以正常途径调出，以免伤及以往交情。如果这条路走不通，只好走辞职一途，到新单位重新建档（这在那时的南方已有先例）。我深知，如此年龄，留给我调动工作的机会已经不多了。

正在这僵持之际，1995年3月的一天，安徽师大时任党委书记沈家仕、前副校长文秉模先生、前系主任臧宏先生，一行三人来到芜湖师专，先是与芜湖师专领导见面，后又来到我的家中与我交谈。三位重量级人物的大驾光临，蓬荜生辉。我与文先生在省里一起评职称已有三年，故而很熟，与臧先生也已见过多次，唯独与沈书记是第一次见面。然而其言之恳恳、心之诚诚，令我感动（后来调到安徽师大以后，我与沈书记成为互相欣赏和惦记的朋友，因而20多年来，每逢春节，我们都互致问候和祝福）。其实所谈就一件事，即希望把我引进安徽师大工作。

在他们来芜湖师专以前，安徽师大领导通过时任省教育厅厅长陈贤忠先生，已与芜湖师专领导打过招呼。陈厅长要求他们支持安徽师大的工作，同时为安徽留住我这个所谓的“人才”。师专领导无奈，只好答应。不久省教育厅给芜湖师专下拨来一大笔经费，用以建设一栋理化实验大楼。传闻说，这是因我的调出，以此作为对芜湖师专的一种补偿。因此，芜湖师专有人戏称，陶老师的价值不菲。其实，人的多方面价值是不能用单纯的物质来计算的。不过，如果因我的调离，而能给芜湖师专带来稍许好处，那我还是乐意见到的。因为我也曾为它的发展抛洒过青春年华，那里有我的挚朋好友，有我的美好记忆。

这里还想说一个细节。那天，上述三位先生离开我家，我给他们送行。文先生走得稍后一点，他边走边拉着我的手，轻轻跟我说：“我碰到难处了，你调过来是来帮我！”我这人心肠软，听文先生这么一说，心灵深处受到触动，从而进一步坚定了我调往安徽师大的决心。文先生这一招，多少年后有一个说法，叫打“个人感情牌”。但在这里，我还要帮文先生辩白一句：他这样做，只是热衷于事业的真情流露，而非工于心计的情感利用。至于文先生碰到什么难处，他当时没有明说，我自然也不便探问。

但随后不久，这个谜很快揭开，原来其难处是指：那时安徽师大马克思主义哲学硕士点正在为迎接教育部将要组织的考核评估作准备。其程序是：先由各单位根据相关标准组织自评，然后报送材料由教育部组织专家会评。一开始，安徽师大马克思主义哲学硕士点按相关条款进行自评，其结果不甚理想。一是导师组的职称结构和年龄结构尚有欠缺。该硕士点有三位导师是正教授，然而年龄都已六十开外，其余导师都是年纪较轻的副教授，如果有作为正教授及年方五十的我的加入，这一结构上的缺陷也就多少得以弥补。二是该硕士点的导师发表了不少科研成果，但高级别论文，特别是马克思主义哲学方面的此类论文尚显不足，如果把我发表的学术论文纳入其中，自然会增色不少。从这个角度说，安徽师大领导决定把我从芜湖师专引进，应该说，这个决定是果断的、正确的。最后，这次参评的结果令人满意，在教育部组织的苏州评审会议上，安徽师大马克思主义哲学硕士点获得了“优秀”等次的评价。

四

来到安徽师大不久，我即被学校聘为硕士生导师。除了承担作为一个导师所应承担的工作任务以外，文先生还逐渐加码，让我参与了硕士点管理上的一些事务性工作，并就硕士点的建设经常与我交换看法。1999年，因年龄原因，文先生和臧宏、方永祥等三位先生退休。于是由我承担起了马克思主义哲学硕士点的点长工作。对诸位先生的这份信任，我铭记于心，对他们的这份真情，我心怀感激。

他们把马克思主义学科带头人的接力棒交到我的手里，从此，我一干就是11年。我深知，这是一份郑重的托付、一种殷切的期待。所幸我没有辜负前辈学者的期望，经过不懈努力，使学科建设上了一个新台阶。在这方面，我主要做了以下几项工作。

一是抓住“两头”，完善课程结构。

所谓抓“两头”，一是加厚基础，二是开拓前沿。因为“哲学”是一级学科，“马克思主义哲学”属于其下的二级学科。因而为了加厚基础，开设了哲学概论这门新课；为了开拓前沿，开设了哲学热点专题研究这门新课。这门课因其内容新颖、时代气息浓郁，受到研究生的欢迎。在一次全国马克思主义哲学硕士点教学经验交流会上，我对这门课的开设做了介绍，获得了与会者的高度评价。带到会议上的关于这门课的“讲课大纲”，也被他们索要一空。

二是提倡“两个转向”，推动研究生教学改革。

第一个转向，是指研究生教学由过去教师的单纯讲授，转向讲授与讨论相结合；第二个转向，是指研究生由过去的单纯接纳型学习，转向科研推动型学习。为了促进这个转向，对研究生“培养大纲”进行了修订。规定每位研究生要拿到学位证书，除了要完成一篇达到及格等级以上的毕业论文以外，还要发表两篇论文。这“两个转向”的实施，其目的是要调动研究生作为学习主体的积极性和主动性，培养他们的教学参与和科研能力。这样要求的结果出人意料。马克思主义哲学硕士点的研究生参与课堂讨论和进行科研的热情空前高涨，以致蔚为风气。所有的学生都在三年读研期间发表了两篇以至多篇论文。其中杨慧民同学发表了10多篇论文，丁亚非同学还在《哲学研究》上发表了一篇论文。

三是抓住“两个重点”，提高师资质量。

第一个重点是，大力培养青年教师。因为地处我国中部的我校这种规格的大学，师资质量的提高，靠高质量人才的引进，难度很大，其主要途径，只能是对现有教师，特别是青年教师进行重点培养。为此，在我担任马克思主义哲学学科负责人期间，采取了“导师制”“组建科研团队”，鼓励教师外出进修和支持教师参加学术会议等措施，帮助青年教师尽快成长。应该说，成效显著，从中涌现了一些省级和校级优秀青年骨干教师。

第二个重点是，在提高教师教学水平的同时，重点鼓励学术研究。对于大学教师来说，搞好教学是立足之本，搞好科研是发展之路。而对一个大学的学术团队来说，搞好科研则是其学术生机和创新价值的根本体现。为鼓励科研，作为省级重点学科的我校马克思主义哲学学科，把建设经费的支出向科研倾斜，为此采取了一系列激励措施，从而极大地促进了我校马克思主义哲学学科科研工作的展开和科研水平的提升。

在老一辈学者所奠定的良好基础上，经过我们这一代人继续不断的努力，我校马克思主义哲学学科于2001年被评为首批省级重点学科。另外，我们马克思主义哲学科的老师与其他学科的老师一起努力，于2003年被安徽省教育厅批准设立为“马克思主义研究中心”，并于2005年成功申报了马克思主义博士学位授权点，2007年被教育部批准为“高校辅导员培训和研修基地”。

令我欣慰的是，在我退休以后，马克思主义学科带头人的接力棒，又传到了我的继任者手里。他们比我们这一代干得更有成就、更为出色。在全国马克思主义学科排序中，我校的名次获得了进一步的提升。通过他们的艰辛努力，我校马克思主义学科于2018年得以晋升为马克思主义博士学位授予权一级学科点，继而成为“教育部高校思政工作队伍培训和研究中心”。2019年，我校马克思主义学院又被教育部评为全国重点马克思主义学院。

如上所言，这一系列成就的取得，都非一日之功。如果往前追溯，那么可以说，这是中华人民共和国成立以来几辈人接连不断奋斗拼搏的结果。这其中，文先生那一代人做出了重要的基础性贡献。

长江后浪推前浪。回顾这一段峥嵘的薪火相传的历史，令人心醉，令人感慨。其中，每一代人都是匆匆的过客，然而每一代人都为共同事业的发展贡献了自己的力量。个人有限，历史永恒。看到自己所奉献的事业，如此富有生气和前程光明，文先生地下有知，当会含笑九泉。行文至此，心生联想，社会历史运行如同人之行走，双脚的前移，与之伴随的也就是人脑的追思。因而，行走的意义不仅是抵达，而是抵达与开拔的接续；追思的意义不仅是抚昔，而是抚昔与追今的联通。

（本文系作者应约于2019年8月8日为《赭麓记忆：安徽师范大学口述实录（第三辑）》撰稿。）

后　记

开展安徽师大第三期口述校史项目的目的，既是为了完善和丰富馆藏文献，拯救和保护历史文化遗产，也是为了传承活的记忆，推进校园文化建设，弘扬安徽师大精神。这项工作的最大成效在于，目前完成了21位受访人的口述校史实录、1位受访人的笔谈实录整理，并对此进行了研究。

安徽师范大学“口述档案”丛书编委会由校党委书记、校长任主任，分管校领导任常务副主任，委员为办公室、宣传部、发展规划处、人事处、学生处、研究生院、科研处、社会合作处、财务处、离退休工作处、团委、档案馆等部门和单位主要负责人；《赭麓记忆：安徽师范大学口述实录（第三辑）》编委会由档案馆馆长任主编，委员为档案馆工作人员、安徽师大第三期口述校史项目团队指导老师和成员。

本书围绕21位受访人展开，与此同时，邀请陶富源教授针对校史笔谈，配以受访人的照片和简介。本书以受访人姓氏汉语拼音首字母顺序为序。呈现校史时，最大限度地利用口述、笔谈资料，尽可能真实地再现受访人的人生经历和感悟。

因为出于受访人口述、笔谈，本书提供了研究安徽师大校史的第一手史料，这些史料中所披露的人和事多是未公开报道的，极具史料价值。其美中不足之处是，无法绝对避免口述记忆、笔谈记忆因年深日久而出现的遗忘和记忆偏差等问题。因此，大家在引用时，最好能与受访人核对，或自行辨析、选择性采用。

此辑口述校史资料的挖掘整理和研究工作，学校领导高度重视，全面部署，各部门、各单位积极参与，大力协助，上下联动，高效运转，这是我们做口述校史工作的动力源泉。参与此项活动的安徽师大“五老”越来越多，他们都投入了极大的热情和精力，做出了极其重要的贡献。在此谨致谢忱。

由于我们水平有限，加上口述校史本身可能存在一些缺陷，本书难免存在不当或错漏之处，恳请读者批评指正。

《赭麓记忆：安徽师范大学口述实录（第三辑）》编委会

二〇二〇年五月十六日